国家重大出版工程项目
"十二五"国家重点图书

◎李乾朗 著

台湾古建筑

中国古建筑丛书

中国建筑工业出版社

审图号：GS（2015）2780号

图书在版编目（CIP）数据

台湾古建筑/李乾朗著．—北京：中国建筑工业出版社，2015.12
（中国古建筑丛书）
ISBN 978-7-112-18527-6

Ⅰ.①台… Ⅱ.①李… Ⅲ.①古建筑－介绍－台湾省 Ⅳ.①K928.71

中国版本图书馆CIP数据核字（2015）第233703号

责任编辑：李东禧　唐　旭　吴　绫　杨　晓
书籍设计：康　羽
责任校对：姜小莲　关　健

中国古建筑丛书

台湾古建筑

李乾朗　著

*

中国建筑工业出版社出版、发行（北京西郊百万庄）
各地新华书店、建筑书店经销
北京嘉泰利德有限公司制版
北京顺诚彩色印刷有限公司印刷

*

开本：880×1230毫米　1/16　印张：19　字数：508千字
2015年12月第一版　2015年12月第一次印刷
定价：298.00元
ISBN 978-7-112-18527-6
　　　（25835）

版权所有　翻印必究
如有印装质量问题，可寄本社退换
（邮政编码 100037）

《中国古建筑丛书》总编委会

总顾问委员会：

罗哲文　张锦秋　傅熹年　单霁翔　郑时龄

总编辑委员会：

主　任：吴良镛　周干峙
副主任：沈元勤　陆元鼎
总主编：陆　琦　戴志坚
委　员（按姓氏笔画排序）：
丁　垚　王　军　王　南　王金平　王海松　左满常　朱永春
刘　甦　李　群　李东禧　李晓峰　李乾朗　杨大禹　杨新平
吴　昊　张玉坤　张兴国　张鹏举　陆　琦　陈　琦　陈　颖
陈　蔚　陈伯超　陈顺祥　范霄鹏　罗德启　柳　肃　胡永旭
姚　赯　徐　强　徐宗威　翁　萌　高宜生　唐　旭　黄　浩
谢小英　雍振华　蔡　晴　谭刚毅　燕宁娜　戴志坚

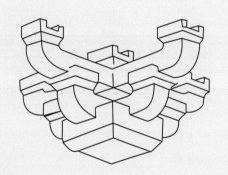

《台湾古建筑》

李乾朗　著
审稿人：陆元鼎

总　序

中国历史悠久，地大物博，人口众多，是一个多民族的国家，文化遗产极为丰富。中国古建筑是世界建筑史上的四大体系之一，五千年来，光辉灿烂，独特发展，一脉相传，自成体系。在建筑历史发展过程中，从来都没有中断过，因而，积累了大量的极为丰富的优秀建筑文化遗产。中国古代建筑的实践经验、创作理论、工艺技术和艺术精华值得总结、传承和发扬。

中国古代建筑具有强大的生命力，首先是独特的地理环境。中国位于亚洲东方，北部有长白山、乌苏里江高山河流阻挡，西有天山、喀喇昆仑山脉和沙漠横贯，西南有喜马拉雅山脉，东南则沿海，形成封闭与外界隔绝的地域，加上地处热带、温带和寒带，宽阔的地理和悬殊的气候，促进建筑与环境的巧妙和谐结合。

其次，独特的民族性格。中国是以汉族为主的多民族所组成。以中原文化为主的汉族人民团结、凝聚着居住和生活在各地的少数民族。由于各民族的历史、文化、宗教信仰、生活习俗与审美爱好的不同，以及他们所处地区的自然条件和地理环境的差异，长期的劳动实践，形成了各民族独特的性格和绚丽灿烂的建筑风貌。

其三，文化的独特体系。中国文化是以黄河流域中原文化为中心，周围有燕赵文化、晋文化、齐鲁文化、吴越文化、楚文化、秦文化和巴蜀文化所烘托，具有历史渊源长久、人类智慧集中、思想资源丰富的特点。中国传统文化思想的集中表现是以儒学、道学为代表，其后，佛教的传入与中国传统文化的结合，形成以儒学为主的儒、道、释三者合一的中国传统文化思想。归纳起来，就是天人合一的宇宙观念，以人为本、和为贵的人文思想，整体直觉的思维方式，真善美相结合的美学观念。

封闭而独特的地理环境，团结凝聚而又富于创造的民族性格，以儒学为主的文化独特体系，创造了中华民族的雄伟壮丽的建筑工程。长期的经验积累，独树一帜，虽经战争的炮火，民族之间的斗争与融合，外来文化之传入及本土化，但中华民族建筑始终一脉相传，傲然生存下来，顽强发展，独树一帜而不倒，在世界建筑史发展中是罕见的、独有的。

中国古代建筑发展经历了原始社会、奴隶社会和封建社会三个历史阶段。

旧石器时代，原始人群利用天然崖洞作为居住场所。南方湿热多雨，虫害兽多，出现巢居。1973年，在浙江余姚河姆渡村发现大约建于6000~7000多年前的、长约23米、进深约8米的木构架建筑遗址，推测是一座长方形、体量相当大的干阑式建筑，这是我国最早采用榫卯技术构筑房屋的一个实例。

原始社会晚期，黄河流域有广阔而丰厚的黄土层，土质均匀，含有石灰质。黄河中游的氏族部落，在利用黄土层作为壁体的土穴上，用木架和草泥建造简单的穴居，逐步发展到浅穴居，再到地面上的房屋，形成聚落。

奴隶社会，夯土技术逐步成熟，宫室建于高大的夯土台上，木构建筑逐步成为中国古代建筑的主要结构方式。等级制度出现。工程管理有了专职的"司空"，以后各朝代沿袭发展成为中国特有的工官制度。

封建社会初期，高台建筑盛行，修建了长城、驰道和水利工程。东汉时代，建筑中已大量使用成组的斗栱，木构楼阁增多，城市和建筑类型扩充，中国古代独特的木构建筑体系基本形成。

两晋南北朝是我国历史上充满着民族斗争和民族融合的时期，佛教的传入，宗教建筑大量兴建，高大的寺庙、壮丽的塔幢，石窟中精美的雕塑和壁画，这是我国古建筑吸收外来文化使之本土化的创造时期。

隋、唐统一全国，开凿贯通南北的大运河，促进了我国南北物资和文化的交流和发展。唐代的长安、洛阳成为世界上最大的城市。木构建筑的宫殿、楼阁和石窟、塔、桥，无论布局或造型都具有较高艺术和技术水平，唐代建筑已发展到成熟的阶段。

宋、辽、金时期，南方在经济和文化方面居于先进地位。由于手工业分工更加细致，国内商业和国际贸易活跃，城市逐渐开放，改变了汉以来历代都城采用的封闭式里坊制度，形成沿街设店的方式。建筑的设计和施工达到一定程度的规格化、制度化，公元12世纪初在总结经验的基础上编写了《营造法式》这一部重要文献。

元代大都建立，喇嘛教和伊斯兰教建筑影响到各地。明、清时期官式建筑已经达到完全程式化、定型化阶段。明代后期出现资本主义萌芽，清代在城市规划上、建筑群体布局和建筑艺术形象上有所发展，例如北京城、故宫、天坛等。民居、园林和民族建筑遍布各地，呈现一片繁荣景象。

中国古建筑有明显的特征。在城市规划上，严谨规整、对称宏伟，表现出庄重威武的中华民族性格。单体建筑中，雄伟的飞檐屋宇、大红的排列柱廊、高大的汉白玉台基，呈现出崇高壮丽又稳定的形象。黄河流域盛产的木材资源，形成了中国古建筑木构架体系的特色。室外装饰的富丽堂皇、金碧辉煌，室内陈设装修的华丽多样、细腻雕饰，体现了中国古建筑绚丽多彩的民族风格。

聚居建筑方面，包含民居、祠堂、家庙、书院等遍布全国各地，它们与人民生活息息相关。各地各族人民根据自己的生活习俗、生产需要、经济能力、民族爱好和审美观念，结合本地的自然条件和材料，因地制宜、因材致用地进行设计与营造。他们既是设计者，又是营建者、使用者，可以说设计、施工、使用三位一体，因而，这种建造方式所形成的民宅民间建筑，既实用简朴，又经久美观，并富有民族风格和地方特色。

中国古园林的特征。以自然山水即中国山水画为蓝本，并以景区、景物和建筑、山水、花木为构件，由景生情，产生意境联想，达到艺术感受。皇家园林因其规模大、范围广，其园林布局自秦、汉时期的一池三岛，到唐、宋以山水画为蓝本，明、清仍沿袭池中置岛古制，但采用人工造山置水的方法。

明、清私家园林因属民间，士大夫文人常在宅后设园休闲宴客，吟诗享乐，其特点是以最小的场所造成无限的景色为目的。因其规模小，常以叠石或池水为主，峰峦洞壑、峭壁危径或曲径通幽取胜。在情景中则采用巧于因借、精在体宜的手法。

我国是一个人口众多的多民族国家。相传秦汉以前，中华大地上主要生存着华夏、东夷、苗蛮三大文化集团，经过连年不断的战争，最终华夏集团取得了胜利，上古三大文化集团基本融为一体，历史上称为华夏族。春秋、战国时期，东南地区古老的部族称为"越"，逐渐为华夏族所兼并而融入华夏族之中。秦统一各国后，到汉代都用汉人、汉民这个称呼，直到隋、唐，汉族这个名称才固定下来。

由于各民族的历史文化、宗教信仰、生活生产、习俗性格的不同，又由于各族人民所处地区的自然条件和环境的不同，导致他们各自产生了富有特色的建筑和民宅，如宏伟壮丽的藏族布达拉宫，遍布各族聚居地的寺院庙宇、寨堡围村、楼阁宅居，反映了绮丽多彩的民族风貌。

中国传统文化渗透了中国古建筑，中国古建筑深刻地体现了中国文化。

新中国成立后，作为全国性有领导有组织地编写中国古代建筑史，第一次是1959年，由原建筑科学研究院组织"编写三史"开始。当时集中了全国高等院校、科研部门分工编写，1962年由中国工业出版社出版《中国建筑简史》第一册（古代部分）。随后，又组织有关院校、文化、历史、考古等单位对古代建筑史有研究的人员，经多次修改，由刘敦桢教授执笔主编的《中国古代建筑史》，于1966年完成。由于"文化大革命"，未能出版，1980年才由中国建筑工业出版社正式出版。作为高等院校的中国建筑史教材则由全国高校教师编写，参考了上述专著，由中国建筑工业出版社1982年出版。

作为系统的、全面的、编写中国古建筑丛书是从1984年开始，当时作为《中国美术全集》中的一个门类——建筑艺术，称为《中国美术全集·建筑艺术编》，共6辑，包含宫殿、坛庙、陵墓、宗教建筑、民居、园林，1988年完成出版。

第二次编写从1992年开始，编写的原因是《中国美术全集·建筑艺术编》6辑出版后，各界反映良好，但感到篇幅不够，它与我国极为丰富的建筑文化遗产大国不相适应。于是，再次组织编写《中国建筑艺术全集》丛书30辑，其中古建筑24辑，近现代建筑6辑。古建筑部分仍按类型编写。该丛书中的24辑于1999年5月出版。

由于这两次丛书都是全国性编写，按类型写，又着重在艺术，因此，一些地方特色和民族特色的、中型的优秀古建筑就难于入选。为了弘扬和传承优秀传统建筑文化体系，总结经验和规律，保护我国优秀传统建筑文化遗产，因此，全面地、系统地、按省（区）来编写古建筑丛书是非常必要的、合时宜的。

本丛书编写的主要特点是：其一，强调本省（区）古建筑的民族特色和地方特色；其二，编写不限于建筑艺术，而是对本省（区）古建筑的全面叙述，着重在成就、价值、特色、技术和经验、规律等各个方面，这是我国民族和地区的资料比较全面和丰富的传统建筑文化丛书。

陆元鼎

2015年1月10日

前言

台湾位于我国东南海域,介于菲律宾与亚洲地质板块之交界,是因板块互相挤压而自太平洋隆起的一座大山岛屿,全岛面积才三万多平方公里,但却有百座三千米以上高度的山岳,地形复杂,在纬度上虽位于亚热带,但由于它的高山多,却拥有温带的特征,包括温带的林木及动物,冬天高山上也下雪。在远古冰河时期,台湾岛与亚洲大陆相连,人类与其他动物可以直接走到台湾。考古数据显示,台湾最早的人类出现在两万年前,其文化与华南相同,因此研究台湾的古建筑,亦不可忽视史前的阶段。

台湾的汉人垦拓史可上溯自明代,大航海时代荷兰与西班牙分别强占台湾南部与北部,当时向闽、粤招来汉人入台开垦,汉人逐渐增加,后来郑成功驱除荷兰、西班牙势力,汉人数量逐渐增加。

汉人社会深受儒家影响,重视人伦秩序与敬天法祖,从最早开拓时期的草莽社会,即有建造土地公庙或妈祖庙,汉人封建社会逐渐形成,包括孔庙、武庙、宗祠家庙与民间信仰寺庙等陆续建造起来。清康熙二十三年(1684年)入清版图之后,城池也在政治体制之下建造起来。至19世纪初,包括西部地区及东部后山的宜兰、花莲及台东等地皆已开拓饱和,汉族人移民之间发生冲突之事渐增,并有族群械斗发生,其中漳泉之争、闽客之争或高山族与汉族人之争,文化之间虽有冲突,但也逐渐趋于融合。

19世纪末的1885年,台湾建省,清政府派刘铭传为首任巡抚,刘氏推行新政,有如洋务运动让台湾迈向现代社会。当时豪族富户投资公共建设,并开展对外贸易。樟脑、糖与茶的输出促进台湾经济之发展。富户建造大宅第与园林,著名的板桥林家花园即是北部林本源家在经商致富之后所建。

台湾古建筑的调查研究,据目前所存文献,最早应是清乾隆年间由当时台湾知府蒋元枢所编之《重修台郡各建筑图说》,其内容以许多彩图绘出官署及寺庙公共建筑之布局,作为向皇帝进呈表功之用。至1895年之后,当时日本当局为深入了解台湾,掌握台湾的资源,曾进行"临时旧惯"之调查,对全岛民俗习惯及风土人情作普查,并将成果刊印成书,部分记录了许多古老的城池与寺庙。

日本强占台湾时期工业学校教育设有建筑科,在台北工业学校任教的田中大作曾撰写一本《台湾的建筑》,至20世纪30年代,另一位教授千千岩助太郎深入山地,调查研究高山族建筑,后来刊行《台湾高砂族住居》。另外,由日本到中国台湾作短期调查的藤岛亥治郎,在第二次世界大战结束后出版《台湾的建筑》一书。其内容较全面,记录了城池、寺庙、道宫、宅第及庭园等,并将这些建筑分为南岛、大陆与西洋三大类。

1945年之后,"台湾省政府"文献委员会开始出现学术较高的历史研究论文。古建筑也随着各地乡土史料之发掘而逐渐受到重视，林衡道调查许多偏僻乡镇作田野访问，刊在《台湾文献》期刊上，后来结集出版《台湾胜迹采访册》七大册，这是研究台湾各地古建筑非常有价值的基础史料。除了历史学者外，20世纪70年代兴起的乡土运动，也吸引艺术家接近古建筑，如画家席德进撰写台湾民间艺术与古建筑的书数种，具有一定的影响力。

关于古建筑的修复技术，台湾主管文化的部门近三十年来曾举办过十多次的研讨会，除了台湾本地的专家学者之外，也邀请日本、韩国、英国及法国方面的专家来台交流。1988年两岸互通之后，祖国大陆方面许多专家亦受邀请到台湾考察，并提供经验。著名的单士元、郑孝燮、罗哲文、杜仙洲、陆元鼎、黄汉民与陈增弼等中国古建筑专家皆曾受邀到台湾进行交流与指导。

除了古建筑专业的学者、学术机构与营造业界的关心之外，台湾各地还有一批热心文化的人士，他们组织文史工作团体，自行对家乡的历史文物作田野调研，成果也很值得重视。基于热忱，他们肯下工夫，并监督台湾当局处理文化资产业务。近年台北附近新北投地区有一座百年老火车站，曾被拆迁到中部的彰化地区，事隔二十年，地方文史人士热心呼吁应将其再迁回原地，历经多年奔波，终于有了成果。

保存与活化古建筑，台湾当局与民间合作出力，结果才能圆满。近年高雄整修凤仪书院，供奉着清嘉庆年间从河南到台湾任官并开圳有功的知县曹谨。书院整修开放后，规划为科举文物展示馆，并且展示曹谨的贡献，被认为是古建筑整修再利用之成功范例。

笔者三十多年来多参与台湾的古建筑调研及整修工作，特别是我国汉族人移民台湾所建的建筑物，为了探询两岸之文化渊源，在1988年专程到福建泉州崇武的溪底村，拜访大木匠师王益顺的后代。王氏族人有多位在一百年前受聘到台湾建造寺庙，如台北龙山寺、台北"孔庙"与新竹城隍庙等建筑，并在台湾授徒传艺，体现中华文化源远流长之精神。这些建筑物如今皆被指定为古迹，接受保护。身怀绝技的老匠师一定要受到重视，并且为他们记录立传，这是研究古迹及保护古建筑极重要的工作。本书有许多知识即是向老匠师求教所得，在此我们必须向中国老匠师致以最高的敬意。

李乾朗

2015年8月6日

目 录

总 序

前 言

第一章 绪 论
第一节 自然地理环境 / 〇〇二
一、位置及地形 / 〇〇二
二、气候 / 〇〇二
三、自然资源 / 〇〇三
第二节 历史沿革概述 / 〇〇四
一、历史沿革 / 〇〇四
二、居民及其文化来源 / 〇〇五
第三节 建筑发展与类型 / 〇〇八
一、台湾少数民族与平埔人 / 〇〇八
二、荷兰、西班牙强占台湾时期 / 〇〇九
三、明郑时期及清代 / 〇〇九

第二章 聚落与城市
第一节 史前及台湾少数民族的聚落 / 〇一四
一、泰雅人 / 〇一六
二、赛夏人 / 〇一八
三、布农人 / 〇一八
四、邹人 / 〇一八
五、阿美人 / 〇二〇
六、排湾人 / 〇二〇
七、卑南人 / 〇二〇
八、鲁凯人 / 〇二二
九、达悟人 / 〇二三
十、平埔人 / 〇二三
第二节 荷兰、西班牙强占台湾时期的聚落 / 〇二五
一、安平台湾街 / 〇二五
二、热兰遮城 / 〇二六
三、普罗文蒂亚城 / 〇二八
四、圣多明各城 / 〇二八
第三节 明清时期汉族人的聚落 / 〇三二
一、清初期代表性建筑物及其特色 / 〇三二
二、清中期代表性建筑物及其特色 / 〇三二
三、清末期代表性建筑物及其特色 / 〇三六
第四节 明清时期的城市发展 / 〇三八

第五节 日本强占台湾时期的城市规划 / 〇四三

第三章 宗教寺庙
第一节 宗教与佛寺、道庙之关系 / 〇四九
第二节 民间信仰与寺庙 / 〇五七
第三节 台湾的佛寺建筑 / 〇六八
一、台湾与福建佛寺建筑之渊源 / 〇六八
二、殿与阁地位的消长 / 〇六八
三、水院与风水思想之重叠 / 〇六九
四、佛寺空间与殿堂用柱技巧 / 〇七〇
五、佛殿形式探讨 / 〇七五
六、佛寺殿堂的色彩与装饰 / 〇七八
第四节 经典的寺庙建筑案例 / 〇七九
一、台南孔庙 / 〇七九
二、祀典武庙 / 〇八〇
三、鹿港龙山寺 / 〇八〇
四、淡水鄞山寺 / 〇八三
五、台北保安宫 / 〇八五
六、台北龙山寺 / 〇八七
七、新竹都城隍庙 / 〇八九
八、桃园景福宫 / 〇九一
九、鹿港天后宫 / 〇九三
十、北港朝天宫 / 〇九五
十一、澎湖天后宫 / 〇九五

第四章 民 居
第一节 士农工商民居之类型 / 一〇三
一、闽南民居 / 一〇三
二、客家民居 / 一〇六
第二节 民居的平面布局与家庭生活 / 一一〇
一、民居的平面布局 / 一一〇
二、民居的妇女空间 / 一一三
三、民居的室内家具 / 一一八
第三节 经典的民居建筑案例 / 一二一
一、台北林安泰古宅 / 一二一
二、台北芦洲李宅 / 一二四
三、桃园大溪李腾芳举人宅 / 一二五
四、台中社口林宅大夫第 / 一二五
五、台中丰原神冈筱云山庄 / 一二五
六、台中潭子摘星山庄 / 一二八

七、台中雾峰林家 / 一二八
八、彰化陈益源大宅 / 一三〇
九、彰化永靖陈宅余三馆 / 一三三
十、屏东佳冬萧宅 / 一三四

第五章　祠　堂
第一节　台湾移民社会与宗祠 / 一四一
第二节　祠堂建筑之特色 / 一四五
第三节　经典的祠堂建筑案例 / 一四六
一、台北陈德星堂 / 一四六
二、新竹北埔姜氏家庙 / 一四七
三、台中林氏宗祠 / 一四九
四、彰化节孝祠 / 一五〇

第六章　书　院
第一节　文教发展与书院 / 一五七
第二节　台湾书院建筑之特色 / 一五八
第三节　经典的书院建筑案例 / 一五九
一、南投登瀛书院 / 一五九
二、台中大肚磺溪书院 / 一五九

三、彰化和美道东书院 / 一六一
四、高雄凤仪书院 / 一六二

第七章　园　林
第一节　文人阶级之兴起与园林 / 一六七
第二节　台湾园林设计反映的思想源流 / 一七〇
一、假山与水池的塑造经营 / 一七二
二、繁密的漏窗与吉祥象征 / 一七四
三、台湾园林建筑之亭、阁、廊、榭 / 一七四
第三节　台北板桥林家花园 / 一七九
一、林本源家族之兴起 / 一七九
二、林维源与刘铭传之关系 / 一八〇
三、林家花园设计之谜 / 一八一
四、林家花园设计之思想与技巧 / 一八一
五、林本源园林山与水之塑造 / 一八三
六、园林的空间组织 / 一八四

第八章　牌坊与陵墓
第一节　台湾的牌坊 / 一九一
第二节　台湾的陵墓建筑 / 一九四

第三节　经典的案例分析 / 一九六
一、台北急公好义坊 / 一九六
二、台北黄氏节孝坊 / 一九六
三、苗栗郑崇和墓 / 一九七
四、新竹郑用锡墓 / 一九七
五、嘉义王得禄墓 / 一九七

第九章　建筑构造与营造技术
第一节　台湾古建筑的营造过程 / 二〇二
第二节　台湾古建筑构造 / 二〇六
一、砖构造 / 二〇六
二、石构造 / 二一〇
三、大木结构 / 二一四
第三节　对场营建技术 / 二一九
第四节　大木匠师 / 二二三
第五节　土水匠师 / 二二六
第六节　石作匠师 / 二二七
第七节　泥塑、剪粘与陶艺匠师 / 二三一
第八节　油漆彩画匠师 / 二三六

第十章　建筑装饰特色与类型
第一节　建筑装饰特色与题材 / 二四二
一、建筑装饰特色 / 二四二
二、建筑装饰题材 / 二五三
第二节　建筑装饰的做法 / 二五八
一、石雕 / 二五八
二、木雕 / 二六二
三、砖雕 / 二六六
四、泥塑 / 二六八
五、剪粘 / 二六九
六、交趾陶 / 二七一
七、彩画（门神彩绘、壁画）/ 二七六

台湾古建筑地点及年代索引 / 二八〇

参考文献 / 二八三

后记 / 二八四

作者简介 / 二八六

台灣古建築

第一章 绪 论

第一节 自然地理环境

一、位置及地形

台湾是祖国大陆东南海外的大岛,海峡宽平均三百多公里,地处东亚岛弧上的重要位置,面积约三万六千平方公里,形似纺锤,南北长约390公里,东西宽约140公里。因位于环太平洋造山带,第三纪以后强烈的褶曲作用使台湾本岛发生显著的隆起,于是形成山地约占全岛面积2/3及3000米以上的高峰达48座之多的特殊地形。中央山脉从北至南纵走,总长330公里,山脉脊轴偏近东侧,故台湾本岛东部以腹地狭窄的海岸阶地紧临太平洋。西部的缓坡,河流众多且短小,坡陡流急侵蚀力强,经过万年以上切割及冲积,形成许多台地、平原,这些即是孕育台湾早期文化的重要舞台。

台湾适合聚落发展的地区,除山间谷地外,在北部及东北部有台北盆地、兰阳平原,中部有台中盆地、日月潭盆地,西南部形成宽阔的海岸平原(主要如嘉南平原、屏东平原,前者面积达四千五百平方公里,是全岛最大的平原),东部地区则仅有宽度不及6公里的台东纵谷平原。另外西侧从北至南,分布着广阔的丘陵台地,主要包括林口、桃园、新竹、苗栗、后里、大肚、八卦、斗六等,这些均是聚落发达的所在,成为早期移民的争夺目标(图1-1-1、图1-1-2)。

二、气候

台湾刚好跨于北半球的北回归线,在北纬23°左右,属于热带及亚热带过渡型气候及季风盛行区域,多雨、高温与强风是其特色。平原地区的年平均温度在21℃以上,从北至南温度逐渐升高,至恒春半岛已属热带型气候,山地气温则随垂直高度的增加而递减。雨量年平均可达2582毫米,潮湿多雨且生长季节长给予台湾良好的生存环境,但地处

图1-1-1 汉族人在宋朝进入澎湖垦拓移民,形成聚落

图 1-1-2　澎湖保存台湾地区最古老的聚落

东亚台风区及地震带，也常为台湾带来许多灾害。这些因素处处都影响到民俗风情与居住建筑的发展演变（图 1-1-3、图 1-1-4）。

三、自然资源

台湾以中央山脉为主要分水岭，东侧为片麻岩及结晶片岩所构成，阿里山山脉为砂岩及页岩所构成，北部的大屯火山群自成一局，均为幼年期的死火山，多属安山岩；台东山脉也多安山岩。各地地质特性的不同，有时也反映在民居建筑的材料上，如北部产观音山石，新竹内陆产砂岩，甚至海岸硓𥑮石均在民俗建筑上发挥了极大的功能。同时地质地形上的特色，也为台湾带来了矿产的资源，如北部蕴藏丰富的煤，金瓜石的金、铜矿，大屯火山群的硫磺，西南海岸盐田，中央山脉西侧山麓地带的石油及天然气等。这些矿产资源的开采与聚落的成长及居住形式也有着极密切的关系。

图 1-1-3　兰屿附近常有台风，因此房屋地坪会低于地平线以避强风

图 1-1-4　兰屿上的达悟人住居

台湾因为高山多，植物随高度作垂直分布，可分为热带、亚热带、温带及寒带植物，其中亚热带的常绿阔叶及温带的针叶林均提供了良好建材的来源，其他如生长快速的竹，也成为中部地区的重要建屋材料。

台湾面积虽不大，但因地形复杂，形成变化多端的自然环境。早期聚落及民居建筑的发展，因交通的不便，科学技术的欠缺，所以在成长过程中，是采用依赖环境而非改造环境的方式。成为环境的一部分，才是生存的最好方法。地形的阻绝，也使得南、北、东、西之间的发展有着显著的差异（图1-1-5～图1-1-7）。

第二节 历史沿革概述

一、历史沿革

因地缘关系，台湾自古即与祖国大陆维持着密切的往来，远在秦朝，史籍中即有"岛夷"之说，后汉书东夷传记载："海外有东鳀人"，"岛夷"、"东鳀"可能指的就是目前的台湾及流求一带。不过，较为可靠确切的史料记载，出现在三国时代。孙权为开拓疆土，曾派兵远征夷州，夷州指的即是台湾。隋朝时台湾与澎湖、琉球并称"流求"，此事可见于文献通考的记载："流求国在泉州之东，有岛曰澎湖，烟火相望，山行五日而至"。至宋代，台湾仍称流求，此时澎湖已有汉族居民，为汉族正式移民台澎之始。元朝时为了贸易之拓展，对南海的经略特别积极，于是在1361年于澎湖设置巡检司，隶属泉州同安，此为中国建置台湾之始。

明代时闽粤地区因生存竞争，追使人民冒险出海至台湾开垦，虽然是以民间的私人活动为主，但对台湾已有较大规模的开发。明天启四年（1624年）荷兰人从印度尼西亚北上占据台湾、澎湖，以作为其东方进行商业竞争时的根据地。至郑成功驱荷之间的38年荷占时期，荷兰人对台湾少数民族平埔人进行教化，控制大陆移民，并对七岁以上的中国人征收人头税，其开发台湾资源，促进产业发达的目的，完全着眼于荷人东印度公司的利益。

明永历十五年（1661年），郑成功登陆鹿耳门，攻克荷兰人建造的普罗民遮城及热兰遮城，结束了台湾的荷兰占领时期。郑氏收复台湾后，南路置万年县，北路置天兴县，另设安抚司以治澎湖，并以

图1-1-5 台湾早期生活不便，居民会适应环境来生活

图1-1-6 早期建屋材料以易取得之物为主，如草、竹、木与石等

图1-1-7 竹子为中部地区早期建屋的重要材料

东都称全岛，设官分治、推行屯垦，台湾的开发至此已由点扩及面的分布。明亡后，郑氏仍奉明正朔据守台湾，直至清康熙二十二年（1683年）施琅被任命为水师提督，进逼澎湖，郑军不敌而降清。

清康熙二十三年（1684年）将台湾隶属于福建省之下，设台湾、凤山、诸罗三县，至此时全岛的统一名称为"台湾"。中国大陆汉族人移民不断增加，土地的开拓也日渐扩大，台湾于清光绪十三年（1887年）时被改建为行省，辖三府一直隶州。台湾巡抚刘铭传在台湾八年新政期间，治绩颇多，对台湾贡献非常卓越。

清光绪二十年（1894年）中日甲午战争，中国战败，清政府被迫将台湾割让给日本。日本人以近代化模式实行于台湾，其间台民也以各种方式进行对日的反抗运动。1945年第二次世界大战结束，台澎地区重归中国，结束了50年的日本强占台湾时期。接着国民政府的迁台，台湾进入完全不同于前的现代化阶段，也缔造了台湾地区人民前所未有的富裕生活（图1-2-1～图1-2-5）。

二、居民及其文化来源

在17世纪以前，台湾一直是以南岛语族台湾少数民族活动为主，台湾少数民族诸族群在人种特征、语言及文化习性上来看，有来自马来群岛的可能，但自陶器文化方面来看，也可能是中国大陆南方百越的系统。台湾少数民族在台湾居住的年代相当久远，其文化独自发展着，几乎没有受其他外来文化的影响，直到明代汉族人移民的增加及荷兰人占领台湾，才发生了巨大的改变。台湾少数民族在原始的生活形态下，可选择自然条件最好的环境生存，直至外来文化强势的影响，台湾少数民族产生了如平埔人被同化的现象，或是被迫移居条件较差的环境。目前台湾的山地仍分布了九个族群，分别是中央山脉区的泰雅、赛夏、布农、鲁凯、排湾及邹人，东部花莲及台东纵谷区的阿美及卑南人，在兰屿的则为达悟人。

明代中叶，西欧几个海权国家逐渐东来，因开拓贸易及利益争夺的目的，对台湾产生了极大的兴

图1-2-1　17世纪大航海时代，荷兰人在台南附近建热兰遮城（Zeelandia）

图1-2-2 郑成功时期由参军陈永华所倡建之台南孔庙

图1-2-3 郑成功像

图1-2-4 郑经继承延平郡王，兴建北园别馆，清初改为开元寺

图1-2-5 清末由沈葆桢倡建之台湾最南端的恒春城池

趣，其中以荷兰与西班牙两国对台湾影响最大。荷兰人据台以台南为中心，北至嘉南平原，南至恒春，后因西班牙人被逐，才扩展至北部地区。荷兰人教化世居本地的人、建教堂，从一些用罗马字写成番语的古文书史料中，可以看出荷兰人对世居本地的人教化之深（图1-2-6）。

文献可证的汉族人入台记载，最早虽在宋代末期，但是人数有限，所以真正对台湾文化形成极大影响的，是在明朝郑成功时期的大量移民及其后清朝政府的建省治理。汉族文化进入，使台湾成为祖国大陆文化的延长。移民者的原乡多为闽、粤二省，约占汉族移民人数的98%以上，其中闽籍以泉州、漳州、汀州、兴化四府居多，粤籍则以惠州、潮州、嘉应州三府居多。

以时间的先后来看，早期的研究认为以闽南语为主的漳州、泉州，较以客家语系为主的嘉应州、汀州、惠州等，移民人数多且时间早，所以前者多居于滨海平原或港口，后者则只有占用台地地形。但近年研究史料显示，客家并不会晚于闽南人，而是客家人本来即擅长农耕开垦技术，入出开垦数量较多（图1-2-7、图1-2-8）。

文化的特质影响着社会的发展。台湾的社会制度及家族的关系，与闽粤地区相同，是以一个家为单位，为了防卫及共同生产，形成的大家族制度；垦拓的方式从初入台湾的渔商，进而演变成汉民族最擅长的农业生产；其后商业又趋发达，如清末北

图1-2-6 清代文献所绘之台湾少数民族

图1-2-7 台湾北部客家人所建的三合院农宅，宅前有晒谷场

图1-2-8 苗栗山区在清末也有许多客家人入山开垦,图为苗栗罗宅

部的茶叶输出盛极一时。这些对于住宅建筑的形态都有决定性的影响。近年社会急速转变,家庭的结构也趋向小家庭制度,生产方式的多样,使住屋形态也发生了极大的变革。

第三节 建筑发展与类型

台湾的民居建筑从台湾少数民族时期经过荷兰、西班牙强占时期,再经过明朝郑成功、清朝以来的漫长时期,其变化呈多样性。据荷兰强占时期《热兰遮城日志》所载,平埔人及高山人之住居多为竹木及茅草所建,形式简单。荷兰人在今天安平所建的台湾街,多为荷式山墙的砖造住居。西班牙人在北部鸡笼圣萨瓦多城外所建市街也属西洋式。明朝郑成功时期才大量引入汉族人的建筑,据当时荷兰的税收数据显示,瓦房与草顶房为数很多。入清之后,汉族人垦拓日益扩大,甚至进入番界,汉族人所带来的南粤东式民居逐渐广布于台湾各地,成为日后台湾建筑的主流(图1-3-1、图1-3-2)。

综上所述,台湾的建筑历经了不同的政治、文化、经济、社会诸多方面改变,也影响着以不同的材料、结构、空间与形式来对应。建筑是一个地方人民生活的写照,透过建筑的研究与观察,可以探知时代的文化水平与价值判断。在今天的条件下来进行台湾少数民族建筑研究,有一些困难必须克服,亦即实物不存,仅可以从文献史料中推测得知。以下列出各个历史时期可能寻找到的史料。

一、台湾少数民族与平埔人

新竹泰雅人、南部排湾人及兰屿达悟人尚可见一些古村落,虽然并非全保存数百年以上的原状,但可视为一种久远的传统模式。亦即从这些片段的遗存物来研究，可以得知梗概。

另外，平埔人方面，从日本强占台湾时期迄今有不少研究论述，嘉南平原且尚存一些祠庙遗迹。但是居住建筑方面却不可得。其因在于平埔人几乎都汉化了，生活反映在建筑上，当生活的内容改变时，原有居住建筑亦随之作相对的反应。嘉南平原现仍可见木材与竹材结合之穿斗式民居，也许保存部分西拉雅人色彩。

近年台湾当局为保护山地文化政策的施行，在屏东玛家建立山地文化园。其中的建筑物及相关设施皆由专家学者考证新建。另外，以观光导向所建的日月潭水沙连"九族文化村"，亦是新建了各族群的代表性居住建筑。考证过程中所采用的资料来源于20世纪30年代任教台北州立工业学校的千千岩助太郎教授。千千岩助太郎当年所作的调查研究记录及图样，第二次世界大战前曾发表于《台湾建筑会志》之上，战后再于日本结集出版（图1-3-3、图1-3-4）。

二、荷兰、西班牙强占台湾时期

此时期留下来的建筑物只剩下台南赤嵌楼、安平台湾城（安平古堡）以及北部淡水红毛城（图1-3-5），民居方面可谓阙如。如果要探知一二，那么当时《热兰遮城日志》所载以及明朝郑成功时期文献史料或可得到蛛丝马迹。当时荷兰人及西班牙人所绘的台湾地图常显示出村落及住屋的简单形象。热兰遮城（图1-3-6）东侧的台湾街，更有许多荷兰式住屋。

三、明郑时期及清代

汉族人大量移入，带来闽南及粤东之居住建筑。此时期两百多年中留下来的实物较多，而且方志之记载亦有可证之处。虽然如此，但明郑时期及清代初期台湾的民居实例几稀，盖因初期所用建材及构造技术皆简陋。目前据相关研究的推断，台南地区尚存有少数清初乾隆朝所建的民宅。至于清中叶嘉

图1-3-1 台湾少数民族早期的建筑多为竹木及茅草所建，形式简单

图1-3-2 早期移民所建的三合院民居

庆、道光期之后的民宅则为数甚多，古街如鹿港、淡水、大龙峒等地皆有一些实例（图1-3-7）。

另外，单栋民宅则多分布于乡间，其中多为地主或乡绅官宦的故宅。同治、光绪时期之数目则更多。近年有些民宅即被公布指定为古迹，并拨款补助修葺。比较而言，清代中叶及后期的台湾民居研究，在文献数据及实例两方面皆较可观。

图 1-3-3 台中南投九族文化村中经考证重建的泰雅人住屋

图 1-3-4 南投九族文化村复建之石板屋

图1-3-5 荷兰人在17世纪初在台湾北部淡水所建的红毛城炮台

图1-3-6 热兰遮城古图

图1-3-7 清末开垦渐趋饱和,大宅第增多,图为新竹新埔刘氏大宅第

台灣古建築

第二章 聚落与城市

第一节 史前及台湾少数民族的聚落

台湾的历史不能只从汉族人移民垦拓的时代开始思考，台湾少数民族在台湾这个岛屿的生活历史至少可以上溯到千年以上。如果再加入史前的文化，包括从当时人类活动的遗迹来回顾，台湾的建筑历史可以从三万年以前的台南"左镇人"以及一万五千年以前的台东"长滨文化"来看（图2-1-1）。

如同世界上其他地区的人类文明发展一样，旧石器时代的居所常常利用自然穴洞，如长滨文化所发现之地即为一处巨大的岩洞。到了新石器时代的大坌坑文化、圆山文化、牛骂头文化以及卑南文化等，他们有比较精良的工具，尤其是制作多种类型的陶器。到新石器文化的晚期，农业发达，人口增加，出现了面积较大的聚落，也出土了制作考究的石棺，这多少显示当时人们居住的房屋是人为所建的。

在新石器时代之后，台湾有一段金属器时代，以淡水河口的十三行文化为代表，距今约有两千年以上。他们有冶铁技术，生产工具使用铁器。有了较精良的铁器后，木、竹、石等混合构造的房屋也随之出现。八里的十三行文化即出土许多柱洞，说明当时立柱的建筑技术。但无论如何推断，这些建筑物因为缺乏实例保留下来，我们无法在脑海中完整地组构一座新石器及铁器时代的房子来。

其次，台湾少数民族及平埔人的建筑具有很高的研究价值，他们的历史可以考证，建筑物也保留较多。关于台湾现在称为台湾少数民族或平埔人的祖先来自何处，有许多种说法。中国唐代以前的典籍文献曾提及夷州人，可能即指台湾少数民族。比较直接可信的是明代陈策写的《东番记》，他称台湾少数民族台湾少数民族为"东番夷"，对一些建筑物与生活方式有多方面的描述和记载。

（一）文献记录里的台湾少数民族建筑

台湾少数民族的建筑在1895年之后，经过日本学者的调查研究，成果颇丰。我们对于台湾少数民族建筑的了解，主要得自20世纪30年代日本学者千千岩助太郎的调查报告，其中包括阿美人、泰雅人、排湾人、布农人、卑南人、鲁凯人、赛夏人及达悟人。至于平埔人由于汉化较深，他们的种族特色急速消失，传统建筑也不复可见了。

台湾多高山，过去台湾少数民族常被称为高山族，这种说法是否准确尚可商榷。其中布农人、泰雅人及排湾人住在海拔较高地区，阿美人住在平地较多，而达悟人居于海边。不同高度与不同地形对建筑产生巨大而明显的影响。各族群的建筑各有千秋，但就地取材与因地制宜却是不变的法则。

清代出现几本罕见的古书以文字及图像来记录一些台湾少数民族的生活习俗与建筑物，可以作为我们了解过去的好材料。例如《台湾风俗》、《六十七两采风图合卷》、《职贡图》、《东宁陈氏番俗图》及《台湾内山番地风俗图》等，其中对建筑物有这样一些描述，如"筑土基高五、六尺，编竹为墙，别以竹

图2-1-1 台东卑南的史前遗址巨石林

木结成椽桷,盖以茅草为两大扇,备酒豕,邀请番众合两扇于屋梁,擎而覆之。落成,群众欢钦,举家同处一室,子女嫁娶则别筑之"。这种以竹编为墙的构造,多属北部诸族,如泰雅人住宅。而且先立梁柱,再将两坡式的茅草顶举起来覆盖,请族人帮助的建屋法,直到今天仍然延续着。另外,又有"台邑新港社熟番,丰年收成后,乘屋起盖,其诸邑各社亦如此",可知平埔人的建屋时期多选择在收成之后,这是很适合的时间,汉族人同样也是避开农忙时期来建屋(图2-1-2、图2-1-3)。

屋顶的样式,各族略有差别,北部泰雅人常使用两坡斜顶,如同汉族人的茅草屋一样,清代文献将它描述为"覆舟形",例如"盖屋名曰囷先,先置栋柱,然后削竹为椽,编茅为瓦,在地上编成厝盖,会社众合力擎举,置罩栋上,前后皆有阖扇,两旁皆细竹编为花草等纹,外坚密,而中无间隔,形势狭长,远望有若覆舟焉"。这里所指的应是布农人或阿美人的房舍。

住宅建筑之外,又有集会所、瞭望台、少年会所及粮仓等,清代的记载如"社番择隙地,编藤架竹木,高建望楼,每逢禾稻黄茂,收获登场之时,至夜呼群扳缘而上,以延睇遐瞩,平地亦持械支析,彻晓巡伺,以防奸宄,此亦同井相助之意"。这种架高的瞭望楼至日本强占台湾时期仍有不少,也留下照片,我们常在台湾少数民族部落的入出口处或地势较高之处看到。不但台湾少数民族使用瞭望楼,汉族人也用,据上述的《六十七两采风图合卷》所记"淡防竹堑、南嵌、金包里、八里岔等社通事、土目。建塔望楼,每日派拔麻达巡视,以杜生番,并防禾稻也"。在清代方志的木刻图版中,我们很容易看到各地建有许多类似这种瞭望楼的建筑(图2-1-4)。

除了上面所引清代对台湾少数民族建筑的描述外,通过日本强占台湾时期学者如千千岩助太郎的实地考察或其他学者所拍摄的照片,再加上近年所作调研资料,我们对台湾少数民族建筑大体上了解得较清楚一些,但由于实例数目急速减少,要建构

图2-1-2 排湾人覆舟形的住屋

图 2-1-3　邹人之公共集会所

图 2-1-4　台东卑南人少年会所

一个较全面且较完整的台湾少数民族建筑历史，恐仍有困难。

（二）建材与自然地理条件

从材料上来分析，可以令我们思考建材与自然条件之关系，也触及人的活动与建筑空间的对应关系。

1．全用竹材的建筑：屋顶用竹子搭成，墙体亦以竹子编成，如部分的泰雅人与赛夏人。

2．全用茅草的建筑：屋顶以茅草编成，各族都出现，但墙体以茅草编成则有阿美人、曹人，泰雅人也有以树皮盖屋顶的情形。

3．全用板岩的建筑：屋顶用板岩可防潮隔热，出产板岩之地多用之。例如布农人及排湾人的屋顶与墙体皆用板岩。

运用不同的材料将决定房屋的外观造型，竹子与茅草屋顶通常只能形成两面落水，即两坡顶。但也可形成四面斜坡或类似汉族人的歇山顶，如卑南人的少年会馆。而兰屿的达悟人，他们的屋脊有呈弧形，在日本及琉球亦可见之。另外排湾人的谷仓屋顶呈尖锥状，犹如汉族人的攒尖顶。最特殊的应是排湾人有一种像蛋壳形的屋顶，四面呈椭圆形，以利雨水滑下，不但排水功能良好，外观也很庄严。这种屋顶防风性很好，可说是巨蛋建筑的雏形（图2-1-5、图2-1-6）。

就各族群住居的平面与空间使用来说，又有许多明显的差异。平埔人的文化近年有许多研究成果，平埔人也有南北差异，有的半地穴，有的筑在土台之上，但共同的特色是他们除了主屋以外，还有公廨[①]、望楼、禾间[②]、圭茅等附属建筑。主屋室内的空间只有简单的分隔，据清代文献《台海使槎录》所载"夫妻子女同聚一室"、"举家同室而居，仅分衽席而已"。而且家具很少，房中设有炉灶，即卧室与厨房合而为一。不过为了有效防潮与防鼠，他们将房屋架高，称为"圭茅"，即"椿上屋"，类似汉族人的干阑式建筑，并且在柱子上端置平板，称为"返鼠板"，可挡住老鼠（图2-1-7、图2-1-8）。

一、泰雅人

泰雅人的分布最广，包括台北、宜兰、桃园、新竹、苗栗、台中、南投与花莲各地之山区内。他们常在脸上刺黥，以骁勇善战闻名。由于分布广，各地建筑亦不同，但大都包括主屋、谷仓、家畜与家禽舍、兽骨架、头骨棚与望楼。

住屋的平面多呈长方形，室内有平地式或半地穴式，采用半地穴式能获得御寒取暖的功能。入口有时位于长边，也有的设置在短边，进入后中央为起居间，四角隅铺成高起的床。在室内挖掘凹下2米的半地穴是一种颇具难度的技术，通常以大的卵石砌成墙体，外面再辅以木柱或木板，颇似现代工程常用的挡土墙。挖起来的土石则堆砌在房屋四周，增加房屋的构造，也可避风。进入半地穴式住屋要利用木梯，设在入口之内，室内空中悬吊棚架，可储存食物及种子。屋顶下悬吊挂勾可挂衣物，说明他们善于利用空间（图2-1-9）。

图 2-1-5 高雄山区的鲁凯人石板屋

图 2-1-6 排湾人的石板屋

望楼设在村庄的入口处，原有守望监视功能，后来转变成为眺望风景之用，地点亦不限在险要之处。望楼的构造是以数根圆木支撑一座平台，四周再以斜撑木支持。平台上仍然覆以草顶，墙上辟窗可供人东张西望。室内中央铺石板，可生火取暖（图2-1-10）。

二、赛夏人

赛夏人分布于新竹与苗栗的山区，人口为九族群中最少者。建筑物与邻族泰雅人较相近，而且也深受汉族人的影响，所以房屋内有明显的隔间，卧室与厨房均独立，每个空间皆有它独立的机能，反映出家庭成员私密性的要求较高，外观上看很像汉族人的房屋。

三、布农人

布农人分布于南投、高雄与台东三县交界山区，海拔约在一千米以上，是台湾少数民族中住得最高的一个族群。他们是父系社会，喜欢大家族住在一起。建筑材料多用片岩、木板及茅草，就地取材且因地制宜（图2-1-11、图2-1-12）。

可能为了御寒取暖，布农人喜作半地穴，室内略比室外低。室内隔出一个小房间当成谷仓，储藏小米。我们知道布农人有一首著名的《祈祷小米丰收歌》，可见谷仓是住屋的神圣空间。另外，在住屋的外面，常以石片围成矮墙与附属小屋，构成一个包括院落的生活空间，显示他们的生活领域溢出室内的范围，周围环境也是他们平时起居作息空间的延长。

四、邹人

邹人分布于嘉义阿里山高海拔一带，人口并不多，为父系社会。住宅的平面有长方形及椭圆形，屋顶盖着很厚且高的茅草。比较值得注意的是聚落内的集会所，在阿里山达邦社尚可见完整的大型集会所，属干阑式构造，长方形木板地面或铺藤条，以木柱架高，一端有木梯上下。集会所四面不设墙壁，只有栏杆，一边设头骨架，中央设火炉。这种

图2-1-7　兰屿达悟人干阑式谷仓

图 2-1-8　阿里山邹人之干阑式建筑

图 2-1-9　泰雅人半地穴住宅的内部

图 2-1-10　泰雅人的干阑式谷仓

图 2-1-11　布农人的石板屋

图 2-1-12　用板岩筑屋可防潮隔热

建筑平时不可随便上去，显见其对族人的重要性，外人若随便进入，可能会冒渎神明。

五、阿美人

阿美人的分布很广，从花莲到台东与屏东皆有，他们的建筑自然南北有别。阿美人为母系社会，但公众事务仍由男性参与。他们的社会组织颇为细密，反映到建筑上就显得多彩多姿。除了住宅的主屋外，也有公廨（会所）、祖祠、厨房、谷仓、水车、椿米房、家畜寮舍或墓园，有时院子外边还有围篱。一般都认为阿美人是汉化较深的一族。阿美人的住屋有单室前门式与复室侧门式，所谓单室即是长方形平面，室内不隔间，中央设火塘，四周则为睡觉之所。所谓复室即是室内各睡房有木板隔间，私密性较佳。

六、排湾人

排湾人的建筑最富艺术气氛，他们多分布在南部的山区，包括屏东及台东一带。排湾人与邻居的鲁凯和卑南文化上互相交流，因此有其共通之处。排湾人重视社会阶级，有贵族与平民之分，因此实施封建制度。在封建制度下，排湾人的部落里有世袭的宗主头目，也有专司祭典的头目，还有长老。另外，他们的土地为少数地主所有，耕种人要向地主缴交租税，这种情形颇像中国或欧洲古代的领土宗主权社会（图 2-1-13～图 2-1-15）。

要看排湾人的建筑，今天的屏东县来义乡古楼村仍有保存较完整的聚落与器物，建筑物以丰富的木雕来彰显屋主的贵族身份。房屋前面有黑色片岩铺成的前庭，或竖立的石雕。室内有木雕祖先像，门楣上雕有许多纹样，如百步蛇图案。在头目家屋前面有宽广的庭院，旁边凸起一座司令台及头目标石，上面雕着人形与百步蛇，象征头目的威权，这是其他族群所没有的。

七、卑南人

卑南人分布在台东，他们有时也被视为排湾人的一支。清末时期汉族人大量涌入台东开

图 2-1-13　排湾人头目夫妇

图 2-1-14　排湾人木臼

图 2-1-15　排湾人内文头目家屋剖视图

图2-1-16 台东卑南人会所

垦，与卑南人融洽相处，因此卑南人汉化程度较深。卑南人的住屋平面为长方形，用竹管编墙体，屋顶盖茅草顶，地面并不凹下，因此应该很接近台湾南部的平埔人建筑。卑南人与排湾人一样，实行室内葬，即在住屋挖掘墓穴，将死者的尸身葬于穴内。其中，有一种放弃旧屋的习俗，如果死者为凶死，不是善终的话，那么家人要另建新屋。

卑南人的儿童到一定年龄时要接受训练，因此也有少年会所，训练他们生活礼节、体能知识与战斗技术。少年会所是以木柱支撑构成高架式，上面平台为圆形，屋顶盖茅草，犹如四坡顶（图2-1-16）。室内设火炉，可取暖。这样的高架圆形建筑用来训练族中青年人，使他们被孤立起来，集中精神接受教导，并且圆形房屋也散发着团结的向心力，这无疑是一种很成功的学校建筑。

八、鲁凯人

鲁凯人分布于高雄、屏东与台东交界地带的山区，他们的人数并不多，文化特性颇接近排湾，现今在雾台村尚可见到较完整的聚落（图2-1-17）。其住屋多用片岩砌成，不但墙壁以片岩砌成，屋顶亦以片岩排成重叠形，使雨水顺斜坡自然落下（图2-1-18）。

室内地皮也都铺大片石板，四周以木板垫高成为床铺，中央地带设火炉。室内的木柱呈扁平状，柱身雕人形图案，柱头上挖成凹形，以承桁木。屋中的主柱被视为神圣的，有守护神之象征。室外通常有庭院，铺大片石板，并种植大树以得荫。边缘凸出石台作为椅子，屋檐下也凸出石椅，供做家事时用。这种设计显示室内与室外空间之充分利用。

图 2-1-17　鲁凯人以头顶物行走于山间

图 2-1-18　鲁凯人的石板屋

图 2-1-19　达悟人

九、达悟人

达悟人在九族中最特殊。他们住在兰屿，以打鱼维生，但由于长期未受其他族群影响，所以保存着完整而浓厚的古老传统文化，他们与菲律宾巴丹岛上的居民同出一源。达悟人为父系社会，他们的男子捕鱼，女子做家事及育婴，老年人则制作飞鱼干或参加造船，社会分工有序（图2-1-19）。

达悟人喜将聚落建在临海岸的地方，前面可看到海，后面依着山，出坡上可作耕地，种些杂粮，如芋头。建屋时向地下挖一个凹地，地面上配置工作房，视野好的地方则建一座高起的凉台。他们造船的技术高明，船的结构坚固，两头翘起，造型非常优美，色彩也很吸引人。

住屋建在挖掘出来的凹坑，地下有水道。凹坑呈大阶梯状，均以卵石砌成（图2-1-20）。房屋的室内也有高低两阶或三阶，自然形成前室与后室，后室较神秘，供节庆仪典时用。地上皆铺木板，适合睡觉。左右墙上有置物架，堆置陶罐或餐具。室内光线较暗，白天的作息多利用地面上的工作房与高的凉台。且因主屋建在凹坑下，可以防台风（图2-1-21）。

凉台是达悟人最重要的休闲空间，通常以四根木柱构成，上面铺木板，有木梯可登上。屋顶铺茅草挡阳遮日，平时一家老少常坐在凉台内休息闲聊，交换消息及沟通感情。他们很重视家庭成员的感情，因此在主屋前的平地上尚可见大石头拼成的靠背石，供坐躺及话家常之用。

十、平埔人

平埔人的古建筑不容易见到，大概也很少能保存下来。近几十年关于平埔人文化的研究逐渐增多。尊重台湾过去任何阶段与任何族群所创造的文化，

图2-1-20 达悟人的住居建在挖掘出之阶梯式凹坑中

图2-1-21 兰屿达悟人之半地穴式住屋,可防台风

是正确且重要的态度。平埔人的建筑文化早在明清时期的文献已屡提及,我们知道北部有凯达格兰族,宜兰有噶玛兰族,台中一带有巴布萨族及安和安雅族,广大的嘉南平原有西拉雅族,高雄有马卡道族。据荷兰人在三百多年前的记载,他们的建筑多为长方形平面,以竹子、木材及茅草为主要建材,但进一步研究的资料却付之阙如。有关早期文献的描述录之如下:"熟番编竹木为墙,屋盖以茅茨,土基甚高,入室必以梯"(《职贡图》)、"淡水厅德化等社熟番,其地滨洋下湿,结茅成屋,或以板为之"(《职贡图》)、"台邑新港社熟番,丰年收成后,乘屋起盖,其诸邑各社亦如此"(《六十七两采风图合卷》)。

现在若从嘉南平原一些曾是古代平埔人的聚落里,是否可能寻得平埔人建筑的蛛丝马迹?清代对平埔人聚落中的公共建筑称为公廨,它兼有集会所及宗教祭祀两种以上的功能。西拉雅的公廨神可见到壶的崇拜,为其一大特色。

平埔人接受汉化程度很深,在长达三百多年的接触里,要保存平埔人建筑的特色很困难,更由于竹木造建筑不易久存,所以迄今尚未发现未受汉族影响的平埔人建筑。不过,以台湾南部分布署许多用竹子编成穿斗式结构的民居来分析,它与闽、粤的竹造建筑确有差异。我们可从这种差异来分析何者可能属于平埔人的传统做法。

依据清代文献所描述,平埔人建筑有高土台基,进入室内要走阶梯。至于北部的做法为了防潮,可能接近干阑式建筑。墙体与屋架方面,平埔人本身具有娴熟的编竹或编藤手工艺。竹与藤为台湾盛产,竹皮、藤皮、竹篾与藤心皆可用,或做墙壁、屋顶及门窗,或做家具与器具。我们在嘉南平原及靠山一带看到许多民居仍然大量使用竹子,不但填空隙使用"编竹夹泥"做法,主要的柱子、门框、门屏与屋顶的桷仔皆运用竹子编成,在汉族方面确实罕见。当然,台湾的南岛系统建筑仍与中国大陆西南地区少数民族建筑有许多相同之处,我们也应有所理解。

平埔人的建筑经过三百多年以的演变,原有的传统特色逐渐消失,这不但是平埔人文化的危机,

图2-1-22 平埔人聚落

也是台湾建筑文化的损失。以近年所建的一些平埔人公廨而言,大都未遵古制,也未经访查考证,只以汉族的小庙充为蓝本,并以水泥仿建,至为可惜。今后如果有机会再建,应该符合几项原则较为妥当,包括台基填高成土台,有阶上下,多用竹子及茅草等建材,屋顶形式可有两坡或四坡,但不能像汉族寺庙翘脊,而应该是很平实的下垂檐口。为了防风,草顶上可能编以草绳保护,茅草顶中尚夹以竹条加固,这才是平埔人的传统建筑(图2-1-22)。

第二节 荷兰、西班牙强占台湾时期的聚落

一、安平台湾街

荷兰强占台湾时期,台湾可能唯一有的城市为大员,又被称为台湾街,它具备城市的基本形态。它位于海上的沙洲,即今安平。汉族人尚未来台之前,已有平埔人在沙洲上居住。荷兰人在1629年被迫离开澎湖,随即转到大员,开始有计划地建设城市。荷兰人之前亦曾于印度尼西亚建立巴达维亚城(今雅加达),同样选址于海岸边的平地。大员市街的规划可能与荷兰人在印度尼西亚巴达维亚城规划有不少相近之处:巴达维亚城是在河口两岸规划出东西

向与南北向交织而成的市区，大员市区至少有十多条街道，形成近二十个长方形街廓。市区内的人口除了荷兰商人之外，根据荷兰人的统计，约有一千多个汉族人。市区里的建筑物尚包括市场、医院与教堂等。仔细观察当时所绘下来的图，市区的商店建筑沿着街廓四边建筑，向外可以开店，而内部则围成内院。市街的房舍有两种方位，有的山墙面朝马路，有的屋坡面朝马路，前者与荷兰的阿姆斯特丹所见相同，并且似乎多为二层的建筑。它们的屋顶铺红瓦，墙面多粉刷为白色，街道则有宽达20米者，路面铺砖。这些建设都可见于荷人所绘地图及文献记载，但如今台南安平市区却无一留存，可见三百多年来沧海桑田变化之大。不过如果经过考古挖掘，相信地下应可见到建筑材料的残迹（图2-2-1）。

作为一个贸易港口，大员市街的北岸与南岸有码头，可泊船只，从当时的图绘可见到北岸停泊巨大的三桅帆船，而南岸停泊较小的中国帆船。南岸后来荷兰人改辟为运河，可乘船至赤崁的普罗文蒂亚城（图2-2-2）。

大员城市的防御则是多方面的，在市街西边紧临热兰遮城，北边为北线尾。1635年在西边筑一座小炮台，称为乌特列支堡（Uytrecht），西南边也有一座海堡。《热兰遮城日志》的记载成为了解荷兰强占台湾时期台湾建筑与城市发展的重要史料。在此之前，荷兰文献对台湾的记载并不多，目前尚保存于澎湖马公天后宫的"沈有容谕退红毛番韦麻即"石碑，是荷兰将军韦麻郎（Wybrand van Warwyk）在1602年登陆澎湖历史的一个明证，当时荷兰人从巴达维亚往东北亚扩张势力，主要仍是寻求贸易利益，因为受到明朝将军的逼退，荷兰人只好放弃澎湖风柜尾的城堡，向东转往台湾。1624～1662年被郑成功驱逐之间，共有十二任荷兰长官在台。除了行政人员之外，荷人也热衷宣教。据史料所载，1627～1659年共有32位牧师在台。③

除了在海上沙洲的大员市街，在台湾本岛岸上的赤崁，荷兰人也规划了一座城堡与市街，称为普罗民蒂亚市街（Provintia）。荷兰人曾命令居住于北线尾的汉族人迁至普罗民蒂亚市街，房屋渐增。除了东印度公司的办公室、仓库之外，尚有医院、木匠工房及马厩等，市况颇为热闹。但在1626年曾发生火灾及瘟疫，荷兰人迁离，但汉族人与土著人却继续增加。

二、热兰遮城

1624年荷兰长官雷尔兹（Reiersz）率领军队在大员（今安平）勘察地形，并开始建造竹子与土块构成的城砦。而荷兰人在安平所建的城，最初名为奥伦治城（Orange），在1627年左右，才改名为热兰遮城（Zeelandia），即现今俗称的安平古堡。

荷兰人在大员（今安平）的沙洲上所建的城堡历时甚久，陆续增建或改建，从1624年开始兴建至1644年竣工，建造时间长达二十年，建材主要使用竹子与海边所采的珊瑚礁硓砧石，但后来荷人在蚊港找到石灰材料，并在大员烧砖，有些材料更远从巴达维亚城运来，工匠则雇大员的平埔人与中国大陆来的汉族人。据荷人所绘大员图样，城内的建设包括仓库、士兵宿舍、长官宿舍及教堂等，城外规划则可见到商店街上有商馆、广场与一座绞刑台，商店街原先在北线尾，后来才迁至热兰遮城东侧空地（图2-2-3）。

热兰遮城为长方形，以糯米糊制作出来的"红毛土"砌上红砖成为城墙。砖壁砌法多使用一皮全顺或一皮全丁砌法，但现存之原物不多，唯外城南壁较完整，而内城大都埋于土丘中，经前些年的整修挖掘，露出北侧的半圆城基。在建筑学上，这是台湾经证实最古老的建筑物，距今达三百五十年。从仅存的城壁及露出的基址，可以知道荷兰占台时期用材及施工技术。当时采用宽扁的红砖，黏合料使用糯米糖汁捣蛎灰或石灰（图2-2-4）。

另外，外墙壁保留有两种痕迹，一是方形梁的榫洞；另一种铁绞刀④的遗迹，也就是所谓的"壁锁"（Anchor），这是种加强木梁与砖墙之固定的小铁件，亦是荷兰盛行的做法，连带影响着清代台南附近的建筑，民宅及寺庙均可见之（图2-2-5）。

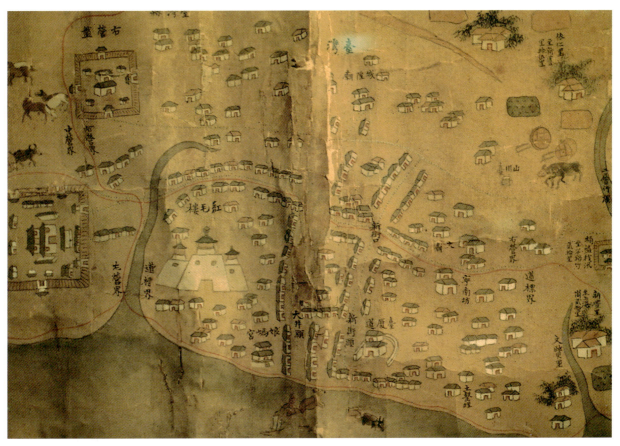

图 2-2-1 清初的台南府城旧地图

图 2-2-2 画家所绘的安平热兰遮城（Zeelandia），可见海上有帆船行驶[5]

图 2-2-3 热兰遮城（Zeelandia）模型

三、普罗文蒂亚城

普罗文蒂亚城（Provintia）又称为普罗民遮城，也就是现今的台南赤崁楼。最初由荷兰人于 1653 年时所建，其"赤崁楼"的名称由来据说是夕阳西下时，城壁呈现赤色而称之，但也有学者认为是平埔人赤崁社的音译。这座城台基颇似热兰遮城，它的入口为半圆拱形，台基由三个正方形组成的。可惜在清末已倒毁，再由地方官吏改为中国式楼阁，即为现今我们所见的赤崁楼（图 2-2-6、图 2-2-7）。

赤崁楼在荷兰强占台湾时期所建的大台基尚存，与热兰遮城同为台湾史上最古老的建筑物。原来台座上的荷兰洋楼于清同治元年（1856 年）倒塌，至清光绪十年（1884 年）始在上面建造中国式阁楼，计有文昌阁、海神庙及五子祠三座，后者于 1910 年台风倾倒后即未再建。在历史观点看，其价值与安平古堡相同，为郑成功来台以前的古迹。就建筑学来看，它的台基砖墙构造延续着荷兰传统，砖拱厚度是以一砖半砌成，与清末的洋楼有显著的不同。

可惜的是目前所见的文昌阁及海神庙并非清末遗物，日本强占台湾末期曾有一次木作的整修，但战后于 1963 年却遭到破坏性的整修，所有屋架被易以水泥，结构系统不清，细部表现荡然无存，至为可惜。所幸外壁仍保留斗砌法，屋瓦也使用传统板瓦。台基下又摆置原大南门下的龟碑，替赤崁楼增添一些富有历史价值的文物。整个外貌仍予人古朴之感。在空间效果上，这两座楼阁都可登至二层，透过轻巧的隔扇窗，获得远眺之趣，当可想象三百年前日落赤崁的画面。而最具特色的是，大台基为曲折形平面，原先三座楼阁前后互相错开，虽然同样面西（向海），但前后有序排列，富有空间层次感，产生了微妙的空间关系，在目前两楼之间徘徊，便可体会。

四、圣多明各城

圣多明各城（St. Domingo）（今称淡水红毛城）为目前台湾地区中保留最完整的西式城堡，位于淡

图 2-2-4 热兰遮城旧城墙

水河口北侧的小山头上,创建于明崇祯二年(1629年),初时为西班牙人所建并称其为"圣多明各城",后来为荷兰人所据。经其后多次修葺,清同治八年(1868年)后充为英国领事馆,清光绪十七年(1891年)年英国人还在东侧建造一座二层洋楼。由于在当时荷兰人被称之为"红毛蕃",故又将其所筑之城称为"红毛城"。关于红毛城现存本体是否为1629年原物一直是个问题,虽经多方考证,但原始资料阙如,无法得证。

据文献所载西班牙人初时所筑之城砦,虽为方形但是结构较简单。至荷兰人时期,因为深感此地军事地位的重要性,计划大规模重建,并于明崇祯十七年(1644年)五月七日奠定下第一块石头。材料多自外地运来,施工者则是中国本地的工匠,不过在兴建的过程中不是非常顺利,迟至1646年才完工。到了明永历十五年(1661年)郑成功收复台湾,虽然北部的淡水及鸡笼并未遭到郑军的攻击,但是荷兰人统治台湾的愿望因而被打破,于占领了38年之后离开了台湾,红毛城也遭到长期荒废。

图 2-2-5 热兰遮城壁锁痕迹

图 2-2-6　台南普罗文蒂亚城（Provindia），清末加建阁楼，现称为赤崁楼

图 2-2-7　台南赤崁楼现貌

图 2-2-8 淡水红毛城旁可见英国领事馆

直至明永历三十五年（1681年）⑥郑氏守将何佑略加整修，清雍正二年（1724年），淡水厅同知王汧曾加以修葺，同时增建了外墙上的四座城门，将之视为炮城，不过现在只剩南门保留下来。到清代中期，可能因为中国守军不习惯使用西式城堡，故而荒弃不用。一直到清同治六年（1867年）英国与清政府订立《红毛城永久租约》，将领事馆办事处设于红毛城内。在英国人租用的这段时间，为了使用上的方便，对红毛城进行修改及增建等工程，其中主要包括墙面粉刷朱漆，二层兴建露台，西侧兴建石造小屋及一层隔为几间监牢，最后才成为今天所看到的红毛城（图 2-2-8、图 2-2-9）。

红毛城主堡的平面呈正方形，每边长约15.25米，楼高约13米，墙壁厚达2米，为外石内砖的构造，内部分为两层楼，采用牢固的穹隆结构，充分发挥其防御的特色。一层分隔为四室，其中两间是牢房，西侧并设有高围墙的放风院；二层亦隔为四间，作为办公的空间使用。

图 2-2-9 淡水红毛城（Domingo）的构造分析图

另外，它在结构上有一个最大的特点，即是底层的两个相并接半圆拱顶（Vault）与上层的两个拱顶方向不同，互成90°。这种做法是否为西班牙传统，颇值得研究。壁体甚厚，依剥落的外壁观察，内部为红砖砌成。屋顶平台四周设雉堞，是用来射箭的城垣，而对角的两侧设悬挑的小碉堡，则都是加强防御功能的设施。但南面露台及角隅以石梁出挑的眺望台如果为1868年之后英人所加，那么梯形雉堞非原物的可能性很高。

第三节　明清时期汉族人的聚落

一、清初期代表性建筑物及其特色

清代初期阶段从大陆移民台湾者，由明郑时期的二十多万，增加为二百万人，人口成为开发最大的动力。由于人口的增加，垦拓面积也增加大，约清康熙末年南部完全开发，再分别往南北拓展。清雍正年间南方已至恒春一带，北方则是到达新竹、台北及基隆。到了18世纪清乾隆末年，西部平原已全由汉族人掌握，嘉庆年间更进展到东部的兰阳平原。台湾经济活络，使得中产阶级逐渐成形，鹿港在此时跃为台湾经济重心；台湾经济重心移动，可由"一府二鹿三艋舺"谚语略窥一二。

清代初期的住宅原貌保留不多，木造建筑的年限及家族的兴衰可以说是建筑保存的关键。这段时期至少有两种基本建筑形式，一种是院落式，另一种是连幢式街屋的形式。院落式多散置于市院后面的巷中。街屋建筑进深很长，通常多在三落以上，为求空间充分利用，往往为两层楼或夹层。清代初期已街屋不多见，只有在鹿港还可以看见。鹿港在当时不是由政府建立起来的城市，而是由商人建立出来的，所以可说鹿港为一个商人城。这样商业性质的城市，本应筑城防卫，不过，当地人民却选择另一种防御方式。也就是将店面紧邻着一条曲曲折折的窄街，这样店面不过5米，所以居住空间只好向后延伸，并垂直向上发展成为两层、三层的建筑。

一般多分为三进，有点同于合院式住宅，第一进为店面及神堂，进深较大，需要两个连续双面坡屋顶才能解决。这样一来不能开窗透光，所以将两双坡屋顶错开，开个天窗，这样一来可以获得充足光线，也形成二层的夹层或阁楼。二层有精雕的栏杆，相当美丽。第一进为主人的居所，可以照顾生意；第二进与第三进多设有二层的室内天井，便于采光；第二进供奉祖先神位，第三进供奉佛祖。构造以砖墙承重为主，屋顶排满圆梁；装饰方面并不重视正面的华丽，倒是将重点放到厅堂的楼阁木作部分，雕刻细致的花样，如鹿港的"日茂行"，据传建于清乾隆年间，为鹿港全盛时期船商林振嵩住宅，其现今位置在鹿港小学附近，依据史料得知，为两落式格局，屋脊为马背式，屋顶铺筒瓦，前面广场全部铺石，正门为亭子式的歇山顶形式（图2-3-1、图2-3-2）。

除了鹿港的代表建筑物，另外还有彰化马兴陈宅与麻豆郭举人宅等，麻豆郭宅前面有两对旗杆座，门上有"文魁"匾额，为清乾隆年间郭廷机中举人所立；另外，次年郭蕴玉中武举又立一对旗杆，可以说是台湾清初时期的官宅。宅为简单的两落式建筑，无护龙。历代稍修，主要的木构架及铺地石板皆为1775年原样，形式古朴（图2-3-3～图2-3-5）。

台湾寺庙为台湾文化的特色。庙的年代表示开发时间，庙的规模则表示其地方经济力量。庙宇建筑是闽南建筑中最主要的典型，同时也可说是移民精神生活的焦点（图2-3-6）。

庙宇与住宅建筑各有其传统，各有特色。随着社会结构复杂，祀神的种类也有所增加，重视子弟教育形成文昌祠；因职业分化有职业团体守护神祇庙宇；为祈求生活平安、脱离苦海的庙堂；移民时祭拜于地缘关系所形成的庙宇；代代相传形成的家庙及家祠；街市发展成为城市，有文庙及城隍庙，借以宣扬教化，移风易俗。

二、清中期代表性建筑物及其特色

清代中期是清代由盛而衰的转变期，清道光二十二年（1842年）从鸦片战争中，中国暴露出在

图 2-3-1　有些街屋室内有夹层或作阁楼

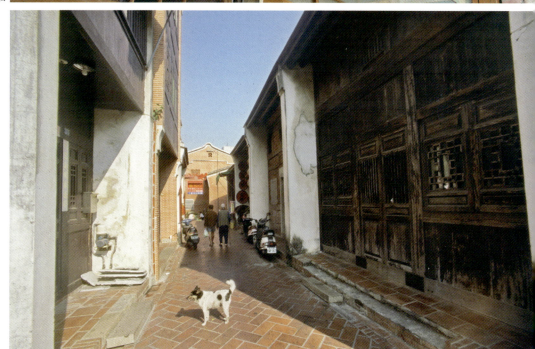

图 2-3-2　鹿港的旧街道曲折且狭窄

图 2-3-3　彰化马兴陈宅前的旗杆座

图 2-3-4 麻斗郭举人宅门上的"文魁"匾额

图 2-3-5 大溪李举人宅中门悬挂"大夫第"匾额

图 2-3-6 渡过台湾海峡的移民为求平安,而崇拜水仙尊王,图为嘉义水仙宫

国势上衰弱的一面。台湾在《天津条约》中，由于加开台湾（安平）、沪尾（淡水）、鸡笼（基隆）及打狗（高雄）为通商口岸，因此台湾的历史真正进入近代历史。鹿港是本期全盛时代的代表性港口，后来因港口淤塞被沪尾（淡水）取而代之，而陆商开发阶段已经进入山地，且重点渐移至北部。

但此时的台湾社会发展有些变化，地方势力的相互斗争，或是不同籍移民间的分类械斗，使得动乱四起，且分类械斗多发生在以豪族势力介入的开发形态的中北部，有闽粤之争、漳泉之争，也有同样是泉州人的顶下郊拼或分姓的械斗，这些对台湾社会影响深远。而中北部的城市发展几乎和豪族兴起或分类械斗有关，因此清代中期成就最大的豪族住宅都是在这段时期完成的。

另外，清政府为加强台湾防务，在各地建造许多炮台城堡；社会阶级逐渐复杂，多数豪族也经由科举制度走入仕途，加上一般人对士大夫阶级的敬重与向往，也促成文风鼎盛。清代中期五十多年是台湾文化的高峰，在历史进程及人文发展社会背景中有其特点，并反映在建筑面貌上。此时期举人乃为社会功名地位的基本象征，通常中举之后，政府会赐匾，立旗杆，作为庆祝及崇敬的象征。且规定只有举人资格以上的人，住宅才可以做所谓的翘脊燕尾样式。当然也有一些捐钱纳官及豪强大户盖起类似官宅的建筑；在乡间的大租户住宅因为传统大家庭制度，改变建筑形态，都建多护龙的建筑，大多有晒谷埕及租馆（仓库），也是以巨大的宅邸作为家族及声望表征（图2-3-6～图2-3-9）。

乡间平民仍习于使用三合院住宅，在城中则多使用狭长平面院落店铺住宅，也就是所谓的"街屋"。此时期有大量且计划性的建筑街屋的例子，说明社会结构成熟及分工的精细一面。此时期的住宅，多

图2-3-7 彰化马兴陈益源大宅门楼上悬挂"文魁"匾

图2-3-8 台中雾峰林家之林文钦举人文魁匾额

图2-3-9 多护龙式的新竹新埔潘宅

带有防御色彩，住宅边也多建筑铳柜，尤其中北部民宅居多。清代中期的台湾，传统民宅形制反映出士大夫、农夫与商人三种形式。

新竹郑厝为开台进士郑用锡族人的住宅群，位置在新竹北门外，大厝分为五部分，现存四部分，均为三落式，其中一座有"进士第"的匾额。这栋大厝的建筑风格与金门相同，工匠可能聘自金门。新竹郑家为多幢院落式，为闽南官宅的传统，每幢之间皆有狭长防火巷（图2-3-10）。

由于豪族兴起，家庙或祠堂建筑也受到重视。其形式与一般庙宇差不多，有时会附建戏台，作为联络宗族情感、提高社交机会的场所。台北府城内即建有陈氏家庙与林氏家庙。另外，大宅第如板桥林家与雾峰林家也建造接待贵宾的"花厅"，花厅也附建戏台，提供戏剧娱乐活动。雾峰林氏在清代中期崛起，林家下厝花厅可能在同治初年即建，现今所见的形态则为清光绪年间大修后的结果。共有四幢大建筑并行排列，皆为西向，自北向南依次为景薰楼、蓉镜斋、颐圃、宫保第及花厅等建筑（图2-3-11，图2-3-12）。

花厅建筑为三落式，依序为门厅、戏台以及正厅；第一内院为宾客的集散休息空间，第二内院两旁宅有两层楼的看台。平面的进深很长，能塑造出庄严的气氛。另外，戏台背景有木雕的太师壁，左右并设"出将入相"门，为标准的戏台做法。这座花厅在建筑学上最大的成就有两方面：一是有严密而丰富的剧场空间，戏台内设藻井凝聚声音；二是其木雕不上彩，纯为木材素漆，显示古朴之美。在台湾古建筑中，雾峰林宅大花厅是很重要的一个特例；戏台设在花厅中，意味着主人与宾客同聚一堂观戏，颇值得玩味。

三、清末期代表性建筑物及其特色

清光绪元年（1875年）到光绪二十一年（1895年）被迫割让台湾，短短21年的台湾历史可说是清代统治台湾221年中最有为的一段时间，其关键除了整个大环境的变化，主政者的抱负也是很重要的因素。

清代末期的台湾是以沈葆桢、丁日昌以及刘铭传三个人为重心的。由于日本人觊觎台湾，这才唤起清政府对台湾的重视；沈葆桢曾在清同治十三年（1874年）与光绪元年（1875年）两度来台积极经营，除设置招垦局，招募闽粤移民来台外，由于台湾的重心北移，在清光绪元年（1875年）奏准在艋舺设

图2-3-10　新竹郑用锡进士第

图 2-3-11 鹿港龙山寺的戏台

图 2-3-12 台中雾峰林家的戏台

置台北府,并增设县厅,由一府四县变成二府八县五厅,自此台北成为台湾另一个政治重心。清光绪十一年(1885年)台湾正式建省,刘铭传为首任巡抚,台湾真正奠定近代化的基础始于此时,重用士绅,从事建设,新政包括开山通道、安抚山胞、建造基隆与新竹之间铁路,创立学堂,培养人才。行政区又称为三府十一县四厅一直隶州。甲午战争后,清政府被迫割让台湾才结束清代统治台湾历史。

本期住宅建筑甚为蓬勃,年代较晚,现存情况相当良好。很多作品均取自本地的材料或由本地技术所完成。此期间台湾对外关系大为开放,官府控制力大,因此许多富户大宅不敢逾越使用燕尾式;坐落在郊区或乡下的大宅成为一种发源地的象征,有宗祠的意味,城市中的头人已取代早期乡村士绅的影响圈(图2-3-13、图2-3-14)。

住宅建筑在表现上的特色是砖石多于木作,木雕繁琐,且流行木材原色,不上彩绘。其中建于清光绪元年(1875年)的麻豆林宅为此时期的代表建筑之一,其在日本强占台湾时期后尚保存完整,部分后人卖地盖公寓,殊为可惜。这栋建筑可视为台南一带最精工且完整的古建筑。形式为三进双护龙式,即为一般俗称"三落百二门",意味着有一百多个门窗,整个平面布局为正方形。

护龙为辈分最低的族人居住的,是在复杂的大家庭中为顾及私密性及方便考虑的平面形态,因此左右另辟两边门以便进出。在木作方面彩绘较少,以一种素木的古典效果呈现,山墙上嵌有固定梁木的"铁绞刀"(Anchor)装饰,这是台南一带常出现的手法。木雕的花草枝叶为圆厚造型,人物也倾向圆雕的手法。大木比例适切,为住宅建筑的最大成功处,台湾其他民宅鲜有能与之相比的。

竹山林宅敦本堂年代约为清光绪末年,可惜"九二一"地震后已毁。格局为两落式,有护龙,不过前后两落之间缺少两护龙,以两道剔透的砖花矮墙代替,将中庭划分为三区域。最大特点是将砖、石及木材结构各自发挥所长,作一紧密且严整的搭配,其做法相当细腻,中庭以矮墙分隔。这周密地考虑到生活延展空间的关系,第一落门厅有宽大的檐廊,中庭有趋于独立的形态,这样的设计较接近一般庙宇的主殿。墙身高,所以在山墙马背下或屋檐下另开小圆洞,作为通气孔。外观典雅,屋脊曲线微缓,在此发现介于硬山与歇山之间的屋顶形式,这是在台湾仅发现的一例。砖工上特地建砖窑烧制出来使用,砖的色泽为橙红色,规格为闽南式;砌叠方式及转角处的收头有很多种,以利于半圆拱、圆洞及转角砖的特殊用途。

第四节 明清时期的城市发展

18世纪以前以反清为号召口号发生的革命事变层出不穷。到了19世纪之时,台湾的民间大抵对于清政府的统治已经有所认同,以借着反清旗帜发

图2-3-13 新竹山区的客家民居

图2-3-14 桃园地区的闽南民居

图 2-4-1　屏东六堆之隘门，门上开一对圆形窥窗

图 2-4-2　清初闽粤械斗时，屏东六堆客家村庄之隘门

起的运动可说绝无仅有，而以移民之间的矛盾所产生的争斗为多。在 19 世纪的台湾历史中，械斗的激烈与频繁均达高峰。这或许是当时台湾的开发已经达到程度上的饱和，各权力关系的分配达到一个关键点，利益的分配不能够满足新移民的需求，应是械斗发生的重要导火线。

此外，在清嘉庆十六年（1811 年）的屏东也曾因闽粤械斗的关系，使得客家人在佳冬四周增建了东、西、南、北四座隘门以作防护。隘门是民间所建的小型城门，在隘门的旁边按传统习俗设立土地公庙（客家人称"伯公庙"），或者是祭拜仓颉、祈求文风鼎盛的惜字亭。在清道光五年（1825 年）的时候，士林的漳州人也在曾发生过漳泉械斗的芝山岩建造了隘门，如今仍保存完整（图 2-4-1、图 2-4-2）。

移民之间进行频繁的分类械斗，促使大城市兴筑改建城池的规模以求自保，因此许多大城市在 19 世纪都曾经过大规模的改建。首先在清嘉庆十年（1805 年）之时，凤山新城业已改建；清嘉庆十六年（1811 年）彰化的县城改建为砖城，宜兰城也在同年改建为圆城；清道光三年（1823 年）凤山旧城（今左营）改建为石墙，如今包括东门、北门和南门这几段的城垣保存尚称完整，特别是北门还有两个门神浮塑在城门之上；新竹城（淡水厅城）在清道光六年（1826 年）也改为石城；屏东城在 1836 年改建为圆城。清光绪元年（1875 年）台湾南部甫发生牡丹社事件，清政府为加重台湾南端的防御，遂于恒春增筑一座县城（图 2-4-3～图 2-4-6）。

台湾最后完成的府城为台北府城，也在 1885 年中法战争结束时正式竣工了。经过筑城的城市，除了内部规制渐趋完整，城里城外的设施也相对较为完备；这也反映了中国封建社会影响下的整个政治、社会及文化数种层面的意涵同时趋于成熟。

那么，一座理想地反映清代价值观的城市应该具备哪些元素呢？我们可以看到的是城市街道的组织通常有由多条东西向、南北向道路将城市棋盘化的现象。诸如官方的衙门、社稷坛和城隍庙或关帝庙等重要政治或宗教建筑物也大体兴筑完整；民间的建筑物方面则包含妈祖庙、观音寺或王爷庙，以及待家族规模发展至一定程度后出现的家庙等。城池有圆有方，通常辟有四座以上的城门。有时城市里的街道又会另设隘门，也就是街道的巷门，以作防护和区隔。就建筑物的方位而言，供奉的神尊通常采用坐北朝南的格局；祭祀一般神明的寺庙面向则不定，有时是朝着它们所面向的街道。

寺庙和城里城外的众居民有着密切的关系，寺庙所在地附近的老百姓平时有集体出资供养庙的传统。寺庙每年祭典所需要的经费由附近的居民共同分担；神在出巡时会绕经捐献者所住的街道，神明

图 2-4-3 恒春城南门

图 2-4-4 澎湖马公城的西门"顺承门"

图 2-4-5 台南府城大南门为一座具备瓮城的城门

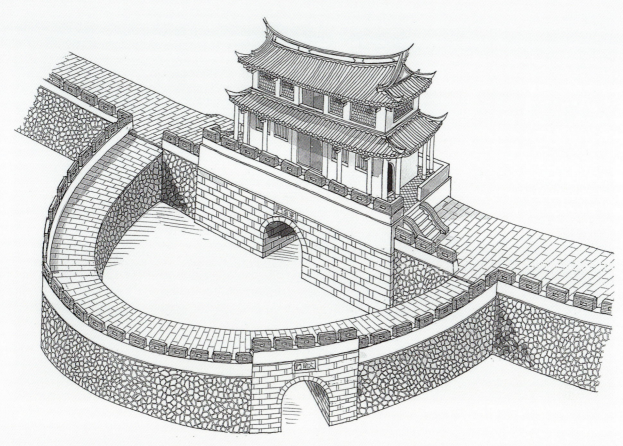

图 2-4-6 台南府城大南门俯视图

庇佑诚心捐献供养祂的这数条街道，由此遂产生了大大小小不同规模的祭祀圈。位阶较高、较为灵验的神通常祭祀圈也相对地大而广，有时甚至连城门外的村庄都会有不辞路远迢迢赶来进献朝拜；相反地，若是影响力有限的土地公庙，祭祀圈可能只有寺庙附近的两三条街道（图 2-4-7）。

此外也有所谓的"同行聚市"：经营同样行业的商家往往聚在一起构成所谓布街、鞋街、杉材行或米市等。市街店铺鳞次栉比，为了防火也必须设防火巷，通常每隔数十户即留设一条窄巷。由于当时的城市大体还是饮用井水，因此除了家家户户有自用井之外，还有供大众使用的"公井"；公井多设在城门口附近或是大街小巷之中。如今还可见到的大井之一，是在凤山左营的北门拱辰门外头的一座"拱辰井"（图 2-4-8、图 2-4-9）。

图 2-4-7 清代台湾村落常以寺庙为核心

图 2-4-8 高雄左营凤山旧城的东门,前有城壕,城楼已毁

图 2-4-9 凤山旧城城垣

第五节　日本强占台湾时期的城市规划

"台北"这个地名的出现其实很晚，它在清初康熙年间时被称为"大加纳"，应是台湾少数民族平埔人凯达格兰族的土语，后来在淡水河畔出现的"艋舺"聚落，是平埔人地名的音译，"艋舺"为河上小木舟之意。"台北"地名的初现，为清光绪元年（1875年）钦差大臣沈葆桢奏请朝廷设立台北府时才见诸文献。后来相对于台北，才又有"台南"与"台中"的地名。

清同治十三年（1874年）因牡丹社事件，日本军队犯台。沈葆桢时任船政大臣，奉命来台巡查善后，从福州坐新造的船舰抵达淡水，再进入台北盆地，发现台北为四周高山环抱的地形，并有大河汇聚，气象万千。又发现附近盛产煤炭、茶及樟脑，为19世纪极重要的经济产物，因此积极建设台北，升格为"府"，并筑四方形城池，此为台北府城的由来。

台北府建城的经费除了政府出资外，也广向民间募款。台北的士绅有许多人参加建城之工程，包括林维源、陈霞林等。回顾历史文献，台湾从清初以来二百多年间所建的府城或县城，包括台南、嘉义、凤山、彰化、新竹、恒春及宜兰等城池均为不规则的圆形，随着地形而变化，唯独台北府城，采用长方形的设计。

初步设计时，城墙为正南北向，城内主要街道府前路（今重庆南路）也是正南北向，但当时有一位任"台湾道"的官员刘璈，素来熟练堪舆学，他修改城墙的角度，据说也避开一些土质较松软的水田，因此后来完工的城墙略向东北偏10多度。如今摊开台北市地图，会发现旧城墙遗址已改为宽阔的马路，并且略偏东北与西南方向。

筑城的工程并不顺利，是因这时发生了中法战争。法国为了安南问题而与中国交战，并出兵攻打台湾。法船登陆台湾北部的基隆与淡水，双方激战。清政府派刘铭传赶赴台湾，坐镇台北城内指挥抗法保台的军事行动。这时的筑城工程受到阻碍，但最后仍在战争结束后，台北城也完成了。这是一座以石条建造的坚固城池，共辟有五个城门，包括北门、东门、西门、南门以及小南门。为什么南边多出一个小南门？本来计划开辟八座大小城门，然而经费不足，所以只有南边完成大小二门，而小南门是由富豪板桥林本源家族所捐建（图2-5-1）。

台北府城落成之后，城内有一些商店陆续出现，栉比鳞次，吸引商人来投资与定居。当时最繁华的街道为西门内街及石坊街。刘铭传被任命为台湾巡抚，他向上海一带招商，有上海商人在城内成立"兴市公司"，大规模建造店铺。城内因而开辟公井，并设

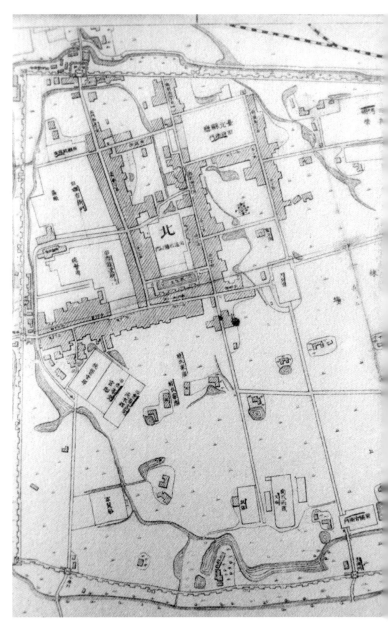

图2-5-1　清代台北府城图

图 2-5-2　台北府城的北门，城墙在 1900 年被日本统治者拆除

发电站供应街灯照明，这是当时较进步的中国城市。

据史料所见，当时城内陆续出现了巡抚衙门、布政使司衙门、淡水县署、西学堂、番学堂、登瀛书院、军装局、文庙、武庙、天后宫、台北府署及府县城隍庙等。这些中国式的建筑有的还向江南一带聘请良匠到台北城承包，因此有些建筑物具有高大的马头墙，呈现出江南建筑的特色。城内有两座石牌坊，用以表扬捐地建考棚的艋舺贡生洪腾云及节孝妇女黄氏，这两座石坊，如今被移建在二二八公园之内。

之后，清光绪二十一年（1895 年）的中日甲午之战，中国战败，被迫割让台湾给日本。日本从此占领台湾 50 年，直至第二次世界大战结束（1945 年）。日本强占台湾期间，台北府城面临极为巨大的改变。首先是城墙被拆光了，石材被拿去作为新建物的基础。而城内许多公共建筑如衙署、书院及寺庙大多被拆除。其中天后宫也被拆除，神像被移到三芝乡，而庙内石雕被移至日本总督官邸内，充为花园的石桥（图 2-5-2、图 2-5-3）。

日本当局在 1900 年公布"台北城内市区改正计划"，陆续拆除旧的建物，并改建市民的店铺。刚好 1912 年发生大台风，许多家屋倾倒，因此大肆改建。一些重要的公共建筑如"总督府"、官邸、邮局、医院、法院、银行、火车站、市场与公园也由日本建筑师设计建造。台北城内的都市景观因此发生了剧烈的变化，由原来清代的中国城市逐渐蜕变成现代化且带有西洋式的面貌。

注释

① "公廨"是一种很特殊的建筑，其功能有的是供未婚男子集中训练之所，也有专供未婚女子活动之公廨，因此它成为集会与公务之所，同时也可以是训练营兼办公室，这反映出平埔人当时的社会生与组织颇为严密。

② "禾间"就是储存谷物的小屋。

③ 李雄挥汉译，甘为霖英译《荷据下的福尔摩沙》(Formosa under The Dutch)，前卫出版社，台湾：台北，2003 年 6 月。

④ 壁锁为一种欧洲建筑常用的固定梁木的铁构造，形状有如锚。清代文献《赤崁笔谈》有明确的描述"雉堞俱钉以铁，今郡中居民墙垣每用铁以束之，似仍祖其制也"。在欧洲建筑中，此构件被称为 Anchor，其功能为强化木梁与墙体的连接。事实上，在中国古建筑中，亦有类似的铁件，多为固定砖墙与木栓之用。

⑤ 此图名为"日晓的热兰遮城"，是日本画家小早川笃四郎于 1935 年绘制的一系列台南历史画之一。

⑥ 1644 年，李自成农民军攻占北京，崇祯帝自缢于景山，明朝宣告灭亡。未几，清军攻占北京，李自成败退，福临称帝，年号顺治，是为清朝之始。次年明朝后裔在南方组织流亡小朝廷，称南明。至 1661 年，即顺治十八年，南明小朝廷告终。但其后台湾明郑势力则仍以南明永历纪年，表示仍效忠于明朝。故本书文内出现了"明永历三十五年"这一说。时当清康熙二十年——本书责任编辑注。

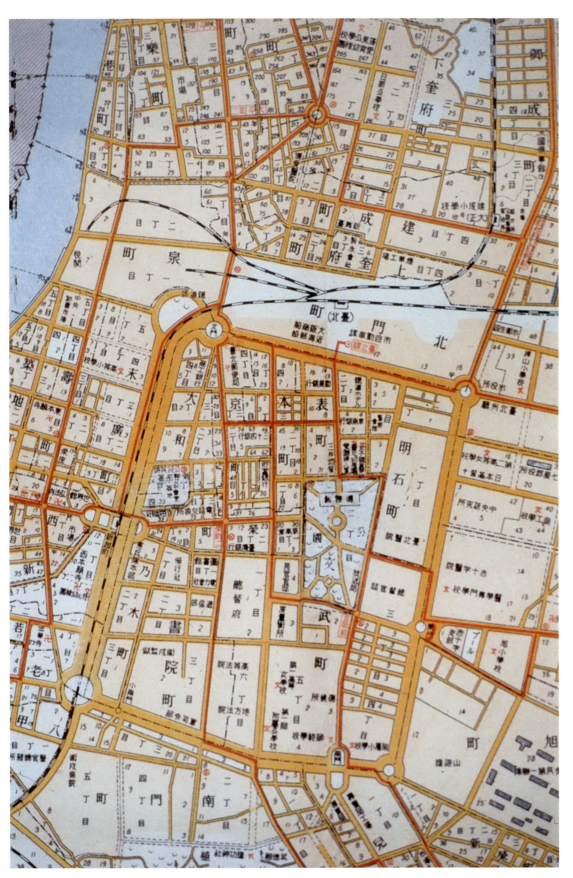

图 2-5-3 日本强占台湾时期的台北城地图

台灣古建築

第三章 宗教寺庙

台湾宗教寺庙分布图

1. 台北孔子庙
2. 台北保安宫
3. 台北艋舺清水岩(祖师庙)
4. 台北艋舺龙山寺
5. 台北福佑宫
6. 淡水龙山寺
7. 淡水鄞山寺
8. 台北五股西云寺
9. 台北新庄广福宫(三山国王庙)
10. 桃园景福宫
11. 新竹都城隍庙
12. 台中大甲文昌祠(文昌宫)
13. 台中乐成宫
14. 彰化元清观
15. 彰化孔子庙
16. 鹿港福兴宫
17. 鹿港天后宫
18. 鹿港龙山寺
19. 北港朝天宫
20. 麦寮拱范宫
21. 嘉义城隍庙
22. 台南白河大仙寺
23. 台南白河关子岭碧云寺
24. 台南鲲鯓代天府
25. 台南开元寺
26. 台南三山国王庙
27. 台南祀典武庙
28. 台南大天后宫(宁靖王府邸)
29. 台南孔子庙
30. 台南法华寺
31. 凤山龙山寺
32. 马公观音亭
33. 澎湖天后宫

(地图引自:中国地图出版社编著. 中国分省系列地图册——台湾省地图册. 北京:中国地图出版社, 2013.)

第一节　宗教与佛寺、道庙之关系

台湾民间的宗教信仰，无论就其内在本质或外在的表现形式，都源自于闽粤。中国人对于宗教的看法甚具包容性，历史上曾有几种外来的宗教入境，有的被吸收了，甚至被发扬光大，如佛教；有的虽未获茁长，但也不被排斥，如伊斯兰教及基督教。

佛教进入中原之后，先受到上层社会贵族的喜爱，继而受到知识分子如士大夫的接纳，融入中国本有的儒家思想。至于道教，虽是中国自己的宗教，但其教义逐渐与儒、佛接近，一般民间也将儒、道、佛三者视为一个相通的信仰，这是中国宗教发展过程中，相当耐人寻味的事。分析台湾的民间信仰背景，可以看出是以中国古代传下来的所谓精灵信仰为基本，再融入儒、道、佛三教的精神而成的（图3-1-1）。

儒家之创始者为孔子，儒家崇尚礼，礼的形式也需要建筑空间之相佐。礼就是要建立一种伦常的秩序，所谓"道之以德，齐之以礼"。其后孟子、荀子亦倡此学说，将伦理的意义扩充到其他的社会关系，强调道德价值。再经汉武帝罢黜百家，独尊儒术，儒家逐渐取得中国思想的核心地位。宋明时期，新儒学兴起，更是奠定了其正统的地位，可以说中国人的思想言行在两千多年以来，无不受到儒家的深刻影响。虽然有人认为儒家并非一种宗教，它没有类似其他宗教的教义或特定仪式，但它所散发出来的力量实与信仰的力量无分轩轾（图3-1-2～图3-1-4）。

道教则与道家有很大的不同，中国从上古到魏晋南北朝时期，存在着一种信奉天神的宗教，礼拜天神的仪式由天子执行，有所谓"天子祭天，诸侯祭土"之说。先秦诸家对宗教的看法各异，儒家认为应敬鬼神而远之，轻神道而重人道；墨家较维护古宗教；道家则倾向于一种消极无为的理论①。

至于佛教传入中国，一般都确定在东汉明帝时，但依众多迹象显示，可能还要更早。有谓"汉明感梦，初传其道"。佛教源于印度，有小乘及大乘之分；

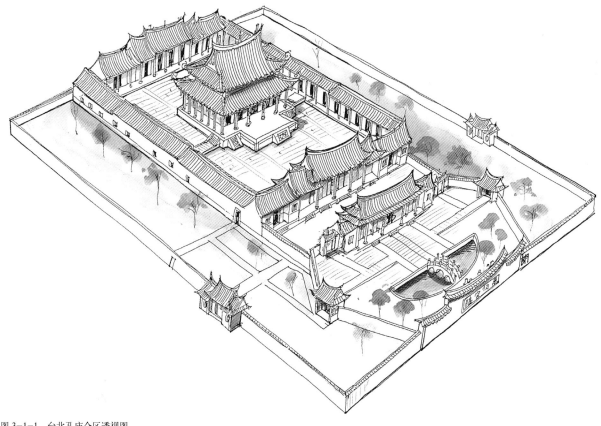

图3-1-1　台北孔庙全区透视图

图 3-1-2　台北孔庙为台湾现存规模完整的孔庙之一

图 3-1-3　台北孔庙每年春秋举行祭孔典礼

图 3-1-4　祭孔典礼之六佾舞

大乘佛教在中国得到显扬，成为主流。中国佛教史上将汉、魏、两晋所传的佛教称为性空教，兼弘大小乘。到了南北朝、隋唐时代所传的，称为真常教，只弘扬大乘。[②] 南朝梁武帝信佛，佛教盛极一时，京师的寺刹多至 700 座以上。而北魏的洛阳更是称为佛都，著名的《洛阳伽蓝记》非常生动而详细地记载了当时的佛寺建筑（图 3-1-5）。

台湾的宗教随着移民来自于闽粤，从明末郑成功入台以至清末甲午战争被迫割让给日本以前的二百多年中，固有的宗教有道教、儒教、民间信仰及曹洞宗、临济宗、斋教等佛教，其中斋教又分为先天派、龙华派、金幢派、空门派等，一般称为在家佛教。另外在清末咸丰年间开放通商口岸之后，也有天主教多明尼哥派及苏格兰基督长老教会及加拿大基督长老教会入台，当然也还要包括本地台湾少数民族诸族的原始宗教。台湾的传统道教又有红头道士及乌头道士之分，前者称为三奶派，后者又有灵宝派、老君派、天师派及瑜伽派。传统儒教则以官方的文庙及武庙为主，以弘扬教忠教孝之伦理道德，不过民间常将孔夫子、魁星及文昌帝君视为主导文运与科举宦途的宗教信仰之神，而将武圣关帝君视为职掌财运的神明（图 3-1-6）。

日本强占台湾时期，台湾的宗教有了变化，增加了日本的国家神道，以各地的神社为中心，又增加了不少的教派神道，如金光教、实行教、神习教、扶桑教、大社教等。在佛教方面，又增加日本传来的净土宗、天台宗、日莲宗、临济宗的妙心寺派、真言宗、真宗本愿寺派、真宗大谷派，本门法华宗、显本法华宗等；基督教方面，又增日本基督教会、日本组合教会、日本圣公会及救世军等会。[③]

战后，从中国大陆来台的道教及佛教派别又增不少。道教方面有属于北方道教的丹默派、积善派，或是属于南方道教的正乙派、占验派及符箓派；佛教方面则有天台宗、华严宗、净土宗、律宗、禅宗、喇嘛教及密宗等，另有其他宗教如天理教及伊斯兰教等；基督教派则更多，不胜枚举。

图 3-1-5　建于清初雍正年间的彰化孔庙

图 3-1-6　彰化东门内的元清观为道观庙宇

总的来说，台湾的宗教信仰一直相当自由，相应于不同的时期，有不同的宗教随之而起，而旧有的传统民间信仰、道教、佛教及清末入台的基督长老教会等仍然长盛不衰。④

以汉族人来台垦拓的历史观之，台湾最早有宗教活动当在荷兰人强占台湾之前，台南的小南天及新化的大道公庙都是创建在荷兰强占台湾时期或更早之寺庙。民间信仰的神祇为数很多，然而所谓上帝，即天公，素为中国人所共同崇敬。敬天思想与祖先崇拜构成了台湾民间信仰中最主要的成分，从其本质来分析，可分成三类：

1. 自然崇拜——如日月星辰、山川、雷雨风火及动植物等；

2. 灵魂崇拜——如圣贤之人魂或孤魂厉鬼；

3. 器物崇拜——如灶神、床母及门神等。

自然崇拜的起源最早，古代的中国人震慑于自然界中无上的威力，将所有的天体现象都视为神明。台湾所见的自然崇拜神祇主要有玉皇大帝（天神）、三官大帝（天、地、水之神）、玄天上帝（北极星神）、文昌帝君（文昌星神）、东岳大帝（山神）、三山国王（山神）、福德正神（土地神）、风神、雷公、太阴娘娘（月神）等（图3-1-7、图3-1-8）。

灵魂崇拜的神祇数量最多，按照清代会典所订的几项标准，如崇功报德、护国佑民、忠孝节义、名宦卿贤，都可以成为膜拜敬仰的对象：先圣先贤如孔夫子；功臣名将如关公及开漳圣王；孤魂野鬼如有应公；义勇烈士如义民爷。另外各行业亦有其祖师或守护神，如木匠拜巧圣先师鲁班公。

器物崇拜是从器物的特殊贡献或功能着眼，这些器物虽由人所造，但它担任重要的任务，人们从心里头发出感激之情，尊其为神拜之，如床母、灶神等。

道教的神祇，有的属于自然崇拜神，有的属于灵魂崇拜神。据统计，台湾的道教神祇大约有13种，其中五种属于自然崇拜神。⑤而道教还扩展包括了民间信仰的神祇，建构成一个有如人间社会行政体系的神明世界（图3-1-9、图3-1-10）。

图3-1-7 供奉东岳大帝的彰化元清观

图3-1-8 全石雕而成的土地公庙

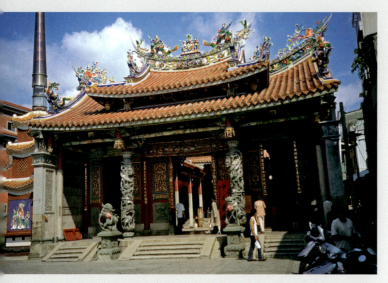

图 3-1-9　台南大天后宫为台湾现存最古老的寺庙之一

图 3-1-10　台北保安宫建于清嘉庆十年（1805年），为奉祀保生大帝的道庙

玉皇上帝至高无上，统辖三官大帝及五方天帝，再下来有属于中央的行政神明，各司所职，学问有文昌帝君，农业有神农大帝，土木有巧圣先师，商业有关帝君，医疗有保生大帝，娱乐有田都元帅，航海有妈祖或水仙尊王，驱瘟有王爷，生育有注生娘娘，司法有城隍爷。另外，管辖地方的有泉州的广泽尊王、漳州的开漳圣王、粤东的三山国王，这样联合起来的宗教，可谓之通俗道教。

通俗道教除了结合正统道教与民间信仰外，还越界到佛教，将一种中国独自发展形成的通俗佛教中的诸多神明纳入，构成一个更庞大的神界组织。通俗佛教的神祇有地藏王菩萨、观音佛祖、弥勒佛、定光古佛、显应祖师、清水祖师等。地藏王菩萨为阴间行政神，管辖十殿。同样归玉皇上帝指挥的，还有王爷的神军及城隍的神警系统，神军分东、西、南、北、中五营，中营主帅即太子爷。城隍手下有七爷、八爷及牛爷、马爷，并设文武判官及司官，掌理奖善罚恶或增禄延寿。⑥

据 1960 年所作的台湾寺庙调查，台湾地区四千多座寺庙所祀的主神，约有 247 种。这些神祇大部分都是闽粤及台湾地方性的神，而属于中国全国性的神祇只有 49 种，只占 1/5。但是有一些在中国各地已经式微的神明，却仍普遍在台湾受到重视，如三官大帝、玄天上帝、神农大帝、盘古及女娲。⑦ 这些都是中国上古时代神话的主角，构成中国民族精神文明的一部分，透过这些丰富的想象力，表达了先民的宇宙观与人生问题的价值判断。这些远古的神明，在台湾仍然不衰，这似乎又可为台湾与闽粤保存了许多中原古老文化的有力佐证。

在台湾最受重视的神明，其寺庙的数量也越多，分布也越广。据 1930 年的调查，共有 3661 座⑧。1960 年调查时已增至四千座左右。近年再次统计后，登记有案的约有五千多座，连同未登记的，可能有八千座以上。从数量上而言，显示着寺庙蓬勃发展现象，然而其中有不少未具备寺庙基本的形制条件，房舍粗陋或以民房充用，聊备一格而已。据 1960 年所作调查的分析，其中具有 20 座以上的寺庙者有29种，超过100座以上的有九种神明，分别是王爷、观音、妈祖、福德正神、如来佛、玄天上帝、关帝君、保生大帝、三山国王⑨（图3-1-11）。

这几种神明是台湾的寺庙中最受重视的，寺庙里除了主神，还有从属配祀的神，如天上圣母妈祖配祀千里眼与顺风耳，关帝君配祀关平与周仓，开漳圣王配祀辅信与辅顺将军，城隍爷配祀牛爷与马爷，还有些寺庙的供桌下也配祀虎爷。最受重视的神明里，除了观音、如来与关帝君属于全国性的信仰外，其余仍大多为地方性的乡土守护神，乡土神明的兴盛反映着台湾早期移民社会的特质。明末清初闽粤移民冒险犯难渡台开拓新天地，强烈的民族观念使他们远离家乡时，仍然不忘本，将家乡的守护神也移植出去。泉州移民的守护神主要有广泽尊王、王爷、保仪尊王、保生大帝（同安）、清水祖师（安溪）；漳州移民的守护神主要有开漳圣王；粤东客家移民的守护神主要是三山国王；汀州移民则信奉定光古佛（图3-1-12、图3-1-13）。

由于各籍移民的守护神不同，他们也组织各种社团，如神明会，结合同业、同乡或同族人士，共同促进祭典的进步或谋地方的福利；祭祀公业则配合家祠成立，推动祭祖或处理共同产业等。⑩由于事关利害关系，在清代的移民分类械斗事件中，寺庙也常卷入纷争。

各籍移民都将守护神的寺庙视为精神的堡垒，平时亦作仲裁纠纷之所，其社会功能是非常丰富的。民间为了宗教信仰所建的寺庙，其实也担负着社会教化与娱乐的功能，寺庙建筑的雕饰及庙会的戏剧活动，无不表彰忠孝节义的传统价值观念。而官方所建的寺庙，数量较少，如县治及府治所在地的孔庙、武庙、城隍庙及节孝祠等，也具有匡导风俗、敦劝教化的意义（图3-1-14）。

综观台湾的宗教信仰，神明种类众多是一项特色，而且除了地方性的神祇外，古老的中国神明亦受重视，可谓源远流长了。而且由于特殊的移民历史背景，很多佛、道教的神都与民间信仰的神并不

图3-1-11　供奉妈祖的云林麦寮拱范宫

图 3-1-12 新竹北埔慈天宫为垦拓时代山区的观音庙

图 3-1-13 潮州移民捐建的新庄三山国王庙

图3-1-14 彰化孔庙大成殿

严格划分区别，常有共祀一堂的情形。这也显示了台湾民间宗教信仰之蓬勃与宽容大度之特色。宗教的目的在于劝人为善，各种宗教或教派只是理解角度与做法的不同，其最后目标则一。因而不必强调派别之异，对于台湾的儒、道、佛及民间信仰之混合化，当以认同的观点视之为宜。

第二节 民间信仰与寺庙

台湾自明末清初以来的寺庙与移民的社会、经济、文化有密切关系，民间信仰或佛、道教寺庙的建造都有其必然的背景。属于民间信仰的寺庙最多，其保佑的性质与范围也广：海神或水神有妈祖庙及水仙王庙；农神有神农大帝及五谷王庙；土地神有城隍庙及福德祠；商业神有关帝庙、五路财神庙；瘟神有王爷庙及五帝庙；另外还有三山国王庙、风神庙、药王庙、大众爷或义民庙。这些寺庙各有所职，能满足信徒不同的需要（图3-2-1、图3-2-2）。

道教方面，有玉皇宫、三官大帝庙、玄天上帝庙及一些通俗的中坛元帅、孚佑帝君、五文昌庙及注生娘娘庙等，这些亦有其特定的保佑物件。佛教方面，除了纯度较高的寺院斋堂外，还有地藏庵及祖师庙。儒教则多为官建庙，如文庙、文昌祠、五子祠及卿贤名宦祠等。这些寺庙是在三百多年内陆续出现的，关于各种不同寺庙的建造与其社会背景的对应关系，研究台湾宗教的学者曾建立了一个发展模式，解释甚为精辟⑪。

因为台湾的开拓，移民们必须由闽粤渡海而来，初期要克服风浪与瘴疠之险，其次上岸登陆定居之后，瘟疫与自然灾变接踵而来。人口增多之后，五方杂处，民性难驯，变乱事件层出不穷，因此迫使初期的移民必须借助宗教信仰的力量来解决。渡海时，常由故乡随身携带守护神像如妈祖、观音或开漳圣王抵台，上岸安定之后，便将小神像供在民房或挂在树上，以供膜拜。实例如台北艋舺青山宫，其址原为民房，暂时供奉神像，后来就改建为庙宇了。

移民社会逐渐形成之后，农业发达，为祈求五谷丰收、六畜兴旺、合境平安，因此农业神明的信仰兴起。各村庄皆有土地公庙，有的建在市街交叉路口，有的建在街头或街尾。靠海边的村庄，则多供奉王爷庙与妈祖庙，因与渔业相关。移民渡台，先以地缘作号召，纠合同乡前往开垦，因而乡土守护神明如泉人的广泽尊王与保生大帝、漳人的开漳圣王以及客家人的三山国王，也逐渐出现于新辟地（图3-2-3、图3-2-4）。

开拓进入饱和阶段时，市街成熟，商店栉比，而官方的控制力也趋稳固。社会内部各行各业分工渐细，土地资本转换成商业资本，经济力大增，建设量也随之提高。第一代的移民可能胼手胝足的务农；第二代则可能转变为城市的商贾；第三代也就可能有机会读书，通过科举制度来取得官衔，文昌祠及书院便在这个阶段应运而生。另外，佛教寺庙如斋堂亦渐增多，职业团体或神明会也发起倡建相关寺庙，如郊行商贾倡建水仙宫或关帝庙，医师及药铺捐建保生大帝或神农大帝庙，音乐如南北管团

图 3-2-1 台北新庄的文昌庙,为文人士子所崇敬的庙宇

图 3-2-2 艋舺清水祖师庙

图 3-2-3 台北保安宫大殿

体兴建供奉西秦王爷或田都元帅的庙，木匠业者则兴建鲁班庙，现今台中东势的巧圣先师庙为台湾仅存的鲁班庙，其地盛产木材，木匠及木材行多祭拜之。

台湾西部平原及丘陵地开发成功之后，一些重要的城市成为县治或府治，社会组织趋于严密，文化普及。这时出现了文武庙、节孝祠、旌义褒忠祠以及育婴堂之类的慈善设施。其功能既可宣扬教化，亦具政治意义，广收人心，奠定理想化的风调雨顺、国泰民安的社会。

观察台湾寺庙的发展过程，这几个阶段有时并非很明显，盖因一地之开发，除了自然地理条件外，尚须多方面配合，例如漳泉不睦是个传统，但泉属的同安区地近漳州，在械斗时有时并不与漳人为敌，这种情况在研究清代台湾史时是不能不加注意的。再者，如泉州临海，故泉人多善经商。漳州较偏内陆，故来台的泉人亦多聚居港口业商，而漳籍移民多深入内陆平原务农。安溪人尤多居于山边丘陵地开垦山林或种茶，这种与故乡相近的习性是台湾开拓史的重要特质，在寺庙发展的过程中，亦为影响因素之一。

而台湾寺庙之发展，可大略分为四个阶段。

1. 渡台期。移民初至一个陌生环境，为求平安，乃随身携带香火或神像，为台湾寺庙播下种子。

2. 农业期。移民定居之后，与土地开始建立密切关系，发挥汉族人擅长的农业技术，与五谷、瘟疫、土地有关的寺庙逐渐出现。

3. 商业期。市街形成之后，商人崛起，社会分工细密，各行业为维护其权益，乃发起同业或同乡守护神庙的建造修葺。我们至今仍可在寺庙墙上的石雕发现捐献者的身份，因此可以说台湾的寺庙记录了丰富而详细的社会历史。[12]

4. 社会期。当信徒将佛、道、儒及通俗化的佛道神明纳入一个类似金字塔的组织结构里后，就仿照人的社会，定出神明的高低尊卑序格，即所谓的神格，并予以拟人化的敬称。从君臣、军事领袖或家庭辈分等关系来尊封神祇，计有帝、君、后、王、

图 3-2-4　台北保安宫供奉道教保生大帝，为同安移民所建的大庙

公、爷、元帅、将军、侯、太子、真人、夫人、母、娘、妈、姑等多用于通俗道教；佛教则有佛、菩萨、祖、师等，[13] 这些等级也将决定寺庙的规制与格局。中国古代已有"天子开五门，士大夫开三门，庶民开一门"的规矩，从门数的多寡来判定建筑物的规模。依中国建筑的传统，祭"国"与"天地"相通处曰"殿"，"家"与"天地"相通处曰"堂"。祭天地之神用"坛"，祭人鬼的用"庙"，祭一姓之处曰"祠"，祭道教神明的曰"观"，拜佛教神明的为"寺"，这些区别在后代常被混用（图3-2-5、图3-2-6）。

台湾的寺庙在建筑物规制的名称，据统计有20种以上之多，有些名称只限定道教用，大体上仍有区别。现分别说明如下。

1. 坛。本为祭天地之处，以土筑高台而成，如天坛、地坛。清代台湾有不少社稷坛、山川坛、厉坛或风云雷雨坛，今皆不存。现在称为坛者，已非高台形式，如台南天公坛。

2. 寺。原指官舍，佛教传入中国之后，僧人所居之所才称为寺。台湾只要冠以寺为名者，均为佛寺，如龙山寺、宝藏寺。

3. 庙。古时多指宗庙，如太庙、文庙、武庙亦用之，并与祠合称祠庙，如宜兰孔庙（图3-2-7）。

4. 观。本指宫殿的高大门阙，后专指道士的居所，称为道观，如彰化元清观即是台湾建筑最宏伟的道观。

5. 殿。高大的帝王居所或供佛祀神屋宇称为殿，在一组建筑群中，最重要且高大者，如佛寺的大雄宝殿、孔庙的大成殿。

6. 堂。指正室而言，一组建筑居中之处，如民宅里的祖堂，又与殿并称为"殿堂"，台湾寺庙用"堂"名的亦不少，如台南择贤堂、报恩堂等，斋堂亦喜用之。

7. 祠。祠多指祭祀祖先或先贤的建筑，如宗祠、祖祠等。台湾的"祠"用得很广，孔庙里有崇圣祠及名宦祠，彰化现仍有一座节孝祠。

8. 宫。王者所居谓之"宫"，转为祀神处时，凡

图3-2-5 台北孔庙大殿做四面走马廊

图 3-2-6 鹿港天后宫前殿中辟三川门，左右两边间辟八角门

神格在帝后或王爷级，皆可冠上宫，如木栅指南宫、台北保安宫，北港朝天宫或鹿港天后宫（图 3-2-8）。

9. 亭。原指一种让人停下来休息的建筑，后转用为寺庙名称，台湾多用于佛教寺庙，如观音亭（图 3-2-9）。

10. 厅。堂屋也称为"厅"，台湾用得少，台南有关帝厅，祀武将者多用之。

11. 府。古时百官所居曰"府"，府第并称，台湾以王爷庙、代天府最普遍。

12. 院。古时称官廨，转用为书院、寺院。台湾多用于佛寺斋堂，如新竹净业院、仁德静修禅院。

13. 庵。原指结草为屋，转用于僧尼奉佛屋舍，如新庄地藏庵、狮头山的海会庵及万佛庵。

14. 馆。古时指客舍或宏屋，鹿港的金门馆及马公的铜山馆、提标馆，其中提标馆除了供奉神明，亦兼为会馆用。

15. 岩。凡是以山窟为寺庙者，或位于山崖处据险而筑皆可冠以"岩"。如台北泰山岩、彰化花坛虎山岩。另外尚有冠以"山"或"洞"者，如狮头山灵霞洞、水濂洞。

以上 15 种名称是台湾惯用者，另有轩、阁、楼、社、公厝、寮及福地等，大都并非来自祖国大陆的原庙名，而是在台湾因地制宜，配合寄放屋宇的形态而取的，如妈祖楼，日久也就成为正式的名称了。而公厝、寮等名称，推定原来可能为临时奉祀之所，从这些名称亦说明了初创时的历史。

对各种寺庙建筑的规制形式有了轮廓式的了解，那么这些规制形式与高低神格是否具有一种互相匹配的对应呢？一般而言，历史悠久且较重要的寺庙都能符合对应的原则，亦即帝、君、后、王等高级神格的神明都能享有"宫"、"殿"、"观"、"庙"、"坛"等名称，而较低神格的多用"祠"，佛教的高级菩萨如释迦牟尼佛或观音多用"寺"或"堂"。

然而，寺庙的名称并不是最重要的，在台湾的寺庙建筑史上，门的数目及殿堂的进数、高度及方位才是关键。低级神祇不能僭越，若逾越本身的

图 3-2-7　宜兰孔庙

图 3-2-8　木栅指南宫，凌霄宝殿配合背山之形势而建

图 3-2-9 澎湖马公的观音亭供奉观世音菩萨

神格，必须有特殊贡献或经敕建追封，否则被认为是不当的。五门庙是最高级的，但近年北港朝天宫左右各增一门，已成七门大庙了。几座年代古老且较著名的五门大庙有鹿港龙山寺及鹿港天后宫、台北艋舺龙山寺、台北大龙峒保安宫、台南开元寺、南鲲鯓代天府与台南、彰化及台北孔庙等。至于三门的寺庙，数量最多，年代较古的且具代表性的有台南大天后宫、台南祀典武庙、嘉义城隍庙、彰化元清观、彰化节孝祠、台中乐成宫、大甲文昌宫、新竹城隍庙、艋舺清水祖师庙、淡水龙山寺、淡水福佑宫等，只有单门的庙，大都是福德祠（图3-2-10～图3-2-12）。

在台湾地理上，寺庙的分布随着开发的先后与地方条件，也有明显的区野。移民原籍是一项因素，闽人地区粤庙较少，甚或没有；反之亦然，泉人地区亦少有漳庙。但有些城市多籍移民混居，彼此相安无事，台南与彰化市清代台湾城市最能反映此种现象之例。台南过去为台湾首府，官府控制力雄厚，除了闽南及粤东移民，尚有福州及少数外省人，是地域观念较淡薄的地方，因而市区内有潮汕会馆、三山国王庙，也有福州人建的白龙庵。

彰化城则更有趣，城内同时存在漳、泉及客家寺庙，西门及南门一带有漳人建的开漳圣王庙及威惠宫；南门及东门一带又有泉州人所建的保生大帝庙、庆安宫及元清观；至于南门有粤人所建的三山国王庙，西门内有闽西永定客家人所建的定光佛庙；城中心区有福州人所建的白龙庵。按此分布现象，我们推断当时的彰化城内至少有漳、泉、汀、潮及福州五府以上的移民。当然，有些城市的情况并非和平共存，台北的新庄原是闽、粤混居的市街，清道光十四年（1834年）闽粤械斗，粤人失利，乃变卖田产，举族迁往桃园台地[14]（图3-2-13、图3-2-14）。

其次，河口港或海边地区的寺庙与内陆平原或山区丘陵地带的寺庙，也有明显的不同。港口多妈祖庙及水仙宫，土地贫瘠，瘟疫频繁的嘉南靠海盐分地带及澎湖，王爷庙较多。内陆主要城市，几乎

图 3-2-10　台北孔庙循古礼进行祭孔仪式，并使用传统古乐器演奏雅乐

图 3-2-11　台北孔庙正殿内摆放着祭祀的牲礼与瓜果

图 3-2-12　彰化节孝祠

图 3-2-13　台南三山国王庙

都有妈祖庙及观音庙。这两种庙已经成为全台湾共同的守护神,保佑的范围相当广泛,可以于庙中看到"与天同功"、"德配乾坤"、"功参造化"、"普济众生"、"薄海蒙庥"等匾额,显示其受重视的程度。整个统计起来,台南、嘉义、彰化、台中、新竹以及台北这些开发较早、经济较富庶的地区,寺庙的分布较密。宜兰、桃园、南投、屏东及澎湖等地次之,花莲及台东最少(图 3-2-15)。

除了上述的因素,主政人物或政治情势对台湾寺庙的发展也不可忽视。清初政府禁止或限制汉族

图 3-2-14　彰化元清观的中门石狮

人渡台，初期寺庙悉为民间捐建。迨放宽入台规定，粤籍人士又受限，移民人数少，沿海富饶之地多为闽人所占，故三山国王庙普遍要迟至乾嘉之后才渐增。而众多的义民庙或褒忠祠，也是在林爽文抗清事件后才增多。

再者，我们注意庙内墙堵或石碑铭记，有不少倡建者是当时被派来台湾的官吏，建造其家乡守护庙，照顾同乡也算是略尽心意。台南的三山国王庙就是在清雍正七年（1729年）由知县杨允玺及左营游击林梦熊率粤东商民建立的。[15] 而明郑时期，郑经建七寺八庙，参军陈永华建文庙及赤山龙湖岩。清代驻台军事将领似乎都很重视寺庙，除了倡建重修并常赐匾，水师将领对妈祖庙更为虔敬。佛教寺庙在日本强占台湾时期，数量显著上升，盖因日本人亦多信佛，有新的教派进来之故[16]（图 3-2-16）。

寺庙在清代的台湾，不单只是宗教信仰的产物，它同时体现了社会的诸多面貌。寺庙是民间文化的核心，与人民的生活交织在一起，同时鼓舞了

图 3-2-15　彰化孔庙大成殿所悬挂的清代皇帝赐匾

图 3-2-16 台湾南部凤山龙山寺，庭院竖立许多石碑

当时的人心，使他们获得勇气与信心，继续与环境搏斗，创造他们理想中所谓风调雨顺、国泰民安的日子。

第三节 台湾的佛寺建筑

一、台湾与福建佛寺建筑之渊源

福建佛寺初盛于唐代，陈元光率军入闽，带进了中原文化，与当地文化融合。至唐末，禅宗亦进入福建、广东一带。曹洞宗、法眼宗、临济宗等高僧主持大丛林，今仍存者以福州涌泉寺、西禅寺、华林寺，闽侯雪峰寺，莆田广化寺，泉州开元寺与漳州南山寺等为代表，其址多位于自然山水环境绝佳之地，得山林毓秀之胜。宋代闽粤佛寺之盛达到高峰，名寺多建塔，福建产质优坚硬的花岗石，故多建石塔，今所见的石塔仍以福建最多，建筑技术最称精巧（图 3-3-1）。

宋代福建佛教与当地民间信仰发生互动关系，互有影响。得道高僧为当地土著所崇仰，圆寂后常转化为神明，例如泉州安溪清水祖师与闽西定光祖师，在世时热心公益，为民除害，后人遂建寺供奉之。这是福建佛教的一种俗化现象，我们所讲的儒、释、道三教合流，在福建、广东与台湾至为普遍，可能源自宋代福建佛教俗化的影响（图 3-3-2）。

俗化的演变，也有加速传播的作用，明清福建佛教僧人随着移民潮，向海外传法。当 17 世纪明末时，郑成功来台时即有僧人。这些渡海来台的僧人在高雄建立超峰寺与元亨寺。到台湾及南洋传法的福建僧人，其源多为福州鼓山涌泉寺、西禅寺、泉州开元寺与安海龙山寺等名刹，这几座佛寺的建筑成为台湾早期佛寺的设计模式。

二、殿与阁地位的消长

中国北方的佛寺，在南北朝时，通常仍延续印度佛寺原型，以塔为布局之中心，如洛阳永宁寺。之后逐渐发生变化，至唐代，以敦煌壁画所见的五台山佛光寺为例，寺中以回廊划分为数个独立的院落，

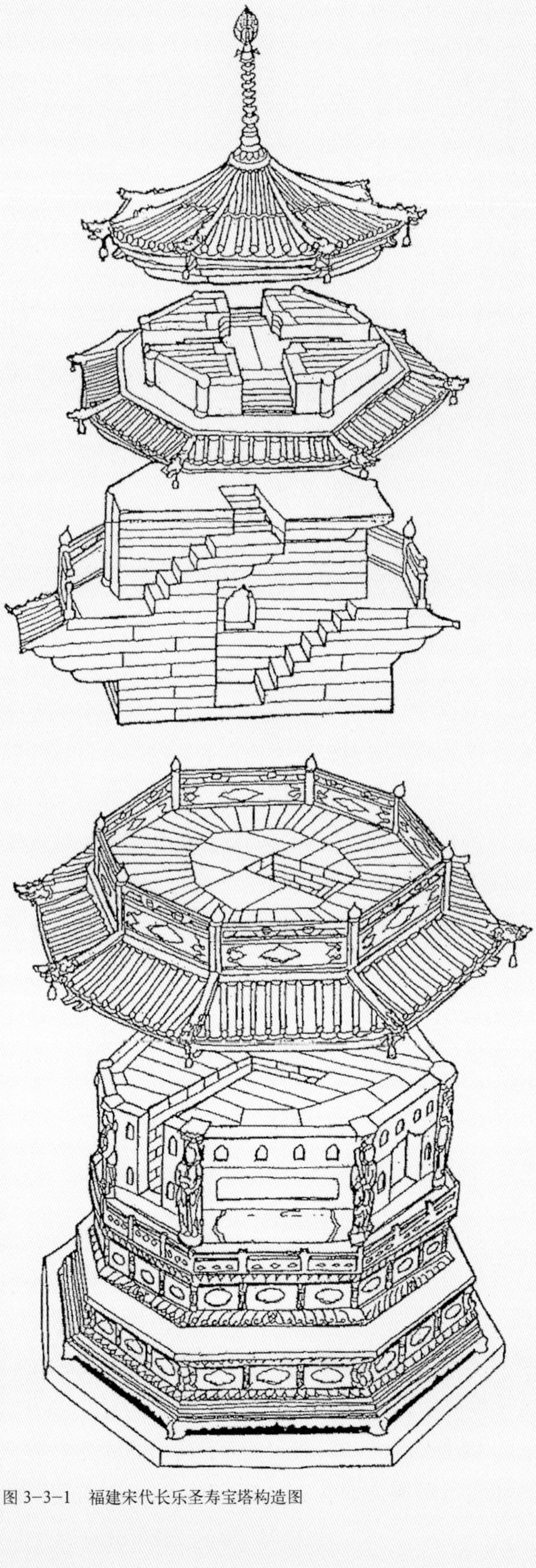

塔立在"塔院"之中，西安大雁塔仍在中轴线。宋代河北正定隆兴寺的布局，具备明显的中轴线，中轴线上分布着摩尼殿与大悲阁，左右分峙慈氏阁与转轮藏阁。辽代的蓟县独乐寺则又不同，它是以楼阁为主体，后面才放大殿。殿与阁二者之间何者被重视？在中国南方禅宗佛寺中，殿居前，而阁退居后方。这种情况似乎也说明了阁作为一种精神性质的建筑，有如屏风或靠山被置于后方，作为屏障。⑰

福建的佛寺，以鼓山涌泉寺与泉州开元寺分别代表两种具有代表性的布局模式。涌泉寺藏在山谷林泉之中，要经过一段弯曲的石阶道才能抵达。它的布局，中轴线从前到后为天王殿、钟鼓楼、放生池、大雄宝殿与法堂。泉州开元寺位于市区内，前临市街，街道对面设置一堵照壁，中轴线上分布着天王殿、东西双塔、经幢、大雄宝殿、戒坛与法堂。

比较起来，涌泉寺有东西钟鼓楼而无塔，大殿前有放生池，开元寺有东西石塔而无钟鼓楼，且在大殿与法堂之间多一座戒坛。年代较晚的厦门南普陀寺，位于巨石林立的五老峰下，背山面海。中轴线前为天王殿，依次为钟鼓楼、大雄宝殿、大悲殿与法堂。基于观音菩萨道场的缘故，在大殿之后增加一座"大悲殿"。这座建筑在1930年由著名的惠安木匠师王益顺改筑为八角形楼阁，内置藻井，海内外驰名。石柱上可见太虚法师所题联对，而弘一法师在1930年前后曾到福州涌泉寺、泉州开元寺与厦门南普陀寺。台湾的佛寺也有以楼阁为主殿之例，即是台北的剑潭寺，它的主殿采用八角楼阁式，内部供奉观音菩萨，可惜在20世纪40年代被日本人强行拆除了。

三、水院与风水思想之重叠

中国佛教寺院的建筑布局，两千多年来一直处于演变之中，每一个阶段皆有它的需求与特征。近年香港的志莲净苑重建，于1997年落成，它是根据唐代敦煌壁画所见的布局而来。大殿参考唐代五台山佛光寺东大殿，天王殿仿自日本京都宇治平等院凤凰堂，屋宇有如凤凰展翅。并且前方辟莲花池，架桥跨越于上，有如敦煌经变图中之水院佛殿，这

图 3-3-1 福建宋代长乐圣寿宝塔构造图

图 3-3-2 淡水鄞山寺为台湾少见的定光佛寺

是融合中国历代佛寺建筑特征于一寺的作品。

清代台湾佛寺的布局仍然继承福建的传统，在中轴线上以天王殿、大雄宝殿及法堂三殿为本，但天王殿之前常设山门或牌楼，法堂常以观音殿取代，这亦反映着观音菩萨道场受到重视的结果。比较典型的代表佛寺如台南开元寺，在大雄宝之后为大士殿，兼为法堂之用。台北龙山寺（图3-3-3）的大殿并非供奉释迦佛，而是观音菩萨。山门可能设计为独立门厅，也可以兼为天王殿，中供弥勒佛，两旁塑巨大护法、四尊天王或金刚。⑱

至于说佛寺世俗化，不如说佛寺吸收了道观或民间信仰庙的某些特征，例如半月池、照壁与戏台三种设施，在中国古代原多为宫殿、孔庙、武庙及城隍庙所用。台湾民间信仰鼎盛，妈祖庙、保生大帝庙、太子庙、关帝庙与王爷庙数量极多，它们多以风水观念决定布局，以八卦方位决定坐向与入口，以五行吉凶决定水井与放水。堪舆思想与道教信仰结合，形成了古代中国建筑设计与环境规划的基本理论。

鹿港龙山寺的戏台与台北龙山寺前原有的莲花池，淡水鄞山寺前的半月池与寺后的双井，这些都是俗化的佛寺借取自道庙。从少数仅存的清代早期台湾佛寺如台南开元寺（旧海会庵）来看，殿堂设计较喜横向展开，形成五开间或七开间之硬山式殿宇。台南法华寺亦采横向展开之局，前殿左右各辟门厅，门外的八字墙左右相接，形成凸出的尖角，这也是少见之例。法华寺平面采用相连的院落，前后各殿与左右跨院皆可以廊道互通（图3-3-4～图3-3-6）。

四、佛寺空间与殿堂用柱技巧

佛寺的活动除了礼佛、弘法之外，平时供出家人禅修，信徒朝拜参观。近代佛寺的文物典藏也被视为一种博物馆，具有文化价值。清代台湾佛寺的规模普遍不大，佛寺空间除了室内，只有庭院，较少有回廊。⑲

台南开元寺、白河大仙寺或冈山超峰寺中轴线为殿堂，两侧为护室，护室的回廊狭窄。现存实物

图 3-3-3　台北龙山寺大雄宝殿为歇山重檐，供奉观世音菩萨

图 3-3-4　鹿港龙山寺的戏台即是俗化的佛寺借取自道庙的建筑特色

图3-3-5 鹿港龙山寺正殿前拜亭下放置香炉,是受到道教影响

图3-3-6 鹿港龙山寺方丈室的圆洞门

只有鹿港龙山寺还保留完整的回廊。回廊如果能从山门连接至大殿及法堂，可增进佛寺内部路线的畅通。唐宋时期佛寺的院子四周大都环绕回廊，其目的亦是如此。福建有些沿山坡所建的佛寺，其回廊出现阶梯，屋顶亦随之层层升高，形成一种空间特色。其次，关于庭院空间，台湾佛寺的石碑多嵌于墙上或独立于庭院一角，少有碑亭，亦少有独立的经幢，庭院中亦无水池及幡杆点缀，显得平淡无奇。

殿堂空间在一座佛寺中应是最重要的空间，古时木结构建筑常受制于柱子，巨柱林立固然显现殿堂的雄伟感，但却遮挡了佛像。因而唐宋时期出现了"减柱造"与"移柱法"的变通设计，一座梁柱分布对称整齐而均衡的建筑在节省材料上及力学结构上较为有利。著名的唐代五台山佛光寺大殿其柱网分布极为均衡，柱分为内外两周，当参拜者跨进门槛进入殿内，首先看到一排内柱横向展列。在列柱之后才是佛台，台上供奉着大小不等或坐或立的佛像。

中国古代佛寺为了解决殿内的佛像如何能全面完整地映入参拜者眼中，特别是在中轴线上特定的参拜点站立时，所有佛像能为参拜者所见的问题，此时就可能会进行减柱或移柱的设计。辽宋时期采用减柱或移柱之例较多保存下来，值得我们分析。山西大同的华严寺大雄宝殿面宽九间，殿内供奉五尊大佛，为了室内参拜空间不受柱子影响，古代设计者将内柱（金柱）向内移半间，如此可腾出较宽敞的祭拜空间，参拜者站在中央可同时望见五尊佛像（图3-3-7、图3-3-8）。

同样的移柱法，也可见于山西大同善化寺大殿，它将内柱向后移一间，得到较大的祭拜空间。至元朝，山西洪洞县广胜下寺的移柱减柱法并行，共减去六根柱子，如此大胆的设计，也颇具创意。台湾古建筑中也有少数"移柱"的实例，彰化节孝祠正殿内为了满足祭拜者能全面地望及神龛，不受内柱

图3-3-7　凤山龙山寺为"工字殿"布局，中央置穿心廊

图 3-3-8　新竹法莲寺正殿，内祭祀佛祖与十八罗汉尊者

阻碍视线的需要，古代匠师特别将后金柱向左右各移 90 多厘米。台南赤崁楼也使用移柱构造，雾峰林宅大花厅也出现了减柱法。

至于台南开元寺、新竹狮头山金刚寺、劝化堂及台北龙山寺等大殿的柱位排列，皆属标准柱网排列，未施复杂的移柱或减柱之法。在台湾几座歇山重檐大殿，清初的台南孔庙与彰化孔庙大成殿皆使用规整对称的标准柱网，鹿港龙山寺大殿的柱网也属于标准型，即所有的 40 根柱子被安排在格子网上。据吾人研究，这座大殿的角柱仍有修改榫卯之遗迹，显示它在清道光年大修之前应有围廊，即"四面走马廊"（宋法式的副阶周匝）的平面。道光年大修时，可能为了增大殿内的空间，而将墙外移（图 3-3-9）。

台湾的歇山重檐大殿中，不做"四面走马廊"的除了台南孔庙外，还有鹿港天后宫正殿与鹿港龙山寺。我们推测如果兼顾台湾多雨炎热的气候，大殿采用"四面走马廊"是较为有利而合理的。所以清雍正年间建的彰化孔庙与嘉庆年间建的台北保安宫皆采用"四面走马廊"。甚至到 1919 年台北龙山寺及 1924 年台北孔庙也均采用。台湾佛寺建筑史上，于 1915 年重建的台南白河大仙寺大殿是唯一采用"移柱法"的孤例，值得提出来讨论（图 3-3-10）。

大仙寺在清康熙四十年（1701 年）由临济宗禅师从福州鼓山涌泉寺分灵来台所创建，选址在山川秀丽的白河。历经多次修葺，清嘉庆年间水陆提督王得禄倡议大修，梵宇规模扩大。至 1915 年又进行一次大修，重建大雄宝殿，设计者不详，不过匠界传说陈应彬曾提供许多建议。

大仙寺大殿面宽 24 米，进深 19 米余，宽七开间，深六间。它的柱网最大的特色是明间栋架用近 7 米长大梁，但次间增加中柱，梁长缩为 4 米左右，如此不但使木料经济，且使佛像之前不受巨柱阻碍，

图 3-3-9 彰化孔庙大成殿皆使用规整对称的标准柱网

图 3-3-10 鹿港天后宫前殿屋顶采用歇山重檐式

可谓为台湾罕见的"移柱法"孤例。

五、佛殿形式探讨

硬山式（双导水）较歇山式（四垂）简单，故广为台湾早期庙宇所用。建于清道光初年（1823年）的淡水鄞山寺，供奉世俗化的定光古佛，即采用双导水（双坡）的正殿。为了适应炎热的气候，台南白河碧云寺大殿前置轩亭，又称为拜亭，鹿港龙山寺的大殿之前也有一座三开间的拜亭。

事实上，在五开间的大殿之前设置三开间的拜亭，也许很实用，但从外观上看，雄伟之感却被遮挡住了。清代台湾佛寺多用简单的双坡式硬山，或加拜亭（轩），我们认为是受到在家佛斋教思想的影响。它无疑也是禅宗明心见性、重悟道而轻外在形式的一种见证。台北五股西云寺可视为朴素佛寺的典型。

相对于当时儒家与道观，例如台南孔庙与彰化孔庙所采用的"歇山重檐"与"四面走马廊"（宋营造法式的副阶周匝），台湾清代建筑的佛寺显得朴实无华多了。[20] 禅宗佛寺有所谓伽蓝七堂之制，各地内容略异，不尽相同，但基本上包括山门（三门）、大雄宝殿（佛殿）、法堂（讲堂）、禅堂（禅修）、方丈、斋堂及钟鼓楼等，有些还有佛塔或戒坛（图3-3-11·图3-3-13）。

从20世纪初以来，台湾佛寺在建筑上又发生了转变，主要的因素来自于西洋文化东来与日本的占领。远溯自19世纪末，台湾在1860年开放四口通商，洋行设立于港口附近，带来了洋式建筑。厦门鼓浪屿布满了华侨回乡所建的洋楼，西洋石构及圆拱构造逐渐普遍，如厦门南普陀寺天王殿，即采用了石造圆拱门。另外，1895年之后日本强占台湾，大量引进了日式建筑，而台北圆山的护国禅寺、西门的西本愿寺，东门的曹洞宗别院，均为日本人所建的佛寺，其建筑技术及形式风格悉传自日本，为

图 3-3-11　台南孔庙大成殿为歇山重檐式

图 3-3-12　彰化孔庙大成殿屋顶做歇山重檐式

图 3-3-13 台湾中部彰化鹿港龙山寺山门

一种江户时期佛寺。它们使用黑瓦,与台湾传统建筑的红、青瓦不同。其梁柱尚木材本色或暗褐色,与台湾喜用的朱色大异其趣,予人以庄严、朴素与稳重的观感。今天仍存有如前述护国禅寺、北投普济寺、台北西门法华寺、台中宝觉禅寺及阿里山慈云寺等。㉑

至于吸收洋式建筑的做法,也极为普遍,原台南竹溪寺在20世纪最初10年改建时,山墙设计为所谓"番仔花"。台北中和圆通寺则使用许多希腊式柱头,大殿内佛龛亦采用洋式,颇为罕见,亦颇具创意。彰化南瑶宫内的观音殿亦为中西合璧式洋楼,最令人惊讶的是台中后里毗卢寺(1927年),大殿有如一座西洋文艺复兴时期的殿堂,成排的希腊爱奥尼亚(Ionic)式巨柱林立,可谓为台湾的佛寺建筑发展立下了一座里程碑。㉒

1912年日本人所建的圆山护国禅寺与1932年所建的曹洞宗别院,入口处建钟楼,二层挂一口铜钟,一层设门。格局符合日本的佛寺传统,一般而言日本古代只建钟楼或藏经楼,而不设鼓楼。台湾清代佛寺的钟鼓多直接悬挂于大殿内部或两廊。清初台南开元寺(原海会庵)据蒋元枢《重修台郡各建筑图说》所见已有独立的钟鼓楼,但并非骑在护室之上。到了1919年改筑台北龙山寺时,左右回廊屋顶之上立钟鼓楼,为左右对称的楼阁,拱卫于大殿左右,围塑出庄严的气氛且节省空间。自此以后,台湾各地狭窄的寺庙兴起建造钟鼓楼之风(图3-3-14)。

回顾中国唐宋时期佛寺,如山西五台山南禅寺、佛光寺、大同善化寺、华严寺及河北正定隆兴寺等并无独立钟鼓楼之设。唐诗"姑苏城外寒山寺,夜半钟声到客船"所描述,如果有钟楼,则这些佛寺只建钟楼,并不将钟与鼓等量齐观并列。钟鼓楼左右并列的布局可能始于元或明清时期,山西洪洞广胜寺在前殿左右出现了钟鼓楼。福州鼓山涌泉寺、

图 3-3-14　台北龙山寺在大殿左右可见高耸的钟鼓楼

西禅寺与厦门南普陀寺皆有对称的钟鼓楼，但泉州开元寺却没有。㉓ 楼阁用于悬挂钟鼓，取自梵音远扬之意。中国古代的殿堂采用楼阁并不多，前述的山西大同善化寺、普贤阁置于右侧。正定隆兴寺的两侧分置"慈氏阁"与"转轮藏"。真正以楼阁为主殿的是河北蓟县辽代独乐寺观音阁。

1960 年，日本归还八年抗战中所掠夺的西安玄奘法师舍利子。为了保存宝物，在南投日月潭畔兴建佛殿供奉，由卢毓骏教授设计一座楼阁，其造型取自于蓟县的独乐寺观音阁。这是台湾近代罕见的楼阁式主殿。近代台湾佛寺的主殿，除了近年落成的埔里中台禅寺外，大多采用歇山重檐或庑殿重檐，前者仿自紫禁城保和殿，后者仿自太和殿，这是以清代宫殿式为模式的模仿设计（图 3-3-15）。

印顺法师因受太虚法师的启发，在台湾倡人间佛教，从每个人发菩提愿来创造现实世界成为净土，消解现世的烦恼。在这基础上，台湾也有几座具有创意的佛寺，例如台北的慧日讲堂。这是位于都市之中的佛寺，受到周围环境的一些限制，乃反求自身的形式与空间的象征。正面巨大的圆窗象征佛光普照的源头，在市区之中以视觉的感受暗示着佛法的精神。另外高雄凤山的紫竹林精舍的建筑呈现出较直接的视觉形象与传统空间语法，层层上升的山墙反映出福建与台湾古寺庙的一脉相传的句法，内部空间层次也与佛法僧三宝相符。这是一座巧妙结合传统形式与佛法内涵的佛寺。㉔

六、佛寺殿堂的色彩与装饰

闽南式建筑本有多彩的传统，因屋脊为砖瓦砌成，外涂灰泥，所以常须加彩或装饰以瓷片，特别是屋脊中央的宝塔、宝珠或龙凤。清代台湾佛寺从旧照片观之，其屋脊装饰较简单，许是当时的儒、释、道建筑有明显的差异。

不过，这也不能认定中国佛寺排斥色彩。我们

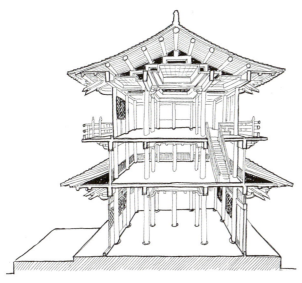

图 3-3-15　南投日月潭玄奘寺剖面图

仔细看唐代五台山佛光寺，它的梁下白壁仍然保存多彩的壁画，风格近于敦煌所见经变画。再如辽代山西应县木塔，佛像金身，壁画朱色青色并施，色彩鲜艳夺目。我们常有一种错觉，认为佛寺是朴拙无华的，甚至带点简陋味道才符合佛法的精神，如果从古建筑中寻找答案，却未必如此。

再看福州诸寺，涌泉寺与西禅寺用灰瓦，泉州开元寺铺红瓦，仍延续传统做法，屋脊上不加彩瓷，只有泥塑。不过粤东的潮州开元寺，屋脊却充满了亮丽多彩的碗片剪粘，可见各地做法仍保有地域特色。台湾鹿港龙山寺的屋顶，包括山门、五门殿与戏台的屋脊，仍然为白灰泥塑做法，不施彩色，呈现雕刻式的美感。

当代台湾所建佛寺的用色与装饰，普遍存在两极化现象。通俗佛寺仍沿用古老的彩瓷与彩画，整体效果近于道庙。高雄佛光山因袭紫禁城宫殿，顶覆金黄色琉璃瓦，有许多朱红色圆柱，大殿内佛龛与佛座则极尽雕琢之能事。日月潭玄奘寺背山面潭的色彩亦以黄瓦朱柱为主，但栏杆与山墙多用白灰，殿内多为木材本色，略近日式风格。金山的佛学研究所，其建筑用色明度与彩度较低，屋瓦为灰黑色，外墙为青石或仿袈裟的褐色，全区建筑色调与形式风格颇为一致。

总结起来，台湾佛寺建筑史可上溯至明清福建佛寺的源头，近百年来又融入日本、我国大陆与现代建筑的形式，所以呈现出来的局面仍令人有纷乱之感。任何一个时代的佛寺都不可避免地吸收了当时的影响，这是可变的因素。但如何掌握一脉相承的不可变因素？笔者相信仍有待今天的佛教界与建筑师共同努力思索。

第四节　经典的寺庙建筑案例

一、台南孔庙

台南孔庙是台湾文教之始的象征，历史文化意义重于一切。现在庙之位置、格局、方位与明郑时期永历十九年（1665年）初创，乃至清康熙年间大修之后的形态，大体上变化不大，周围环境也保存良好。这是它甚可珍惜的条件，现存几座建筑虽在1917年的大修中略遭修改，其中以仪门的结构改得最多，至于大成殿，依其结构形式及各构件的细部造型来看，应只是抽换部分材料的整修而已（图3-4-1~图3-4-3）。

易言之，大成殿仍保有清初以来的形貌，可列为台湾建筑史上的宝贵遗物。这种构造方式与台南武庙为同一系统，即是硬山墙直上，"山花"与"山墙"是连续一体的。上檐及下檐的出挑支撑由殿内次间的梁枋延长穿过山墙来完成，这种形式显得较硬朗。歇山重檐的另一种形式如清代中期及末期的

图 3-4-1　台南孔庙是台湾文教之始的象征

图 3-4-2　台南孔庙大殿台基四角做散水　　　　　　　　图 3-4-3　台南孔庙大成殿室内景观，隔扇门可全部开启

彰化孔庙及新竹孔庙均使用四面走马廊式，即宋《营造法式》所谓的"副阶周匝"。类似台南孔庙大成殿的结构形式在清代中叶之后就不再出现了。

另外，过去的研究者，包括台南地方耆宿一直将大成门（仪门）当成棂星门，其实这是错误的。台南孔庙如今可以说缺少棂星门，依据1917年修复前的实测平面图及当时的照片，可以得知在今天被误为棂星门（实为仪门）的南方，泮池的北方，尚有一牌坊式的门，这才是真正的棂星门。这牌坊门早在清乾隆年间台湾知府蒋元枢呈纸本彩绘图《重修台郡各建筑图说》中已可见之（图3-4-4）。

如果比较台湾现存的三座规模完整的孔庙，包括全台首学台南孔庙、彰化孔庙及台北孔庙（日本强占台湾时期易地重建），台南孔庙的规模最为完备，建筑的形式也较古老，庙内古树参天、气象万千、动人心魄。但就建筑的精致表现而言，却比不上彰化及台北孔庙。

二、祀典武庙

台南武庙是台湾建筑史中极具特色的作品，现况虽为1933年大修的结果，但正殿的主要结构仍多为清初原物，非常难得。日本强占台湾时期由于道路拓宽，使得庙埕缩小了，但侧面山墙却完全暴露出来，从前殿、拜亭、两廊、二拜亭、正殿及后殿一气呵成的连续山墙，同时能映入观者眼中。其高低起伏、急缓转折且主从有序的天际线划破长空，营造出雄伟壮丽的气势，这是武庙给人最难忘的印象。

大殿的尾架结构最值重视，诸殿均为三开间，夹峙在山墙之间。大殿采用重檐歇山，屋架梁枋穿过山墙形成斗栱，以承上下出檐，山花上亦出现铁绞刀。最特别的是正面下檐向里伸入，转成卷棚轩，如此可使上下檐间留空，发挥引入光线或排除烟气之效。这种做法实即省却暗厝做法，因此从室内看，竟有屋顶又架一个屋顶的夹层意味，使观者得到错觉，以为屋顶更高，空间更大了（图3-4-5～图3-4-7）。

屋架的细部构造亦具特色，排楼斗栱及枋材皆疏朗壮硕，简洁的葫芦栱及关刀栱均是清初建筑的特色。大殿前又接一座卷棚式拜亭，结构与大殿相搭，形成一组复合式的屋架。其他如仍保有巨大的鼓形柱础，这也是清初原物，其他庙难以见到，弥足珍贵。

三、鹿港龙山寺

鹿港龙山寺在台湾建筑史上的价值，早在日本

图 3-4-4 台南孔庙大成殿仍保有清初以来之形貌

图 3-4-5 台南祀典武庙剖透图

图 3-4-6　台南祀典武庙初创于明郑时期

图 3-4-7　台南祀典武庙侧面可见连续山墙

强占台湾时期已被肯定，它是清代中期（道光）台湾寺庙建筑之最高峰的代表作。其营建匠师来自有名的泉州惠安溪底派，它总结了清初以来的形式与结构技术，是建筑史上重要的里程碑（图3-4-8）。

其山门是罕见的佳作，结构非常巧妙，由于是坐落在广场上独立式的门，因而增加屋顶内的水平接系构材，梁枋上下相搭，达十层之多，角梁后尾亦延伸交叉，形成一组纵横斜三向度交织而成的构架，稳定性提高了很多。另外值得重视的是此山门使用了巧妙的"减柱法"。一般台湾的歇山单檐多使用四柱或八柱法，重檐则多使用八柱或十六柱法，例如台北保安宫大殿、艋舺龙山寺大殿、彰化孔庙大成殿，其角部均用四柱，构成正方形关系，并加45°角梁。但鹿港龙山寺这座精巧的山门，既不是单薄的亭子，也不是厚重的大殿，它的造型需求似乎介于两者之间。高明的匠师遂采用减柱法，每角有三根柱子，构成等腰三角形关系。前两柱支撑下檐，后一柱支撑上檐，这是全台的孤例。

在五门殿方面，戏台的八角结网（藻井）是台湾现存最古老的一座，成于清道光九年（1829年），跨距也是最大的。斗栱形式丰富，有插栱造与计心造。栱身多为简洁的葫芦栱或关刀栱，但1958年时重修彩绘，多在栱身上加绘雌虎栱，显得过于华丽。石雕部分，五门及正殿拜亭各有一对泉州白石所雕蟠龙圆柱，姿态雄健、刚劲有力，一直被公认为全台湾最好的作品，乃是清乾隆、嘉庆至道光初年流行的风格（图3-4-9、图3-4-10）。

四、淡水鄞山寺

鄞山寺又称定光佛寺，主祀定光佛，建于清道光二年（1822年），是由少数来台的闽西移民汀州

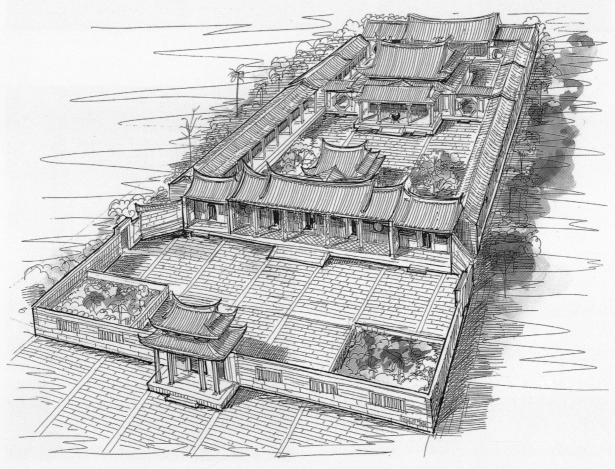

图3-4-8 彰化鹿港龙山寺鸟瞰图

图3-4-9 鹿港龙山寺后殿神龛

人所捐建的。在台湾清代的寺庙史上，定光佛寺只有两座：一是彰化的定光庵，另一则是淡水的鄞山寺。这种少数移民所供奉的寺庙，见证了闽西的客家人如何在闽南与粤东移民的势力之间，争取到生存的空间，所以在台湾的寺庙史上，鄞山寺具有重要的研究价值。

"鄞山"的"鄞"所指的是鄞江，即为汀水，是闽西地区的重要河川，所以寺名带"鄞"字，是对家乡的缅怀。鄞山寺在文献上的记载首先出现于清同治十年（1871年）的《淡水厅志》，曰"在沪尾山顶，道光二年汀州人张鸣岗等捐建，罗可斌施田，咸丰八年重修"。从鄞山寺现存的石垛、石碑及石柱上的楹联文字，也可建构其历史，并与文献相对应。据现嵌于寺内左廊的同治十二年（1873年）石碑记有"昔汀人在沪尾街后庄仔内，于道光三年建造庙宇，名为鄞山寺，供奉定光古佛，为汀人会馆，并经罗可斌恳献埔地以充经费，其地段四至界

图3-4-10 鹿港龙山寺前殿步口廊

址，垣有契券可查"，由此可知兴建当时出力最大的是罗氏兄弟，其墓园原在寺的左前方，近年整修时，将其迁移至右方的新做墓碑亭内。除了张氏与罗氏外，当时的捐建者还有胡、苏、练、江、游、徐等六姓支持者，由于闽西的移民数量不及闽南和粤东，所以这种家乡的信仰寺庙也兼有会馆的功能，于左右护室设置一些客房，提供远道来台的汀州同乡登陆淡水后，有一歇脚的地方。这种兼具会馆性质的寺庙在台湾并不普遍，非常值得重视（图3-4-11）。

鄞山寺的原有形势良好，背山面水，格局为两殿两廊两护室，护室即当成旅舍用途，三川殿面宽三间，深三间，架内二通三瓜，是对称的栋架。正殿宽同三川，深五间，步口廊置卷棚，架内三通五瓜，用料适中，显示当年匠师的技巧相当娴熟。石雕风格属道光时期的风格，但又有上承清初下启道光期的过渡性格，尤以龙柱及三川排楼石窗最具此特质，

螭虎团炉窗的构图严密且雕痕朴厚，为全台湾仅见。龙墙虎壁的泥塑，亦呈拙趣，虽经近代修葺，仍未失原味。石门楣上排楼斗栱，只置五弯枋及连栱疏密相间有序，亦为佳构。

这座汀州人的寺庙，其做法异于闽南或漳、泉，如正殿龙柱礩石之凸于地面，似覆盆；檐下步通梁头以龙头锁住，正殿神龛上多用方斗等。寺内文物亦值得珍惜，案桌仍为道光初年之物，雕工色泽俱佳，寺中所存的铁铸鼎形式古拙，亦为初建时所置，另外神像定光古佛为软身塑法，神态栩栩如生，亦是鄞山寺之宝。

五、台北保安宫

台北大龙峒保安宫主要供奉着保生大帝吴夲，俗称大道公或吴真人，为医神。庙由福建同安籍居民从福建厦门白礁乡分灵来台，建于清嘉庆十年（1805年），布局宏伟，有三殿，包括前殿、正殿及

图3-4-11　淡水的鄞山寺由福建汀州移民所捐建

后殿（图3-4-12）。

日本强占台湾时，占用甚久，嗣经地方士绅请愿，始准迁让。1917年时进行大修，复其旧观，1967年再次加以修缮。台北大龙峒保安宫的格局恢宏，庄严华丽，是清末三殿式大庙的标准典型。1917年重修时，大木由名匠陈应彬与大稻埕的郭塔对场兴修，左右两边雕刻相异，为台湾著名的对场寺庙，雕刻各显神通，精致异常。正殿壁画为台南名匠潘丽水于1973年所绘的作品，构图严谨，用色华丽又不失典雅，具有老练流畅的笔触，可视为潘氏的重要代表作。近年保安宫又进行修缮，其修工严谨，材料讲究，达到很高的艺术水平（图3-4-13）。

前殿面宽十一间，分成三个组成部分，中央"六路"为所谓三川殿，设三个入口门及两个八角石窗。两翼各有三开阙，称之为"龙虎门"，东为"龙门"，西为"虎门"，屋顶各自独立，形成非常复杂的组

图3-4-12 台北保安宫前殿剖视图

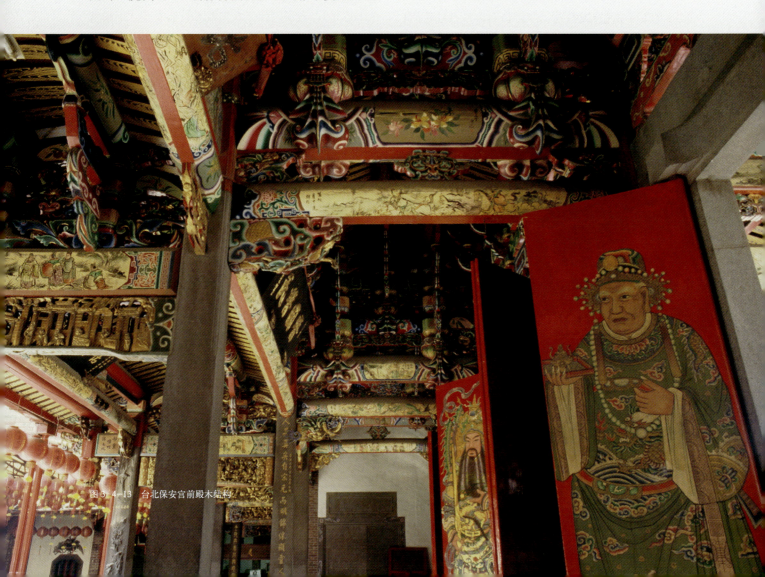

图3-4-13 台北保安宫前殿木结构

合式屋顶。

六、台北龙山寺

艋舺龙山寺规模宏伟，在台湾众多寺庙中，它的形制被视为具有典型之代表性。一般台湾寺庙，由于早期神像并非很高大，信徒来源亦只限于地方性范围，故平面很少采用多重院落的布局。在1920年大改筑之前，艋舺龙山寺面宽仅为三开间，前后三殿，左右各置护龙之格局。经过近代改筑及增修之结果，成为正面十一开间，进深三殿及左右钟鼓楼的形制（图3-4-14）。

三川殿屋顶采用"牌楼升檐式"，歇山重檐，五间中央的三间向上升高约一米余，凸出于左右两间，造成屋脊交错组合的效果。"龙虎门"的屋顶有如一座独立完整的小庙，"凹寿门"上附有轩亭小屋顶，两侧又夹住略带西洋趣味（又称为番边）的小山墙，造型玲珑有加。在外观上，龙山寺的正立面，左右延展宽广，但屋顶中高旁低，仍然尊卑主从有序。

前殿中央五开间，进深四开间，通常台湾其他大寺庙的做法为四点金柱中的前二柱与门扇相结合，成为匠师所谓的"封柱"。但艋舺龙山寺，为求高大壮观，四点金柱乃是独立的，有如四大金刚，屹立于前殿的中央。明间跨度近8米，为台湾所罕见。

进入中庭，大殿映入眼帘，而高耸的钟鼓楼分峙左右两侧，四周的屋顶连接或抑扬顿挫或婉转起伏的天际线，这是合院式寺庙最具特色之处，大殿被拱立于全寺的核心。大殿又称为正殿或大雄宝殿，为歇山重檐式，现状与1920年所筑大同小异。其面宽五开间，通进深六开间，四面设走马廊（即回廊），宋《营造法式》所谓之"副阶周匝"。侧廊加置中脊柱，使得外观上左右柱列得到均匀的节奏，各柱之间距较为相近。其栋架属典型的"殿堂造"，殿内明间装置藻井，左右次间为平顶，四面走马廊

图3-4-14　台北龙山寺全区鸟瞰

为卷棚。而后殿面宽十一开间，进深只有三开间，栋架形式单纯。十一间中以山墙分隔成三组屋顶，中为歇山重檐，两翼为单檐硬山，整个形式较简单，有欲凸出大殿及前殿之趋势。且后殿的左右厢房连接着东西两廊，将龙山寺包成封闭的范围。

龙山寺前殿中央五开间装置天花板，明间为八角藻井，次间均为平顶，令人无法见到上面的栋架。但其立柱皆停于天花板之下，故可判断其为殿堂造。在天花板以上的栋架应属于草架做法，即不施精美的雕刻或特别形状的加工。而左右龙虎门则为"厅堂式"栋架，且不装天花板，属于宋《营造法式》所谓之"彻上露明造"，可见全部之栋架，使用"二通三瓜式"（图3-4-15、图3-4-16）。

两廊的屋架则略有变化，下山四间中有一间为两坡式屋顶，其余为平顶，以便安置六角形的钟鼓楼。顶山部分则悉为简单大方的抬梁式屋架。关于钟鼓楼，前已述及，为求面向中庭之面较宽，采用扁体六角形。但栋架之角度并不保持120°，而是四隅角小，左右角大的做法，安装斗栱及梁枋榫头的角度虽较麻烦，但对于外观造型却较有利。钟鼓楼尚有一特色，即12根内外柱中，长度略有不同，是因为地面有泄水坡度之故。

至于后殿的栋架，全为"彻上露明造"，即不做天花板。中央五开间为重檐，使用十三架栋架，上檐架内"三通五瓜式"，下檐则用卷棚。在上下檐之间不做出檐斗栱，采用较简略的琉璃花窗填塞，使之有通气作用而已。且后殿中央五间的栋架，进深只得三间，但用柱甚高，殿内空间高敞。在翼角方面较具有特色，角梁并非45°，因而造成屋顶的前后坡较陡，而左右坡较缓。这种栋架充分反映了溪底派大木匠师巧于因地制宜、灵机应变的能力。后殿左右配殿屋顶下降，只得单檐，栋架的类型较简单。

综合全寺的栋架观之，前殿中央五间及大殿因

图3-4-15 台北龙山寺前殿木结构

图 3-4-16　台北龙山寺前殿之八角藻井

为采用天花板及藻井，栋架使用草架，未加细部雕琢加工。龙虎门的栋架则全部暴露出来，可令人一览无遗。其用柱、用梁及用瓜之制，皆遵古法，非常可观。至于钟鼓楼，使用改变角度的六角形，梁枋及斗栱角度特殊，亦体现匠师的巧思。至于后殿栋架，工整而高敞，梁柱断面虽显得较细，但各通梁的比例仍属上乘之作，值得细加揣摩。

七、新竹都城隍庙

新竹都城隍庙由侧面观之，为典型的连续式山墙三殿式庙宇，以高墙连接各殿山墙，应是闽南悠久传统的形式，台南的祀典武庙也属于此型。连续的山墙高低起伏，成为其造型上的最大特色。

城隍庙三川殿面宽三间，进深亦得三间，前后用四柱，前后留步口廊，前"点金柱"及门扇结合，成为"封柱"，这种排柱法属于较精简的做法。它的屋顶为牌楼式的"重檐"，明间略高于左右次间，使正面檐口线中高旁低，颇富于变化（图3-4-17）。

泉州惠安一带常见此形式，据目前实例，清初所建台南祀典武庙仍做"单檐"。清光绪年间所建彰化元清观为牌楼式升檐的较早实例，大木匠师王益顺的早期作品惠安青山宫亦属升檐式，或可推断此种形式盛行于清光绪与民初。城隍庙三川殿的大木结构最主要的特色为八角藻井（蜘蛛结网）与平阇天花，为王益顺在台湾继1919年艋舺龙山寺之后的杰作。台湾一般寺庙古建筑多用偷心造插栱，但城隍庙三川殿出现许多的"计心造"斗栱，斗栱纵横交织，蔚为大观，此亦属其大木结构的重要特色（图3-4-18）。

城隍庙正殿面宽三间，进深五间，前后用六柱，这是非常典型的正殿排柱法。前步口用卷棚，后步口施以草架，其下安置神龛。大殿"架内"得六架，使用"三通五瓜"。由于屋顶坡度极缓，大约只出"三分水"，所以"三通"之上不做"瓜筒"，只以"斗抱"代替，即所谓的"三通四瓜一斗抱"。所用瓜筒为泉州惠安最常用的木瓜筒，形状较瘦尖，上雕

图 3-4-17　新竹城隍庙外观

图 3-4-18　新竹城隍庙三川殿藻井横剖图

螭虎头。前步口卷棚下"步口通梁"上则置精雕狮座,木雕出自名匠黄连吉及曾参加台北龙山寺的一些匠师。

城隍庙正殿前左右廊也兼为钟鼓楼,同法亦可见王益顺督造的鹿港天后宫。钟鼓楼外观为"歇山重檐式",细观其大木结构,技法巧妙而高明,将上檐角柱位置内缩,落在寿梁之上,此法无异于"移柱法",使上檐形态转为玲珑秀丽。这是一般人在参观城隍庙的建筑时常忽略的。由于进行移柱法,使得"串角梁"的后尾也跟着内移,可看出王益顺灵活变通的大木技术。

城隍庙后殿面宽三间,进深三间,栋架前后用三柱,不用附壁栋架,所以后殿用柱较少,此属于一种简单的做法。"架内"得六架,"三通五瓜式"栋架,与正殿一样的坡度,所以"三通"上不施瓜筒,只有简洁的斗抱,前步口亦只用一架,所以也不做狮座。后步口设置神龛,所以只施草架,瓜筒造型亦反映出典型的泉州惠安溪底派风格。

八、桃园景福宫

景福宫据1906年《桃园厅志》所载,是一座包括门、前殿、正殿、后殿与厢房的庙宇。从志书上判断,应具有三殿,经1923年因桃园实施日本人所谓的市区改正,庙宇遭到计划道路波及,乃再予改建。今日所见的景福宫,乃是此次大改筑的结果,虽然第二次世界大战之后仍有数次修缮与改建,但大体上格局不出1923年规模的范围(图3-4-19)。

依据台湾的传统习惯,庙的大小或位置虽遭改变,但方位多墨守原则,不轻易改变坐向乃风水理由使然。景福宫实际度量,坐西北向东南,在桃园旧市区的核心,旧市区仍可明显看出清末漳州人所建的城市布局。我们可与同样漳州人的城市来作比较,市街成格子状,中央设置主要守护神,如开漳圣王或妈祖庙,市街以庙口最为热闹,而东、南、西、北各辟小城门,民间自筑小城门,或谓之隘门。

图3-4-19 桃园景福宫

景福宫则表现得更为典型，庙居市街的中心。于此可见桃园市街是以它为核心，人们尊称其为"大庙"，自然可以理解。日本强占台湾初期的市街改正计划，毕竟当时台湾执行"大正民主"政策，对民间宗教信仰仍存一份尊敬，所以景福宫仍保有庙埕、四周道路环境。这种都市计划，同样也可见之于云林县的北港朝天宫，庙的四周以椭圆形道路环绕。

现在于景福宫的庙埕之前，有座钢筋混凝土牌楼，进入庙埕后左右侧各辟两间小门楼，庙埕中央设一个圆水池，并布置花园，如市区内的小公园，供民众休息。由于花木种植较多，枝叶繁茂，遮挡了前后殿的左右门。前殿、正殿、左右护室、钟鼓楼围成一个接近正方形的封闭空间，此即景福宫的主体建筑。它高耸的屋顶成为市区街道的端景，也是桃园市区景观的特色之一。

景福宫在1923年由板桥名匠陈应彬与新庄名匠吴海同合作进行大改筑。他们分别承建正殿与前殿，建筑设计图也应该是由他们二人共同商量而决定的（图3-4-20、图3-4-21）。

从1923年改筑之后，至1976年在庙埕新建四座门楼，包括东（迎曦）、西（延爽）、南（循陔）、北（拱辰）。至1983年以后，又将四角形单檐屋顶的钟鼓楼改建为重檐六角形。建筑外观虽然有些变动，然其平面格局大体上与1923年时一样。

前殿也称为三川殿，面宽三间，它的左右辟龙虎门。这种做法的前身是设置过水门，可能是受到1912年完成的北港朝天宫的影响，由于龙虎门做成三重檐，高大的屋顶遮挡了钟鼓楼。正殿面宽亦同为三开间，左右设四个过水亭衔接护室。护室分为前后两段，即匠界所称的"顶山"与"下山"。"下山"的屋顶做平顶，以承托钟鼓楼。

就空间组织而言，景福宫的庙埕三面临街，并设较多出入口，在台湾颇为少见。而且正殿背墙紧

图3-4-20 陈应彬所作之景福宫正殿剖视图

图 3-4-21 吴海同所作之景福宫三川殿剖视图

邻道路，没有足够的空地或绿地，这是很典型的市区型庙宇，有如台南祀典武庙。

九、鹿港天后宫

鹿港为清代中叶台湾中部最繁盛的商港，船只与泉州往来对渡，商业蓬勃、人文荟萃，寺庙极多。《彰化县志》谓"泉、厦郊商居多，舟车辐辏，百货先盈"。鹿港天后宫创建于何时？恐不易考。据《彰化县志》载"天上圣母庙，一在鹿港北头，清乾隆出士民公建"。在市街另一边有林爽文之役所建的新祖宫，其建筑在近代遭全面改建，已经无法看出清代格局。至于旧的天后宫，据旧照片看，在清代末叶之形式，其面宽为三开间，前殿为硬山式单檐，左右出八字墙，可能已有三殿之规模。

1922年，鹿港地方名人辜显荣力倡重修，并捐出三万元带头集资。终于在1926年动工，于1936年完工，完成了一座非常具有特色的庙宇。据说当时先举办征图，并向台中州厅政府申请核准，但没有人获得首奖，最后庙方敦聘王益顺主持设计（图3-4-22、图3-4-23）。

王益顺设计并承建三川殿及左右廊，正殿则由新庄吴海同设计承建。实际施工后，三川殿由王树发执稿，至于细木雕刻，鹿港本地原有良好的传统，因此多交由当地木雕师傅负责。正殿神龛由杨秀兴的高徒黄连吉担任木匠，石雕则由厦门蒋馨承包，蒋银水与张金山负责现场。彩绘有一部分由郭新林承做，第二次世界大战后部分彩绘由柯焕章重绘。

王益顺将天后宫的前殿设计成一座大殿的模样，与厦门南普陀颇有一点相似。即平面近正方形的重檐歇山式，它面宽五间，进深三间，正面中辟

图 3-4-22 鹿港天后宫为台湾年代古老且较著名的五门大庙之一

图 3-4-23 鹿港天后宫大殿屋顶

三川门，左右两边间辟八角门，如此算来共辟五门，比清代旧貌多出两个门。

此座精美而气度恢宏的三川殿在台湾近代寺庙史上颇为重要，因为它采用了极为罕见的对称式栋架，前步口与后步口尺寸相同，而结网顶心也对准中脊桁，几乎是一座前后左右皆对称的建筑。当然王益顺还是让前檐口低于后檐口，前步通低于后步通，这使得三川殿的正面朝向背后，据说这是故意使三川殿朝向正殿。前步口上方使用王氏擅长的网目，后步口上方则用卷棚弯桷。架内出现一座八角结网，下井出二十四组斗栱，上井出十六组斗栱，下井内又施吊筒两圈，这是台湾首见之例。天后宫两廊也颇具特色，它的长度使中庭尺寸无法保持"宽"大于"深"，因此两廊的屋顶刻意缩短。两廊的屋顶使用假四垂，明间凸起，内部可悬挂钟鼓，兼为钟鼓楼（图3-4-24）。

十、北港朝天宫

北港朝天宫据传创建于清康熙三十年（1691年），清雍正八年（1730年）重修后渐具规模。至清乾隆三十六年（1771年）由新港县丞捐款重修，三年后竣工，成为三殿两廊式的格局。正殿供奉妈祖，后殿祀观音，东畔建护室一排。清咸丰五年（1855年）再兴工大修，经四年始成，除增建第四殿圣父母殿外，并在中轴两侧各增建合院，配祀文昌帝君及三官大帝。形成主庙在中，副庙左右拱护的平面，可能也是台湾首次出现之例。

清光绪二十年（1894年）因北港市街火灾，波及三川殿，乃由全台信徒募捐，敦聘当时最负盛名的彬司改建。从1908年动工，四年后完成，此即今天所见者。战后于1968年改建大殿，并建钟鼓楼（图3-4-25、图3-4-26）。

三川殿的重檐歇山假四垂，栋架用材粗大浑圆，构造复杂，是台湾寺庙建筑的极致。檐口置流畅的螭虎看架，斗栱自吊筒向后伸展，穿过排楼面直达架内，实属罕见。排楼面置"米"字形斗栱，栋架瓜筒至为饱满，上雕老鼠咬瓜，栱身厚，卷螺深，

图3-4-24　鹿港天后宫前殿藻井

螭虎采用圆雕法，亦全台独一者。两侧龙虎门，置长枝八角结网，自枋上出栱三跳后，改以"阳马板"上升，齐集明镜，明镜雕团鹤，非常精美。

正殿前带轩，木作亦精妙，山墙上仍可见到彬司所献的交趾烧，颇为珍贵。三殿仍存"乾隆乙未年"铭记之蟠龙柱，为罕见的清初落款龙柱。文昌殿前双龙斜魁，清道光二十年（1840年）由泉郊所捐立，艺术价值高。后殿两护前带轩[25]，柱头斗栱甚优，亦为其特色之一。在台湾寺庙中，北港朝天宫无论就历史或建筑而言，皆占重要的地位。

十一、澎湖天后宫

澎湖天后宫是台湾庙宇中文献可考证历史最古老的，但现有物是在1917年重建所完成的。1919年的大修是由澎湖的木匠蓝木主持，当时正值台湾的寺庙竞修之风大盛，因此澎湖天后宫也受到影响，成为澎湖最精美的建筑（图3-4-27）。

图 3-4-25 北港朝天宫

图 3-4-26 北港朝天宫的藻井以许多斗栱组成

图 3-4-27 澎湖马公天后宫屋脊的精美交趾陶装饰

这座庙宇在建筑上的特色不少，在平面格局方面，因庙宇狭窄，所以两厢与中轴建筑（三川殿及正殿）之间不做过水门。两厢的步口结构甚至采用"移柱"的结构，卷棚下的两支桁条，一落于童柱，另一直接架在檐柱上。这种做法虽少见，但也不乏其例。其次，大木结构方面，三川殿的架内有七架，外寮出两架，排楼门装于中脊下，因此步口加深了，入口的空间变得较开敞，是一特色。

然而最值得争论的是排楼面立柱边上还置半颗斗，以承弯枋及雌虎栱，盖因斗即为柱子的化身，这里发生重复的情形，也算是罕见的做法。在正殿内又出现一种特别的斗栱，即在寿梁上置一斗三升，上面置连栱，托住五颗并列的斗，形成一组倒三角形的斗栱。

彩画部分相当精良，正殿神龛出现黑底贴金粉的彩画，即所谓"擂金"画，可能出自广东大埔系统画匠手笔。在木结构方面的特色还有多用方形斗及矩形断面梁枋，有时不做鸡舌，直接以斗托住檩条，这种做法都是广东传统的风格。再者，前后殿木作风格亦有不同，可能为前后对场作。

总的分析起来，天后宫在建筑上的许多特点均与台湾匠师或漳泉匠师有所不同，颇值得研究。在三川栋架技巧方面，最上一架分水加大，举架非常明显。木雕方面显然受到日本及西洋影响，内枝外叶相当精致，雕工为地方工匠龙司。屋脊剪粘及泥塑水平亦高，正殿墀头狮尤精，剪粘为对场作。画匠主要有潘科及朱锡甘，后者即为擂金画作者。石作方面，石柱珠线脚繁密，柱耳收分明显，前殿及正殿均无龙柱，庙前石阶形式杰出，亦均为此庙之特色。

注释

① 见钱穆《国史大纲》第四编第二十一章《宗教思想之弥漫》，商务版，1977年。

② 见印顺《中国佛教史略》一文，收于《中国佛教通史论述》，1978年版，大乘文化出版社，台湾：台北。

③ 这些教派的调查，参见增田福太郎著《台湾本岛人の宗教》，1937年，财团法人明治圣德纪念学会刊行，台湾：台南。另外，据传台北淡水附近在清代曾有伊斯兰教清真寺，然其遗址难确考。连横台湾通史中指出曾有仅少之伊斯兰教徒，而泉州有清真寺，笔者推测清代台湾出现伊斯兰教寺庙可能性甚高，据蔡懋棠《台湾语言民俗杂俎》的记载，提到清代鹿港可能有伊斯兰教寺。

④ 台湾光复以后的宗教派别甚多，民间信仰的妈祖、王爷及关帝君尤其兴盛。教派资料可参见董芳苑《台湾民间宗教信仰》，1978年再版，长青文化公司，台湾：台北。关于寺庙及教派之消长，可参阅余光弘《台湾地区民间宗教的发展：寺庙调查资料之分析》，《台湾"中央研究院"民族学研究所集刊》第53期，台湾"中央研究院"民族学研究所，1983，67-104页。

⑤ 据林衡道编著《台湾寺庙大全》，1974年，青文出版社，台湾：台北，32页。

⑥ 参见《台湾省通志稿》《卷二·人民志宗教篇》。

⑦ 见林衡道编著《台湾寺庙大全》，1974年，青文出版社，台湾：台北，30页。

⑧ 参见《寺庙台帐调查》中列出1930年调查时主祀神明有175种。

⑨ 据刘枝万《台湾寺庙教堂调查表》，《台湾文献》第十一卷第二期，1960年，台湾：台北。

⑩ 工匠艺人奉祀的守护神如木匠拜鲁班，铁匠拜李老君，鞋匠拜孙膑，刻字匠拜文昌帝君，烧窑者拜郭公真人，画匠拜吴道子，戏子则拜唐明皇。参阅井冈咀芳《中国北方习俗考》，1975年，古亭书屋景印本，台湾：台北。

⑪ 首先提出这个发展模式的观点，可能为1933年日本人铃木清一郎的《台湾旧惯习俗信仰》及1938年增田福太郎的《台湾本岛人的宗教》与《台湾寺庙建立史小考》，战后，刘枝万在《清代台湾之寺庙（一）》文中有更进一步的阐述，见台北文献第四期，1963年，台北市文献会。另外，李亦园在《信仰与文化》一书中信仰篇亦论及之。

⑫ 增田福太郎在《台湾寺庙建立史小考》里的分期法为移民渡台期、社会成立第一期、社会成立第二期（村落构成期）及社会成立第三期（新社会期），似乎较偏向于台湾社会的独立发展观点。

⑬ 参见董芳苑《台湾民间宗教信仰》，1978年再版，长青文化公司，台湾：台北，18页。

⑭ 尹章义，《新庄发展史》，1980年，新庄市公所，台湾：新庄，46页。

⑮ 清乾隆十七年（1752）王必昌重修《台湾府志》〈卷六·祠宇志〉。

⑯ 中日甲午战争之后，日本在台湾进行所谓"皇民化运动"，企图消灭汉族人文化之根本，积极拆除通俗道教寺庙，新竹州被毁最多，反而提倡一种儒、佛、道混合的信仰，台南白河福安宫内供奉孔子、观音及妈祖，是一典型例子。

⑰ 见郭黛姮主编，收于《中国古代建筑史——宋、辽、金、西夏建筑》第三卷，第六章第三节，2003年，中国建筑工业出版社，北京。

⑱ 南宋禅宗五台山寺院，临安径山寺在主殿之后仍有一座较小的观音殿在中轴线上，其后才是法堂，可见观音普遍受到信徒的偏爱，见《中国古代建筑史——宋、辽、金、西夏建筑》第三卷第六章第三节。

⑲ 基隆月眉山灵泉寺创于日本强占台湾初期，为台湾佛教史上具有崇高地位的佛寺，可惜历经近代多次改建，旧物所存不多。其大殿为双坡式建筑，不设四面廊，外观至为朴素。

⑳ 泉州延福寺始建于晋，现物后殿为歇山重檐式，观其柱网，原先应为四面走马廊，后来墙壁外移，情况与鹿港龙山寺相似。见泉州历史文化中心主编，《泉州古建筑》，1991年，天津科学技术出版社，天津。

㉑ 日本强占台湾初期北部主要有曹洞宗大本山台北别院、镇南山临济护国禅寺、灵泉寺（曹洞宗）、石壁湖山圆通护国禅寺（曹洞宗）、观音山凌云禅寺（临济宗妙心寺派）。见《台湾社寺宗教要览》，1933年，台湾：台湾社寺宗教刊行会。

㉒ 狮头山灵霞洞及万佛庵是利用自然岩窟的佛寺，窟前有洋式牌楼为反映20世纪20年代西式建筑流行风潮下的产物。

㉓ 据清代蒋元枢《重修台郡各建筑图说》7页中载："其前正屋正三楹为山门，门内供奉弥勒佛像；两旁护法尊者二像，高二丈许。其后金刚四尊，高亦如之。又内为甬道，左右建钟、鼓楼各一座"。

㉔ 见释宽谦《佛教建筑的礼仪空间及其本地化》，2005年5月发表于辅仁大学"宗教、建筑与本地化"学术研讨会。

㉕ 朝天宫后殿左右两护室前带轩，确为全省罕见。笔者所知另有一例为彰化郑成功庙。近年发掘的"重修诸罗县笨港天后宫碑记"为清乾隆四十年（1775年）立，与殿内龙柱同时，碑文记载庙创自清雍正庚戌（1730年）。但笨港天后宫与北港朝天宫并非同址。至于后殿，依其石柱落款，多为1928年以后所置，不若前殿、正殿及观音殿精致。

台灣古建築

第四章 民居

台湾民居分布图

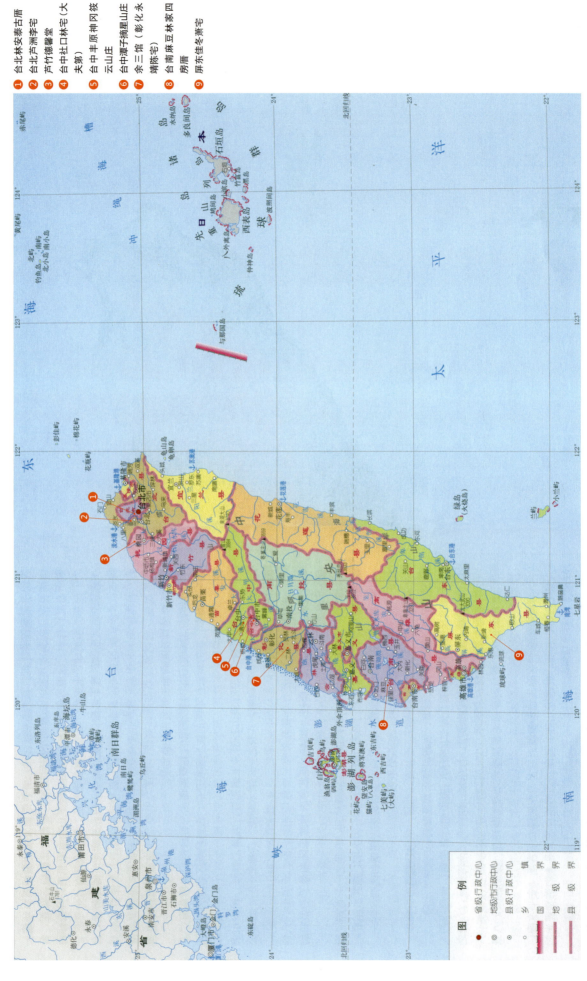

1. 台北林安泰古厝
2. 台北芦洲李宅
3. 芦竹德馨堂
4. 台中社口林宅(大夫第)
5. 台中丰原神冈筱云山庄
6. 台中潭子摘星山庄
7. 余三馆(彰化永靖陈宅)
8. 台南麻豆林家四房厝
9. 屏东佳冬萧宅

(地图引自：中国地图出版社编著. 中国分省系列地图册——台湾省地图册. 北京：中国地图出版社，2013.)

第一节 士农工商民居之类型

一、闽南民居

台湾在汉族人渡海开拓之前,原即有史前及早期住民的文化,因本岛地理条件复杂,各族早住民的建筑类型亦多。自明末清初郑成功入台之后,汉族人逐渐增加,带进来我国大陆沿海闽粤一带的建筑文化。因地利之便,尤以闽南与粤东之建筑为主流。

随着各籍移民登陆与定居招垦,台湾岛的南北也形成不同口音的移民区域。它的分布秩序与闽粤故乡不同,闽粤沿海自北而南为福州、兴化、泉州、三邑(晋江、惠安、南安三县)、安溪、同安、漳州、潮州、嘉应州与惠州等。然而在台湾却呈交错或相混的分布。清代中叶之后,开拓渐趋饱和,各籍移民为了生存利益,摩擦日增,经常分类械斗,并发生多起反清复明事件。社会变乱的影响往往促成移民之间更进一步整合,互相交流或同化,因而势力较孤弱者常被较强盛者吞并,如台北盆地的客家人被迫移往桃园台地,彰化平原的客家被闽南人同化。这些历史因素,也促使台湾的古建筑在多样化中逐渐融合,互相影响,汇聚形成台湾自己的新风格(图4-1-1,图4-1-2)。

依据中国传统习惯,营造之事乃神圣大事,看风水、看时辰必不可少,且清代台湾建筑材料与技术多仰赖闽粤,屋主也较信赖有着同样口音的唐山师傅,造成台湾的建筑文化中地域性的特质。易言之,三邑移民聚居之地常聘来自三邑的匠师,客家人区域则多聘客家匠师。影响所及,在台湾各地形成居民祖籍与建筑风格互相对应的关系。然而经历一段时间,自然风土的影响就显现出来,并在材料及构造上发生变化,所谓因地制宜与就地取材。就外观方面来说,相近区域的建筑风格偶有混合情形,加上进入20世纪,各械斗逐渐消失,因此常见漳、泉、粤风格的混合建筑(图4-1-3)。

图4-1-1 金门山后王氏宅第采用梳式布局,宅第之间留防火巷

图4-1-2 澎湖民居多就地取材,以海边黑石砌墙

图4-1-3 台北林安泰宅的瓜筒为泉州安溪风格

因此，考察台湾古建筑时，往往可以从移民原籍看出建筑风格之异。反之，也可以从建筑风格推判当地的开拓史。基本上，宜兰地区多漳派建筑，台北地区呈多样混杂情形，桃园台地多漳派与客家，新竹多泉派，竹东与苗栗多客家，台中多漳派与客家，彰化则漳派与客家并存，鹿港多泉派，嘉南平原泉、漳并存，高雄与屏东一带则泉、漳与客家交错（图4-1-4、图4-1-5）。

若要比较分析闽南民居的平面布局，先将几座重要的建筑物按年代先后列表如下（表4-1-1）：

几座重要的建筑物列表　　表4-1-1

时间	民居名称
道光年间（19世纪20年代）	台北林安泰（安溪）
道光二十六年（1846年）	彰化陈益源（泉）
咸丰三年（1853年）	板桥林本源（漳）
光绪年间（19世纪70年代）	社口林宅大夫第（粤）
光绪年间（19世纪70年代）	雾峰林宅景熏楼（漳）

以平面布局来说，台北林安泰为"二落四合院加外护龙"的四合院，这是很常见的基本型。板桥林本源大宅则是"三落带外护龙"，以两廊或围墙取代内护龙。彰化陈益源则采用台湾仅见的双重三合院外加多护龙的布局，正面较宽，入口亦较多。台中社口林宅大夫第为二落的四合院，但内护室以围墙取代，并且外护龙前端加长一间，凸出于正立面之外，这种"外护龙"凸出的布局，多可见于台湾南北各地的漳、粤移民地区。雾峰林宅景熏楼则是一组较为复杂的平面布局，前后以三座三合院与一座四合院串组而成，且有楼阁，形式颇壮丽[①]（图4-1-6）。

这五种台湾民居平面布局，大多可在闽南找到相同或相似的例子。并且台湾所拥有的民居类型较闽粤为少，空间变化亦不及闽粤民居。这似乎说明了清代移民来台开拓新天地，当事业有成，家族兴盛之后，所建的民居仍采用基本形为主，囿于材料

图4-1-4　桃园民居门楼

图 4-1-5　桃园德馨堂

图 4-1-6　台北林安泰古宅建于清乾隆年间，为台北现存最古老的宅第

与匠艺之限，形式与空间的变化性仍嫌不足。不过，台湾民居的雕饰与色彩不下于闽粤，且有青出于蓝的趋势。

另外，大木是中国木结构建筑中的骨干，也是传统匠师智慧的结晶。台湾各派古建筑的大木做法差异甚大，通常也可将大木结构的风格作为判定派别的指标。台湾的闽南式建筑分布占地最广，数量亦最多，但其中的泉派与漳派却明显不同，且分庭抗礼，值得细加分析品味。因为它们不但做法不同，细部不同，而且力学原理亦略有不同。为方便比较，现就一般通行的大木结构细节列表分析（表 4-1-2）：

归纳言之，台湾的建筑风格大致上反映着移民来源地的特质。而且闽南建筑是台湾最常见的传统建筑，强调屋脊及屋面的曲线，外墙及屋面用闽南的红砖及红瓦。闽南建筑又可细分为漳州与泉

大木结构细节对照表 表4-1-2

构件\派别	泉州	漳州
柱	用料较修长	用料较粗大，梭柱收分明显
梁	断面多用圆形，用料较小	断面使用圆或方形，用料较大
步口通梁	梁头止于吊筒，外以木雕封套	梁头常伸出吊筒，并雕以龙头
束木（月梁）	月梁作肥身断面上凸下凹，有时束木不直接承受桁木	月梁常作肥身或平板枋形束木置于叠斗的上层，直接承受桁木
瓜筒	瓜筒（瓜柱）多呈修长枝木瓜形	瓜筒多呈圆球之金瓜（南瓜）形
斗	多用桃弯斗、六角斗、八角斗、圆斗	多用简单的方斗
栱	多用简洁的葫芦平栱或关刀栱，栱身较平直	多用造型多变的螭虎栱或草尾栱，栱身呈弯曲形
鸡舌栱	用料较大，栱头倒勾	常省略，直接以半圆槽之斗承受桁
栋架	坡度较缓，桁木间距较大，架数较少	架数较多且坡度陡，有如穿斗式屋架，喜作假四垂

州，外观上较不易察觉差别，主要表现大木结构的形式及细节。

不过也有少数较特殊者，例如雾峰林家来自漳州，但光绪年间建造花厅时，因主人林朝栋与福州的渊源深，故可能聘福州匠师来台。另外，相传客家匠师刻苦耐劳，工资较低廉，故升平时期闽南移民亦常聘请粤匠。再有少数之例，是光绪年间刘铭传任台湾巡抚时，所建的巡抚衙门与军装局皆采用江南式建筑，使用马头山墙，推测也许与刘氏为安徽人有关。

二、客家民居

清代的台湾历史，从整体来看，是闽、粤汉族人渡海来台与台湾少数民族争地的漫长过程，过去从汉族人观点而言，谓之"垦拓"。汉族人以积累数千年的农业技术来应对台湾的自然环境，提高农作物的生产量，养活更多的人口，符合继往开来、枝叶茂盛、财丁两旺的传统价值。如果再仔细一点阅读台湾史，又将发现汉族人中的福佬人与客家人在近四百年的垦拓史中，一直是处于既竞争又合作的状态。这种矛盾在笔者多年考察台湾的古建筑经验里，常有所感。历史的解释权如果在汉族人，那么对台湾少数民族是不公平的。同样的，诠释观点若以福佬人为核心的话，对客家人也是不公平的。

20世纪70年代初，笔者有数次机缘与画家席德进到乡下看古迹。有一回走进新竹新埔的一处客家村庄，席德进以画家的敏感马上就指出客家村庄窗明几净的特性。他认为整洁、幽静是最明显的特色，特别是那一幢一幢的白墙黑瓦的民宅，朴实的建材与简明的色调，给人宁静致远的感受，令人印象深刻。

后来，又陆续考察了许多客家村庄与建筑，包括新竹北埔、峨眉、东势、屏东内埔、五沟水及美浓等地，思考着客家与福建建筑的差异及优缺点。他们是共同构成台湾传统文化的支柱，历史上却常互相械斗，有时打得非常惨烈，甚至有举族被迫迁移之事发生。例如：台北盆地在清初原有许多客家人，清乾隆初年时，新庄曾由客家人建造一座三山国王庙，但至19世纪中叶，客家人失势，最后退出新庄，使得这座庙的经济支持力严重流失，逐渐萧条下来。也因为长年缺乏资金修葺，至今它反而成为全台湾保持古朴苍老原味最为浓厚的一座寺庙（图4-1-7）。

经过多年对闽客建筑的观察比较，笔者觉得台湾的客家建筑在其内部深处隐藏着很古老的儒家文化，尊儒底蕴深厚，特别侧重人文传统。近年，有学者认为这是一种"儒农文化"。

首先，从人与自然环境的角度来看，客家人从中原、江西、闽西、粤东辗转迁徙至台湾，所经历的山川、土地、寒暑等大环境因素是不同的，他们必须采取因地制宜的对策与就地取材之道来建屋。因此闽西虽有高大的圆楼、方楼，粤东亦有围龙屋，但台湾却未出现类似建物,其因在于客家人到了台湾或南洋马来西亚或印度尼西亚时,人口不够集中,于是他们改采用聚落式布局,在村落四周筑土城、设隘门。

以村落方式聚居,可能要逼近山区丘陵才有优良的水源,因而可发现客家人深具善于利用山坡地的智慧。他们种茶及水稻,但水土保持做得非常扎实,山区未见土石流发生。客家人这种坚持环境保护的态度令人佩服。这种对山水的依恋与尊重的态度,呈现在对山神的崇拜之上。在台湾,几乎每个客家聚落均有"三山国王庙"。它源自于潮州原乡的明山、巾山、独山等三座山的崇拜,反映出客家人从中原辗转迁徙各地,更为敬祖思乡的丰沛情怀。

另外,山区溪流的卵石可以用来筑堤岸,保护土壤,例如台中东势有一座以千万颗鹅卵石堆积而成的鲤鱼庙,其形如鱼,实则为一巨大护堤,又具有"鲤跃龙门"之寓意。提到鲤鱼,亦可接续到客家人的"儒农文化"了。台湾客家村多近山而不靠海,长期与山为伍,造就了客家人农耕生活的基调。耕种之余,勤学以进仕途,成为他们的人生目标。

有人作了一个粗略的比较,台湾近代成功的商贾多为福佬人,但作家、医生、教授及出版人却有许多客家人。客家村庄最突出的建筑物是文昌祠、惜字亭与三元宫。其中文昌祠与惜字亭均为提倡文风、祈求文运咸通的建筑,而宗祠是人伦教化的建筑,足以团结族人。三元宫敬拜掌管天、地、水的三官大帝,则属于自然崇拜。

客家村庄建造惜字亭,很多人不能真正了解它的用意,以为只是爱惜文字、尊敬造字的仓颉而已。"惜字亭"也称为"敬字亭"或"敬文亭",它有如香炉。古时搜集字纸,每隔一段时间集中,焚于炉中,数百人恭祭之后,浩浩荡荡将其灰烬送入河中出海,典礼至为隆重,是中国传统崇文思想的产物。台湾现存的惜字亭大都属于客家村所有,最出名的是桃

图4-1-7 新竹的客家民居,在门上砌筑假山

图4-1-8 桃园龙潭的惜字亭,也称为敬字亭或惜字炉,此为台湾最高大之例

园龙潭的石造惜字亭，炉口上之石额题为"文运宏开"与"过化存神"。这座巨大的石质惜字亭做成四角、六角、八角的造型，有一副对联曰"鸟喙笔锋光射斗，龙潭墨浪锦成文"，又与道教理论相衔接，印证了明清以来儒、道不分的嬗变（图4-1-8）。

若再进一步观察客家村庄的惜字亭，发现它也是一种风水塔。古人认为村庄四周山脉，必符背山面水、左青龙右白虎之形势，村民才能出人头地，尤其能在科举上斩获功名。易言之，在村庄哪一个角落建高耸的惜字亭，其实是大有玄机的。地势较低之处，常以建惜字亭来弥补，或者在水口处建立以界气，当气盘旋在村中时，可带来吉祥之运。

这些说法或理论，客家人深信不疑，中坜、苗栗、屏东的新埤、佳冬与枋寮，皆仍可以见到精美建筑的惜字亭。相对而言，台湾福佬人地区也重文运，如大龙峒有"五步一秀、十步一举"之美誉，但惜字亭仍以客家庄为盛。客家的儒农精神也反映到住宅建筑上，门楣上必有斗大题字或堂号，标举"孝友传家"、"诗礼传家"的精神，历来均以耕读传家勉励子弟向上。

祖厅的左右墙上通常挂长联，道尽祖先来台披荆斩棘、创业维艰的意涵。神桌上只供奉祖先牌位，很少供奉道、佛神明，与孔庙精神一致。一般福佬人喜爱的王爷，绝不会出现在客家厅堂之上。福佬人的信仰，从宋朝以来，就融入不少当地民间信仰，但客家人则着重"天、地、君、亲、师"（图4-1-9）。

从台湾客家人的建筑中，可以体会出这个古老的汉民族在漫长岁月中的变与不变。所谓变，指的是他们懂得因地制宜、就地取材，建筑设计也随时吸收别人的优点，例如桃园、新竹及苗栗的客家建筑就受到漳、泉汉族人的影响，红砖用得多，屋脊也翘得高。所谓不变的部分，应是根深蒂固地深植在客家人心中的儒农文化，包括建筑的空间伦常，村庄的风水形势，培育人才的企图心。

图4-1-9　苗栗太湖罗宅正堂供奉祖宗牌位

位于高屏地区的客家住宅，利用下淡水溪的自然屏障，在清代形成所谓"六堆"的自卫组织，因而未受漳、泉影响，反而保住了自己的特质与纯度。这里的民宅格局开敞，正堂与横屋（厢房）的交角仍设所谓"廊厅"，空气流通，光线明朗，且一般客家住宅的房间布局都是敞开，少有区隔女眷活动空间的屏风、挡墙之类，访客在进屋时，一眼即可看到女眷在屋中工作的情形；且妇女在早期也不兴缠足，而是保持着天足，以利于下田劳动，从这点可反映客家族群的男女地位较为平等（图4-1-10、图4-1-11）。

客家人如果长期居住在平原地区，如台中、彰化一带，与福佬人接触频繁，双方的文化会相互影响。其中最值得探讨的是，经过几代之后，客家后裔虽然不讲客家话了，但他们仍然秉持着重道崇文的传统。如台中丰原著名的吕宅筱云山庄，先祖来自闽、粤交界的诏安，当地漳、客混居，融合成一种特殊文化。筱云山庄的建筑环境幽雅，用材朴实，色调温和，最重要的是它有文人庭园与藏书房吸引着清末文人流连忘返，应属闽客融合之佳例（图4-1-12）。

图4-1-10 高雄美浓客家民居（右）
图4-1-11 南投社寮陈宅正堂设廊，可遮雨挡阳（下）

图 4-1-12　台中吕宅筱云山庄正堂

台湾客家文化的深厚传统中，一直维持重道崇文精神，在建筑艺术上也可获得深刻的体会，无疑是客家人的珍贵资产。

第二节　民居的平面布局与家庭生活

一、民居的平面布局

台湾的民居包括汉族人与台湾少数民族两种传统类型。汉族人移民中又可细分为闽南与粤东两系，其中漳、泉的差异较少，而客家民居明显地呈现独自的特色。但台湾清代社会保存浓厚的封建色彩，尊重人伦之序，重男轻女，似乎深受儒家礼教约束。因而民居的平面多倾向于中轴对称，左右均衡布局。且住屋与环境的关系，在古时必须考虑地理或风水，称为堪舆或相地。清代台湾的开拓始于西岸平原，移民多选择坐北朝南或坐东朝西的方位，通俗的理由是：

1. 坐北朝南。所谓"向阳门第春无限"，通风采光得两利。

2. 坐东朝西。坐东为主位，俗谚"坐东向西，赚钱无人知"，实亦顺应地形的结果。

3. 坐西朝东。有"旭日东升，紫气东来"之意。

4. 坐南朝北。较少，尤忌讳朝东北，俗谚"朝东北遭衰"。

另外，历经三百多年的演变，台湾的自然地理因素又融入移民的建筑，各地民居因而产生不同的差异。依据现存清代及20世纪初年所建传统民居，大致上可归纳为七种基本类型。

1. 一条龙式。即最基本的形态，只有正身，包括正堂、左右房及边间的灶房、柴房等。人口较少的家庭多采用此式，屋顶以中央正堂最高，两侧依次以降。室内设廊道，可贯通各房间。当人丁增加时，可左右延长至九开间或十一开间。或者加建厢房，台湾称之为"护龙"或"护室"。

2. 单伸手式。"伸手"即护室的别称，客家地区称为"横屋"，意指与正身呈直角关系。单伸手只有单边护室，常常是地形限制或迈向三合院的过渡形式，又称为"曲尺形"民居。

3. 三合院式。台湾对于三合院平面，常俗称为"正身带护龙"，即拥有正身三间或五间，左右各出护室二间或三间。有的前方建围墙或设门楼，以别内外。三合院是台湾数量最多的类型，多出现于农村，前院可兼作晒谷场。其室内靠近院子的墙内常设廊道，亦即晚上闭户之后，各房间及正堂仍可连通。

4. 四合院式。台湾俗称为"两落带护龙"，意即前后两进，左右有护室的布局，形成封闭的中庭。清代台湾，四合院多为官绅或富商地主所喜用，其格局较宽大，且空间组织严密，内外有别。古时比较讲求防御的四合院大宅，甚至在墙体内再设一圈廊道，壁上辟铳眼，可以射击来犯者，例如台北的林安泰古宅。

5．多护龙式。在三合院或四合院左右两侧增建数列的护龙，为台湾农村所盛行，通常农宅之扩建不采用增加进深之法，反而以增列护龙解决人丁旺盛的问题。它的优点是居住成员不必通过中央大门，可直接由护龙之间的"过水门"进出，人人称便。多护龙形态民居要具备土地宽广的条件。辈分较高者越靠近正身中央，血统较疏远的旁支只能居于外侧。这种多护龙民居尤以客家地区为盛，在新竹的新埔、枋寮及关西一带，可见到左右各有三列护龙的实例。同时，在各护龙之间，为了内部交通，狭长的侧院中建凉亭，亦被称为"过水亭"，提供夏日纳凉及作息之所，侧院中凿井，供应灶房饮用。台湾中部彰化马兴的陈益源大宅为这类多护龙的典型代表（图4-2-1、图4-2-2）。

6．多落式。即超过三进以上的大宅，这种民居多是地方望族或在清代获有官阶者合族而居的大型

图4-2-1　彰化陈益源宅的左右护龙

图4-2-2　彰化陈益源宅护龙以月洞门为出入口，可见到侧院中的过水亭

图 4-2-3　台中雾峰林家是台湾规模最巨大的宅第

图 4-2-4　雾峰林家在清代名人辈出，文人中举人，武将官拜提督，本图可见华丽的门楼

宅第。台湾的科举风气很盛，在清末光绪年间建省之前，士子要远赴省城福州或京师应考，交通不便，但阻止不了当时读书人求取功名的心愿。台湾尚保留不少所谓旗杆厝，即门前竖立旗座及旗杆，代表举人或进士的身份地位。板桥林宅有三落及五落大宅，新竹郑进士地有三落，台中雾峰林宅有四落及五落，台湾麻豆林宅有三落，屏东佳冬萧宅也有五落。当然，多达四落或五落的大宅常常是多年增建的结果（图 4-2-3、图 4-2-4）。

7. 街屋式。即店屋式，沿商业街道所建造之民居。它的特色是各家共享墙体，平面只得一间宽，约一丈六尺或一丈八尺，但是进深很长，可以多达三进或四进以上。因此匠师又称之为"手巾寮"，意即很狭长。街屋因临街，前厅做生意，后边住家，为了增加使用空间，常起楼房，或做夹层，称为半楼，充为储物室或卧室之用（图 4-2-5）。

以上这七种类型为台湾传统的民居常见者，也有少数较特殊的，如客家地区高雄六堆一带曾出现类似广东梅县的围龙屋，另如嘉义山区有少数楼阁

图 4-2-5 淡水街屋旧照

式三合院。广被采用的仍是前述的七种主要形态。

一条龙多出现于陡坡山区,但在嘉南平原也不乏其例;多护龙类型则常建成外护较长而内护较短;手巾寮即街屋,它的护室建在背后,且只建一边,并不对称。俗称为"一坎二落带过水",台北大龙峒保安宫旁的四十四坎即为著名典型例。另外,在台中盆地及屏东的客家地区有围龙屋,其左右横屋向后延长并连接成半圆形,这种形态源自于闽西与粤东的客家民居。

台湾的汉族人民居虽然承袭自闽粤,但其建筑形态较少,例如圆形土楼、方形土楼或五凤楼,似乎未曾出现于台湾。如果与我国大陆闽粤或江南民居相比较,那么我们可以发现,台湾民居的形态并没有独创特别的类型,但是在建筑材料、防震防风等技术性方面,却有台湾自己的特色。

追根溯源,台湾虽为移民社会,但台湾的汉族人仍保存着古老中原的语音、习俗、信仰及宗教制度,台湾人的生活方式直接反映到其居住文化之上。因此台湾民居在建筑思想、平面格局、造型处理及装饰意义上仍承继中国古老的传统,可能是宋代形成的传统。明末清初汉族人入垦,多是纠合同乡入台,甚少有举家迁台者,因而地缘村庄多于血缘村庄,建祠堂、修族谱至清末才逐渐普遍。并且初期来台的移民受限不得携眷,与台湾少数民族通婚者众,形成了日后台湾社会的特质。同时清代台湾住宅文化经过岛内交通改进而互相整合,逐渐形塑出共同性,而民居的形态也忠实地反映出使用者的生活方式。

二、民居的妇女空间

清代的台湾汉族人据当时方志,如《台湾府志》、《彰化县志》与《淡水厅志》等记载:"习尚与内地无甚异",亦即承自闽、粤。闽、粤居民多为魏晋南北朝时南迁的中原衣冠士族。客家的迁徙南移证明其史实。也许继承了此种源远流长的民情风俗,所谓"礼失求诸野",闽、粤保存了许多中原古风。因此台湾的汉族民居,从平面空间布局或多或少地反映了社会价值观与家庭伦理秩序。

清代台湾汉族中,闽南与粤籍客家不常混居,于是有些村庄被称为"客庄",即客家人所聚居的村庄。而闽南籍的漳、泉亦时有械斗争端,此汉族人移民的风俗同中有异。相同者如男耕,但妇女不织布,盖布帛取自我国大陆,妇女以刺绣为工。所异者,闽南妇女流行缠足,而客家妇女多参加耕种劳动,不缠足,谓之天足。

妇女在家中的地位比男人低,实源自中国古代传统。闽南一带"尚男贱女",当贫苦之家连生数女时,贫苦无力赡养有时便送给别人。长此以往,造成台湾社会重男而轻女的现象。男生是家庭中的掌权者,也是财产与社会地位的继承者,住宅的设计以男权为主要的考虑因素。因此,民居中的空间名称如大房是长子,二房为次子,皆嫡出正统;"偏房"或"侧室"则指的是姨太太或庶出者居所。

台湾的社会发展,清初仍多为农垦生产,至清代中叶乾隆、嘉庆年间则逐渐出现大的商行,称为"郊",与宁波、福州、泉州、厦门、汕头等地互相贸易。随着商人官宦阶级渐增,规模较大的住宅亦陆续出现,一般人或农人多使用三合院,地主及官宦之家则多采用四合院,有三进者,俗语谓"大厝九包五,三落百二门",意即大宅第面宽九间,前厅五间,前后三进,共辟120樘门窗。甚至到清末同治、光绪年间有多达五进者,如台北板桥林宅与台中雾峰林宅。前者为富商地主,后者为官宦豪族。

这样的住宅非常讲究门第森严,空间层层节制,从前门经正厅到后堂或护室,有隔屏及围墙遮挡,其作用除了避免风水上所谓"犯冲"之外,实乃划出妇女所使用的空间(图4-2-6、图4-2-7)。

　　在台湾传统合院民居中,妇女空间的形成,主要以住宅的后部与侧部来构成,后部即第二进或第三进,侧部即左右护室(厢房)。而联系后部与侧部空间的廊道则非常重要,因为它提供着妇女在住宅中的活动空间。易言之,廊道空间才是民居中真正为妇女所使用的空间。

　　廊道空间分析起来,包含"步口廊"与"过水廊"两种空间。在台湾民居中,"步口廊"指的是正厅或护室屋檐下的走廊,可能只是以斗栱出挑的廊道,也可能是较宽敞的柱廊。"过水廊"指的是联系正厅与护室(客家谓之横屋)之间的廊道,它通常有点像一座亭子,可遮日挡雨,故名之为"过水亭"。且为了更明确地围出妇女使用的空间,"过水廊"靠前面的一边通常再以墙封闭,只辟一小圆窗或直棂窗,兼具通风与窥视之效(图4-2-8～图4-2-10)。

　　至于左右护龙的"步口廊"空间,在较富裕的大宅中更以砖墙围出小院子,形成一种类似跨院的空间。那么四合院中庭实际上被分割成"左、中、右"

图4-2-6　台中雾峰林宅顶厝之门厅轩亭

图4-2-7　台中雾峰林宅宫保第之轩亭栋架

三个空间了。隔墙上通常以砖块砌出剔透的窗花。并且为了保留私密性，窗格子故意砌成斜面，挡住从外向内看的视线。有的四合院中庭以矮墙分隔内外，形成前院与后院，中开一门出入，此亦是界定妇女空间（图4-2-11）。

妇女空间领域里的窗格子通常比较密，自然形成"外明内暗"的光线对比。因此台湾民居里在正堂左右房间的墙上可见到较密的直棂窗或雕花的木窗，被称为"女婿窗"，意即男方登门说媒时，女方旁观偷窥之窗。

妇女空间的窗子常常做成优美的圆形、六角形或八角形，门框则有时做成花瓶形成椭圆形。其目的无他，通过柔雅的造型来塑造深宅内院应有的幽静之美。一般台湾三合院民居，常在正身与护室相接之处留设一个小窗，称为"五间见光"，实亦是一种为服务妇女空间所需之窗。

其次，住宅内妇女空间门扇尺寸也较门厅或正堂所用门扇尺寸为小。这是基于尊卑高低伦理秩序的理由，凡是正厅所用门扇，其宽度最大，门楣最高，其他卧室依次而降，逐渐缩小。

妇女空间所包括的"步口廊"与"过水廊"，它们之间也联结成一套完整的空间动线，使家庭中

图4-2-8 雾峰林家宫保第之回廊

图4-2-9 宫保第后厅之回廊

图 4-2-10　摘星山庄左右护室之过水门

妇女成员能从容自由往来。易言之，当正厅有陌生访客时，妇女可以绕过正厅，经由厅后的廊道左右相通，从东护室走到西护室。以台北林安泰古宅为例，它不但正厅后设有通道，甚至可以绕房屋一圈，避开中庭，径出大门（图 4-2-12、图 4-2-13）。

台湾早期社会普遍盛行"男主外，女主内"的观念，认为妇女不宜抛头露面。妇女多在家操持家务，厨房及院子也是组成妇女空间的重要部分，院子或屋后常凿水井，以供饮用。水井旁自然也是妇女活动场所，她们在此汲水洗涤，并话家常。

综上所述，台湾民居的妇女空间是借由围墙或隔屏围塑而成。这些阻断设施事实上"隔而不绝"，在视觉上阻绝一部分，在行动上拐个弯，使宅内活动不易为外人所见。并且借着细致典雅的门框或窗扇，暗示着内部空间的私密性，使访客知所进退，维护居家环境的安宁。

据实际调查得知，台湾闽南系民居与客家系民居在处理妇女空间的技巧上有明显差异。如前所述，

图 4-2-11　摘星山庄之侧院与中庭以围墙分隔

闽南系住宅的视觉阻绝措施较多，空间光线较幽暗。而客家系住宅则较开敞，他们喜在正厅与横屋相接之处留设所谓"廊厅"。顾名思义，既是廊也是厅，这个空间是外露的，家庭中的男女成员可在此进行休息、喝茶及进餐等行为。

台湾客家民居中的正堂也常常作为"敞厅"式，有所谓二厅相向或四厅相向，天井的空间显得较开朗。在台湾南部高雄与屏东的客家民居之卧房常做成独立的门口，直接朝向院子，只在门楣上悬挂竹帘，以别内外，这亦是客家民居之妇女空间的界线较模糊的一个明证。

从历史发展过程来看，明末清初草莽开辟时期，台湾民居的妇女空间不明显。当时清政府实施海禁，闽粤移民渡台不得携眷，根据史载有许多汉族人男子娶台湾土著，称为番婆。之后到了清代末叶，传统中国式封建社会形成，妇女受到礼教束缚，民居中的封闭式妇女空间达到一个高峰。至20世纪初年，妇权提升，妇女空间才逐渐式微。

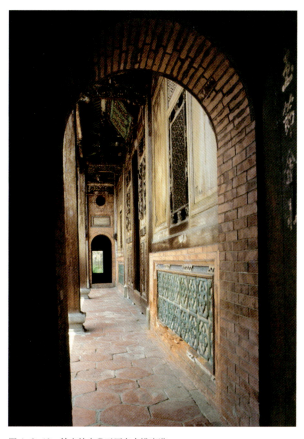

图 4-2-12　竹山敦本堂正厅左右设廊道

图 4-2-13　台北林安泰古宅正厅与护龙之间设过水廊

三、民居的室内家具

中国古家具的研究近年成为一项重要的学术工作。许多学者下工夫进行调查研究，而且也引起收藏者的兴趣，特别是明式家具中的黄花梨硬木家具，其价格一直飙涨。相应地，清代家具包括榆木与榉木家具也受到收藏者及学者的注意，毕竟这些稀少的文物能完整成套地保存下来颇为不易。除了资料收集很困难之外，其次年代鉴定也不易，须耗费数十年工夫与庞大的经费才能搜集到各色各样的家具精品，实物看多了才能进行研究。

受到全世界都对中国家具的研究与收藏风气的影响，台湾古家具自然也受到注意，但没有明式黄花梨家具受宠的程度那么高，原因是年代不够古老，且至目前为止有尚未见到系统性的调查研究。它的形式演进与派别风格也尚未明了。事实上，台湾清代的家具，除了台湾少数民族及少数通商口岸西洋人所使用的家具外，汉族人的家具多属于闽粤的传统，特别是清代中叶之前，家具与建筑一样，应多购运自闽粤，或者聘请大陆工匠来台制作。到底何时才孕育出台湾本地的家具匠师？相信这是一个非常值得深入研究探讨的问题。

关于台湾家具的调查研究，回顾起来日本强占台湾中期20世纪30年代日本人国分直一在民俗调查时曾纪录农家祖厅及厨房的家具，刊在他所著的《台湾的民俗》一书中。画家立石铁臣也对台湾家具发生兴趣，他有一些画及木刻图是以乡土家具为背景，令人觉得台湾的庶民生活是与家具息息相关、密不可分的。

1945年之后有关台湾古家具的调查研究中断了。画家颜水龙先生长期关怀台湾的常民工艺，他对家具的保存与发扬有不少贡献。近年，简荣聪先生对台湾古家具作了整理。另外，王肇楠先生对细木作的榫头也有深入的研究。供桌是一座正身带护龙的传统住宅中必有的家具。它摆设在正堂中央，供奉祖先牌位，因此做工大多较为讲究，无论材质与结构及形式，均可以看出时代的特征来（图4-2-14）。

对台湾古家具的研究是刻不容缓的事。实物收藏最重要，其次图像整理也很重要，因为有这些资料作基础，才能展开学术研究。20世纪60年代画家席德进曾到各地古宅拍摄过不少古家具，部分刊在他所著的《台湾的民间艺术》一书中。他在新竹郑家与雾峰林家拍过不少家具的照片。后来郑家的北郭园拆除改建大楼，而雾峰林家宫保第与景薰楼遭逢"九二一"大地震摧毁，有些家具也随之受损了，至为可惜。

近年，台湾有许多古董店及民艺品店，特自大陆进口古家具大量贩卖。观其形式，大部分来自长江流域，或浙江广东及江西一带。至于福建的反而数量较少。这些家具与台湾传统的家具有明显的差异。到底台湾的家具有何特质？吾人深知，家具与建筑空间如齿唇相依，建筑物的室内空间必有家具匹配，才能供人使用。厅堂有供桌、太师椅、八仙桌、扇面桌；卧室有衣架、衣橱、洗面架、架子床或安（红）眠床。古时一座建筑落成时通常家具也配套制成，台湾的家具与建筑风格存在一定的谐和

图4-2-14 台湾的古家具

关系（图4-2-15～图4-2-17）。

台湾的清代传统社会受到儒、释、道三方面影响甚深，无论是富贵人家的大宅第或一般人家的正身带护室住宅，其正堂必有的家具包括供桌、八仙桌、太师椅、高几或椅条。几百年下来，应该累积不少的古家具，但是家具的折旧率及损坏率很高，往往二十年或三十年即被更换，因而真正古宅的家具并不容易寻找。

台湾清代建屋及制作家具所用的木材多来自台湾本地丘陵地带木材，也有一些运自大陆，是否用到南洋木则尚未得证。台湾本地所产的木材包括楠木、肖楠、龙眼木、樟木、牛樟、乌心石木、榉木（鸡油木）、枫木或杉木。至日本强占台湾时期则因阿里山铁路通车，才使用红桧及扁柏这种高级木材。不过，台湾所用的木材硬度仍嫌不足，如能采用酸枝（檀木）或黄花梨木，家具的品质与寿命更能提高与持久。

台湾的古建筑发展直到清末同治与光绪年间才出现本土的木匠与交趾陶匠。或者我们可推证，也有一些家具匠登上舞台。在此之前的家具虽然有年代落款，如在新竹关西郑氏祠堂发现康熙年的家具，另外淡水妈祖庙福佑宫也发现有嘉庆初年的供桌，但是否出自本地匠师之手则尚是谜。清末至日本强占台湾初期，即19世纪末至20世纪初，台湾的家具获得蓬勃的发展，原因是台湾水利工程陆续改善完成，人民生活转趋富足，大宅第渐增，家具随之也丰富起来，不但台湾名匠辈出，也吸引闽粤名匠来台。

台湾本地匠师，台北以板桥陈应彬最值重视。他在1908年设计建造的北港朝天宫被战火波及的前殿与正殿、供桌与神轿即出自彬司之手。1919年雾峰林献堂聘彬司前去建造台中林氏祠堂，数座大供桌亦由陈应彬承做，其风格与1912年所做的台北陈德星堂相似，体现了彬司家具的一贯风格，造型秀丽，比例美好，雕刻精细，特别喜用充满曲线的螭虎团。螭虎团也称为"篆"，还可分为软团（曲线）与硬团（直角）两种，即以螭虎（龙生九子之一）化身以构成特别的图案。当1919年台北艋舺龙山寺改筑时，从泉州聘来杨秀兴，他制作大殿的神龛与供桌后来第二次世界大战时被盟机炸毁了，但后殿仍有几张供桌可能出自其手。他在台湾传徒黄连吉，连吉司在1924年参加新竹都城隍庙大修，制作了多件供桌与花案，被视为杰作。

图4-2-15　南投内辘民宅正厅家具

图4-2-16　新埔枋寮民宅家具

图4-2-17　彰化永靖陈宅余三馆室内家具

新竹方面，许全添也被公认为家具名匠师。另外澎湖的寺庙多由潮派木匠承做。至1917年马公天后宫大修时，聘来潮州的蓝木主持，他带来的家具师承做大供桌八仙桌与神龛，雕刻倾向琐细韦丽，并在黑底边线安金箔，反映潮州家具的典型风格。如今，澎湖许多寺庙的供桌与神龛皆萧规曹随，以潮派家具为主流。

　　台南及鹿港方面也是台湾家具的大本营。鹿港饱受泉州影响，建筑与家具工艺走泉州的风格路线，枝骨较粗放。台南则自创一格，尤其是喜用茄苳入石柳（榴）的镶嵌技巧，并且倾向繁琐细致的构图，在一块木板上雕上造型精细的花草或麒麟、龙凤，俗称"麒龙桌"。这个时期台湾与我国厦门，以及日本、南洋、西洋通过贸易文化往来，建筑与家具亦受到明显影响，例如梳妆台或红眠床多出现车床做出来的"车枳"，或者在橱柜、桌椅上嵌入进口的方形彩瓷，雾峰林宅内即有一些中西混合式的椅子与衣柜。

　　如果就目前所见到的台湾古家具的形式来看，台湾家具与闽、粤相近，但又比闽、粤的细部装饰多一些。事实上，台湾南北亦有差别，富贵人家与一般人家亦有差别，漳与泉或客家之间亦有差异。平常家庭所用家具更是就地取材，采用竹子或杂木制成，忠实地反映常民文化的特质，有人即认为竹子颇适合台湾亚热带的气候。

　　归结起来，台湾的太师椅很少用出头的灯挂式或四出头的，扶手大多为曲线形，且只有背板施雕。竹山林月汀宅敦本堂有一组约一千九百年前后的厅堂家具，包括顶桌、下桌、太师椅与高几，皆为同样材质配套。较为罕见的是台中社口林氏大夫第正堂的长方桌，桌脚繁雕，而桌面平整简单，构成繁简的对比。雾峰林宅与草屯洪宅则可见嵌入大理石的大床与太师椅。画家席德进曾在新竹开台进士郑用锡北郭园内拍摄到一些古家具，包括几组太师椅与安（红）眠床，似多为酸枝木家具。惜后来北郭园宅邸改建，这些家具是否仍由其后人妥善保管，不得而知（图4-2-18、图4-2-19）。

图4-2-18　雾峰林家嵌入大理石的家具

图4-2-19　台中雾峰林家宫保第后厅家具摆设

另外，台中神冈吕宅筱云山庄正厅内原有一组酸枝木的太师椅、高几及扇面桌，造型典雅而成配套，可惜在前些年遭窃。斗六吴克明秀才故居内也有不少精致的家具，在厅堂内摆设三组对向的太师椅，两椅之间夹以高几，非常气派。这是我们所见台湾较宽阔的厅堂，原建筑在日本强占台湾时期曾改建，不过是将旧料重组在水泥柱上，仍不失古意。同样的整堂式摆设法，目前可在板桥林本源园林来青阁见到，不过这批家具仍是近年的仿制品，乃是按照旧照片复制的太师椅与供桌。

第三节　经典的民居建筑案例

一、台北林安泰古宅

清初时的台北盆地底部平原，田地广布，灌溉沟圳蜿蜒在广阔的平原。清代乾隆年间，台北出了一位名叫郭锡瑠的善心人士，他出钱出力，号召众人建造沟渠，引新店溪上游的河水到台北盆地灌溉。由于郭锡瑠被尊称为"瑠公"，因此这条由他所出资开凿出来的灌溉渠道就被命名为"瑠公圳"。台北盆地中大部分的田地都在瑠公圳的灌溉范围。当时台北市东区的大部分宅第多由安溪人所兴建，而安溪人多在艋舺经商，或在东区务农。

林家始祖林尧在乾隆年间从福建闽南的安溪县渡海来台，住在台北盆地东部，以务农维生，到了乾隆年间，林家子孙林回以"荣泰行"的店号在艋舺开始发迹和经商。至林志能一代因经商致富后，在当时还未发展的台北东区购置田产，并在田园之中起造了林安泰古宅。

林安泰古宅是台北盆地内现存少数道光以前，即清朝中叶时兴建的建筑之一。其余大多数的古迹多在清朝晚期同治光绪年间兴建。由建筑物本身年代的角度来说，林安泰古宅的历史相当古老，弥足珍贵。且兴建时为了在平原上营造符合背山面水的房屋格局，在宅第的前面挖掘大水塘，后头则种植树丛竹林，营造出一个人工的屏障。而房屋的坐落方位和面向则是坐东北朝西南，俗谚说"向阳门第春无限"，在冬天也可以得到阳光的日晒是很好的兆头。按照林家族谱的记载，林安泰古宅虽已在乾隆年间兴建，但其全部规模似乎并未在乾隆年间就完全成形，从正堂左侧护龙门扇上的雕刻发现有"道光通宝"的字样，我们可以推断两侧的护龙可能是在道光年间或者更晚的时间，借由改建或者增建而成。

林安泰古宅整体而言是典型的闽南式布局，乃是一座二进的四合院，其平面呈长方形，前有半月形的水池，以及一个门口埕，而古宅的第一进是门厅，正身则是第二进，且正身和护龙之间有小门廊，称为"过水廊"。过水廊有墙壁可以遮挡外人探看里面的活动，此种安排对于家庭内部妇女的生活比较有保障（图4-3-1、图4-3-2）。

至于左右护龙，越外层的护龙，其修筑年代越晚，大致在清光绪年间，最晚则在日本强占台湾时期兴建。其中一处不太对称的地方是古宅左侧的一栋独立式书房，这是因为林家经商致富之后，也开始想要朝仕途发展，因此修筑了一座私塾作为青年学子读书求学之处，而这样的安排在台湾诸多古宅中并不多见。而林家虽然无人中科举，但由于是富贵人家，因此屋脊也做燕尾式。在老家安溪一带，屋顶坡度并不很陡峭，所以林安泰古宅的屋顶也不是很高。另外，为了方便管理，宅的四周也建有围墙，这圈围墙在古宅最初落成时并不存在，亦是在后来才修筑起来的。

至20世纪70年代末期，因台北市敦化南路道路拓宽计划，决定将林安泰古宅拆除，引起轩然大波。此决定立即引起文化界人士，包括古迹保护者、艺术家的关注和重视，他们认为林安泰古宅是台北市东区发展史的见证，有着相当重要的历史价值。但当时的上级单位无心保存，又缺乏保护古迹的法源，最终仍无法挽救古宅被拆除、迁建的命运，在迁建过程中历经几番波折，直到1986年才将林安泰古宅重建于滨江公园。回顾起来，从拆除到重建，中间的停宕时间长达将近七年，有些木雕因此腐朽，至为可惜，这是台湾古迹保存运动史上的一个负面教材（图4-3-3）。

迁建后，林安泰古宅仍维持了坐东北朝西南的方位安排，虽然主体方面并没有太大的改变，但左右护龙的部分有所更动。在未迁建前，古宅左右各有三列护龙，总计是六列护龙，但迁移时由于土地空间的限制，只能拥有左右各两列护龙的规模，共计四列护龙。

图4-3-1 台北林安泰古宅中庭与正厅

图4-3-2 台北林安泰古宅正厅左右皆设有廊道，让妇女可以避开中庭出入

图4-3-3 台北林安泰古宅于1986年重建于滨江公园内

迁建时，石材大多都能够保存，但砖的保存则比较困难，因此今日所见的砖多为重新烧制的新砖。石材的颜色多呈青灰色，按照近年来所进行的考证，部分的石材为取自台湾的观音山石，而另一部分则是自大陆安溪进口，但其质地较为坚硬。不过铺在地上成色优美的红普石，和建筑主体的石结构配合得相当好。

此外，林安泰古宅的建筑技术相当严密。腰部以下是石构造，如裙板、地牛、柱珠和柜台脚等；腰部以上则转为精雕细琢的木结构。一般传统民宅的木工很少雕得如此精良，其材料使用高级的樟木，靠近屋檐处的吊筒、水车堵等构造完全是以高规格的做法来表现（图4-3-4）。

由于林家以"荣泰行"的店号经商起家，因此门厅门柱上雕刻之对联的首字分别以"安、泰"二字起头。门厅的部分共有三个门，即所谓的"一门二户"，为一个正门和两个侧门。踏入正门就有屏风，正门的左右两侧各一个侧门。通常两扇中间的正门谓之"门"；而旁边的侧门则称为"户"或者"对看门"。正门遇有红白事才开，平日以"对看门"通行。

林安泰古宅的门厅的木结构相当精致，两根金柱独立在门厅中。正堂的正面不装门扇，但侧面则装上有特别用途的固定门扇。其中之一是由于古时通常由媒妁之言来缔结婚姻，男方由媒人带到女方家拜访女方父母，但女方会透过门窗上的小空隙来观看男方的仪容举止，故而此窗遂称之为"女婿窗"（图4-3-5）。

宅第正厅中央供奉祖先牌位的神龛，雕工与其他部分风格一致，神龛上挂着"九牧传芳"的匾额。相传九牧是古代林氏始祖被册封之地，因此后代林氏常以此自许。另外，古时的正堂会将具有恭贺性质或是捷报的红纸张贴在正堂的两侧，让家族成员知道子孙中有人中举或有特殊成就等杰出表现，同

图4-3-4　林安泰古宅的螭龙团炉木雕窗

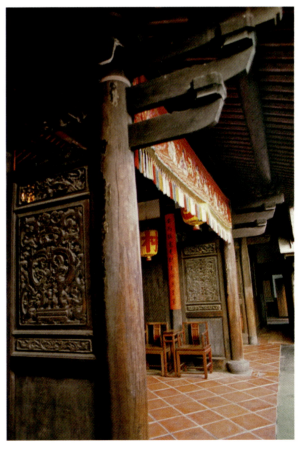

图4-3-5　林安泰古宅正堂两侧的女婿窗

图 4-3-6 台北林安泰古宅的木构件雕刻精美

时也向祖先昭告子孙的成就,并对祖先的庇佑表示诚挚的感恩之意。

林宅最为脍炙人口的是木结构束木和束随②的部分。束木也称之为月梁。束木的造型雕有被琴袋包住的琴,琴袋的皱折也雕得惟妙惟肖;在束木之下的束随部分则是雕着回首的夔龙,造型相当生动,和上面的琴身相互辉映。此外,书卷造型也是常见的装饰图案(图4-3-6)。

整个木结构的安排多是带有曲线的构件,例如三弯枋的表现方式即为一例。构件的呈现方式同时也显示了木雕匠师在开始为这个部分设计、营造一个整体的感觉之时,已经存在着一个相当完整的走向和想法了。直线和曲线交相对比、精致的结构、肥硕的瓜筒等安排,都显示着林安泰古宅是一流的建筑作品。

二、台北芦洲李宅

淡水河口早期的开发是从西岸的八里垄开始的,顺着这条开发路线向内陆延伸,即是和尚洲(今芦洲)、五股及新庄一带,这些地方开发也很早,在乾隆年间已有街庄形成,那时正是移民源源不断进入台湾的时候。至清乾隆年间来自福建同安南方兑山的李氏十七世的李正一与其兄弟二人来到台湾。他们选择了和尚洲为定居之所,同时请来了家乡的信仰"保生大帝"供奉于保和宫,也奠定了芦洲的信仰,而李正一被尊为李氏迁台的第一世祖,

谱号公正公,他过世时留下二子,一为学道一为清水,当时家境清寒,两人俭朴勤耕才小有积蓄,且于清道光二十一年(1841年)购得李氏家族的第一块土地,之后陆续购地。李学道过世之后,清水努力持家,终于于咸丰年间经济状况好转后,筑造房舍以因应日益增加的人口。

李清水又名李濯夫,生于清嘉庆十二年(1807年),他从小就努力好学,至长通晓堪舆、卜卦、星象及医学等,其育有七子,后来这七房兄弟设立"李长利记"商号,在清道光至光绪年间,他们在芦洲经营事业盛极一时,三子李佑真(李树华)还出仕为官,直至日本强占台湾才罢官返乡讲学。

芦洲李宅在兴建时还请摆接堡吴尚指点确定祠堂的穴位,并延请江西师父廖鹏飞堪舆设计。据说为搬运大量的建材,李家还开凿渠道以方便运送,而且因为李家受地方上敬重,所以许多乡人也加入协助兴筑的工作。这栋位于芦洲田仔尾的大厝,当地人称为"李祖厝",也因尊敬李佑真(李树华),亦称"老师厝"。

芦洲李宅原为李濯夫于清咸丰七年(1857年)所创建,建筑为编竹夹泥墙式构造,后因水患损毁,及空间不敷使用,乃于清光绪十八年(1892年)重建大宅,也象征着李氏家族在地方上不可取代的地位。

李祖厝为三落的大型宅第,坐西北朝东南,据说风水极佳,有"七星下地一莲花"之说,意指早年住宅周围的七个水洼及外埤的莲花池。面积约1700平方米,面宽共十一开间,中轴有五间,左右置双护龙带过水宽三间,格局完整。内部共计有56个房间,7个厅,82扇门,120面窗。这些房间以连通的廊道相连,其中共配置12处天井,以增加采光及通风的效果。其平面配置上的最大特色是,左右内外护龙独立成院,背对中轴,以狭长的天井及过水相接,也许是因人口众多,所以在兴建时就考虑到彼此出入的独立性(图4-3-7)。

宅前有半月形莲花水池及一条小运河可通淡水河,即为搬运建材所筑。其格局虽宏伟,但整体

图 4-3-7　台北芦洲李宅鸟瞰图

外观却朴实无华，以砖石木为主要建材，墙体为防水患以石砌至鸟踏的高度，上方则为砖砌，砖石的砌法均采用"一丁一顺"砌，以增加墙体的稳固定度。屋顶使用一般农家常见的板瓦结构及马背山墙，其俭朴之风正承继了后堂由清代秀才罗秀惠所题之"道德传家恪守犹龙懿训，清廉处己仍存旋马高风"。

三、桃园大溪李腾芳举人宅

桃园大溪月眉李宅，又称为李举人宅，始建于清同治元年（1862年）。李家原籍福建诏安，清同治四年（1865年）时李腾芳中举，功名远播，乡民为庆贺将原地名大姑崁改为大科崁，此即今大溪之古地名。宅第的格局为两落五护龙式的三合院，前埕置墙，墙外有旗杆座。门厅大木结构是全宅最为精致的部分，门厅与正厅皆用抬梁式结构，比例雄浑，护室使用减柱法，使廊下无柱，空间开敞，为桃园地区现存古宅中保存较佳之例（图 4-3-8～图 4-3-11）。

四、台中社口林宅大夫第

社口林宅又称神冈大夫第，位今台中县神冈乡社口村，建于清光绪元年（1875年）至光绪四年（1878年），由林振芳所建。原为两进六护龙加一排寮舍的合院式宅第，如今所存为两进四护龙形式。社口林宅兼有闽南式民居的华丽与客家建筑朴实的混合特质，四合院带多护室的古宅，建筑风格属于台湾中部典型宅第。其右侧护龙附建有楼，据传是主人宴客之处。

它保留了在台湾中部盛行的散村形式所特有的一些建筑风格，如防御设施（铳楼、铳眼、竹围等），彩绘书画与交趾陶皆为精品。门厅正水车堵及护室鸟踏布满着交趾陶装饰，内容包括山水、楼阁、庭园、小桥与城门，有如长卷之山水界画。

五、台中丰原神冈筱云山庄

清同治五年（1866年）神冈文人吕炳南建造筱云山庄，其建筑环境恰如其名，是个山水环绕，风

图 4-3-8 桃园大溪李腾芳举人宅前可见旗杆座

图 4-3-9 桃园大溪李举人宅

图 4-3-10　桃园大溪李举人宅中庭

图 4-3-11　大溪李举人宅正厅屋架雕刻极精美

水绝佳之地。主体建筑格局为两落多护龙的四合院，门楼与迎宾馆建于东南角，东畔设书斋筱云轩及庭园假山，宅前有半月池及水圳，规制严谨完整。门楼为三开间的两层楼阁，高耸醒目（图4-3-12）。

至1933年又在水圳南岸增建成近代洋风建筑而形成今貌。第一进门厅（笃庆堂）的木构架采用抬梁式，第二进五常堂则采用穿斗式，此为清代台湾宅第的通则。石雕风格崇尚浑厚朴实，内部装饰则以交趾陶最为特别。整体建筑具闽粤混合风格，并引进西洋造型，前后长达80年的扩建经营，各时期的建筑皆反映时代特色，也是欣赏台湾民居建筑百多年来的缩影。为一座包含四合院、书斋、庭园与近代住宅的优美宅邸，主人数代礼贤尚士，倡导文风，是古宅与人文环境相得益彰之佳例（图4-3-13）。

六、台中潭子摘星山庄

位于台中县潭子乡，摘星山庄林氏渡台祖为十三世林朴直，太平天国乱时，朴直公之孙林其中受林文察征诏充任乡勇，骁勇善战，屡建奇功，遂荣封"二品顶戴昭勇将军"。返台后，购置土地，于清同治十年（1871年）兴建摘星山庄，至光绪五年（1879年）完工。摘星山庄为传统典型的两进多护龙四合院住宅，坐北朝南，东南角置门楼，前院有半月池，第一落向内缩进，与筱云山庄及社口林宅为同样形式，布局完整（图4-3-14、图4-3-15）。

建筑风格包括漳派、泉派及粤派，可见当时动用甚多匠师。平面拥有相当宽敞的面阔，砖雕种类繁多，木雕精细雅致，其彩画、泥塑与交趾陶造型栩栩如生。山庄宅院四周竹林环绕，景致幽静。

在清末台湾中部的大型宅第中雕饰居冠，尤其是砖雕、交趾陶与木雕，艺术价值极高。交趾陶分布于门楼、门厅、左右护室过水门以及正堂。特别是门厅正面极为丰富，包括车垛及镜面的左右垛。有八仙人物、琴棋书画、加冠锦上花及山水楼阁等题材，落款题为晋水一经堂，并留有蔡腾迎印章。

七、台中雾峰林家

雾峰林宅规模冠于全台，是19世纪中部望族林氏的大宅园。它在清咸丰、同治年间分为大房与二房：大房所建的宅第偏南方，被称为下厝；二房

图4-3-12　台中神冈筱云山庄的两层式门楼

图 4-3-13 神冈筱云山庄的正堂墙上绘以书画装饰

图 4-3-14 台中潭子林宅摘星山庄外观,前水为镜,后竹为屏

所建的较偏北方，被称为顶厝。

林氏始祖从漳州渡台垦拓，其子孙林定邦与林奠国分别为大房与二房之始祖，历经数代而跃为中部望族。定邦之子林文察参加平定太平军之役，于漳州阵亡，其子朝栋亦从军，在清光绪十年（1884年）法军犯台时立有战功，因而被拔擢，官至提督，宅第亦扩建为五进。二房后代林文钦中举人，爱好文事，建顶厝景熏楼及莱园，其宅园亦扩大规模，顶、下厝合起来之庄园面积全台无出其右者③（图4-3-16、图4-3-17）。

顶、下厝建筑大都坐东朝西，背倚山峦为枕，前临溪水为镜。由于宅第鳞次栉比排列，外观极为壮观。下厝包括宫保第、大花厅、二房厝、二十八间与最早的草厝。顶厝包括蓉镜斋与景熏楼，皆为用材精美、雕刻细致的建筑。

在平面格局上，宫保第面宽达十一开间，前后共有四个院子，最后一院的尺度较大，早期有穿心廊联系，这五落为多年增建的结果。大花厅为接待宾客之所，为三进大型建筑，第二进有一座秀丽的大戏台，两边设两层式看棚，第三进屋宇高敞，不设格扇而采用"敞堂式"。梁柱不施色彩，令人颇有庄严之感。其大木风格属于福州派，为台湾罕见之例，推测其因可能为林朝栋与福州望族往来密切，聘其地匠师来台兴建所致（图4-3-18、图4-3-19）。

景熏楼亦为一组五进大宅，其第二进有穿心廊，第三进为著名的文化斗士林献堂故居，第四进为一宏伟楼阁，第五进反降为低矮房舍。楼阁面宽五间，外观两层，内部实为三层，装修用材精湛，例如使用白色大理石、螺钿隔扇与彩色玻璃镶嵌门窗。宅原多漆黑色，但20世纪30年代局部改漆靛青色，使室内较为明亮。

八、彰化陈益源大宅

在广袤辽阔的稻田中，矗立着一座规模宏大的乡绅大宅，这是台湾清代极为常见的地理景观。通

图4-3-15 台中潭子摘星山庄别院

图 4-3-16 雾峰林家分为顶厝与下厝，本图为顶厝门楼，额题"景熏楼"

图 4-3-17 雾峰林家下厝称为"宫保第"，门板绘门神

图 4-3-18 雾峰林家的下厝大花厅，为接待贵宾之所

图 4-3-19 雾峰下厝大花厅的戏台

图 4-3-20 彰化马兴陈益源大宅之门楼

常，士大夫阶级多为耕读出身，他们在乡村利用农暇苦读，获取功名。马兴陈家始祖原居住彰化城，其子弟因参军而立下功名，乃在马兴购置田产，据传为陈家渡台开基祖文德公之长子荣华公在清道光二十六年（1846年）建。至清咸丰九年（1859年）族人陈联茂中举，扩建宅第，并在门口竖立一对旗杆。它的平面为多年分期拓展而来，形成"七包三"的大宅，左右各有三列护室，为了方便家族成员出入，正面共辟五个大门，总面宽近一百米，极为壮观（图4-3-20、图4-3-21）。

其建筑设计最大的特色是以一个大三合院包住小三合院，内外两圈护室以所谓"牵手规"连为一体，此为台湾仅存之孤例。外护龙侧庭之月门作法与鹿港龙山寺及和美道东书院作法极为相似，可能为同一派之泉州匠师作品（图4-3-22、图4-3-23）。

而正厅前左右护廊不设房间，古时为停轿之所，主人或妇女出入以轿代步。另外，各列护龙之间的狭长庭院布置八座轩亭，兼过水亭及休息的功能。可以想见在炎夏之际，这八座轩亭将发挥迎风纳凉之效，这是对台湾气候最贴切的设计。

为了区别妇女生活空间，护龙入口做成月门，窗棂有斜角，可遮挡陌生人的视线，可谓隔而不绝，皆为用心细腻的考虑。马兴益源大宅充分反应自然气候与社会亲疏关系。正厅梁柱皆漆黑色，合乎古制，后院的庭园因年久失修已圮。

九、彰化永靖陈宅余三馆

彰化永靖余三馆为潮州陈氏后裔陈有光所建造，清同治十一年（1872年）兴建祖堂，光绪十年（1884年）就祖堂基址扩建，并将正堂称为"创垂堂"，

图4-3-21 马兴陈益源大宅前院竖立旗杆，象征中举

图4-3-22 马兴陈益源大宅的厅堂摆设

图4-3-23 彰化马兴陈益源大宅之壁画

至光绪十七年（1891年）全部落成。正厅内悬有同治十二年（1873年）所立贡元牌匾。1895年日军近卫师团在彰化遭受重创后曾进驻于此，前面原有水塘，但后遭填平（图4-3-24、图4-3-25）。

余三馆为单进四护龙带四垂亭的三合院建筑，栋架叠斗直接承接桁木，栱身弯曲。斗砌墙以红砖与青砖混合，具有强烈的粤东风格。内护龙有矮墙围出正堂前的内庭，护龙向外发展时，其长度渐增。

虽获有功名，但仍做马背顶，为清末的特殊现象，原因尚待考证。内护龙虽分列于正身前两侧，但各自却有独立的形态，为五开间建筑，两端的屋脊也降低，且其入口有檐柱，显然为一完整的正面，有点类似孔庙中的东西庑（一般护龙应向外渐降低屋脊）。

正屋前的轩亭为杰出之作，四根梭柱撑起歇山屋顶，由四架卷棚屋面构成，大木结构细致，梭柱上下收分比例匀称。其次轩亭的木架结构角隅处，有丰富的雕饰，但出现横栱。这是台湾木作斗栱中较特殊的例子（图4-3-26～图4-3-28）。

彩绘出自鹿港郭氏，有纸泥浮塑的人物彩画，乃全台罕见的做法。屋檐有遮板，导水入鳌鱼吐水。正身后墙外立一座板屏，可挡风雨。内庭的隔墙有露明的花窗，前面嵌上绿釉花砖，后面叠砌砖花，颇富创意。这幢建筑在格局上或细部表现如砖工及木作方面均很值得研究，在台湾传统民宅中可列为重要作品之一。

十、屏东佳冬萧宅

萧氏为开发屏东佳冬的大族，此宅约建于清光绪年间，为潮州萧氏渡台后裔萧光明所筑。萧光明因经商致富，遂于光绪初年买地并聘唐山师傅营建，建材则取自大陆。原有四进，日本强占台湾时期人口增加，遂增建第五进，为台湾少见的五落大厝，尤其第一进门厅被改建为西式的山形檐墙。其位置在佳冬的市中心，前面有溪水环绕，形势优美（图4-3-29）。

正面为五开间，中央及两侧皆有出入口。第一落门厅，有四扇屏门及石雕窗（通常石雕窗多用于寺庙）。第一落与第二落之间有两道高墙连接，并各开八卦门。二、三落之间有过水廊连接，亦开八卦门。三、四落之门的落较窄，亦有过廊衔接，但为封闭的空间，仅对内庭开放，有极巧妙的矮墙隔出内外之分。至第四、五落之间，又出现大庭院，有豁然开朗之势，即最后一个庭院既没有过水廊也没有高墙（图4-3-30）。

图4-3-24　彰化永靖陈宅余三馆门楼

图4-3-25　彰化永靖陈宅余三馆之创垂堂

图4-3-26　永靖余三馆正堂前带轩亭

图 4-3-27 永靖余三馆轩亭及护室

图 4-3-28 永靖陈宅余三余正堂之木板壁

图 4-3-29　屏东佳冬萧宅为五进大厝

在这五个院落的外围有深长的护龙，其屋脊自后面至前端渐次降，完全合乎传统的尊卑次序。对于这样一座可以容纳百人以上的住宅，可以想象其内部必然是有些恪于宗法的秩序的。

内部空间组织层次分明，庭院从第一进起逐渐封闭，至第四进的仪典空间几乎完全封闭，但入第五进时，又重新获得开敞的大空间，使人豁然开朗，空间富于节奏而有变化。五进院落两侧夹有深长的护龙，屋脊自前向后渐次增高，合乎传统尊卑次序。室内陈设简单朴实，恰如客家人的个性，较华丽的只是门厅及第四落的祖厅；色彩以朱、黑为主。屋脊全为马背形，房间门口挂竹帘，均为高屏一带客家住宅的特有习惯。

图 4-3-30　佳冬萧宅的八角门可通横屋

注释

① 外护龙向前层层凸出在台湾实例颇多。福建方面，据1987年高钲明、王乃香、陈瑜合著之《福建民居》书中所举之例，泉州吴宅与漳州龙岩新邱厝皆属护龙凸出的民居。至于闽粤甚多的"围龙屋"，则在台湾的台中与屏东可见数例。

② 指的是连接瓜柱和瓜柱之间的横向构材。

③ 关于雾峰林宅的建筑，日本强占台湾初年伊能嘉矩的《台湾踏查日记》有一些细微的观察记载，值得注意。大花厅有一座福州式戏台，伊能氏谓厅堂很高，有一副对联："斗酒纵观二十一史，炉香静对十三经"。菜园的"步蟾阁"对着水池，临池的戏台额题"飞觞醉月"。五桂楼的对联为："红尘桥外少，秋水席边多"。

台灣古建築

第五章 祠堂

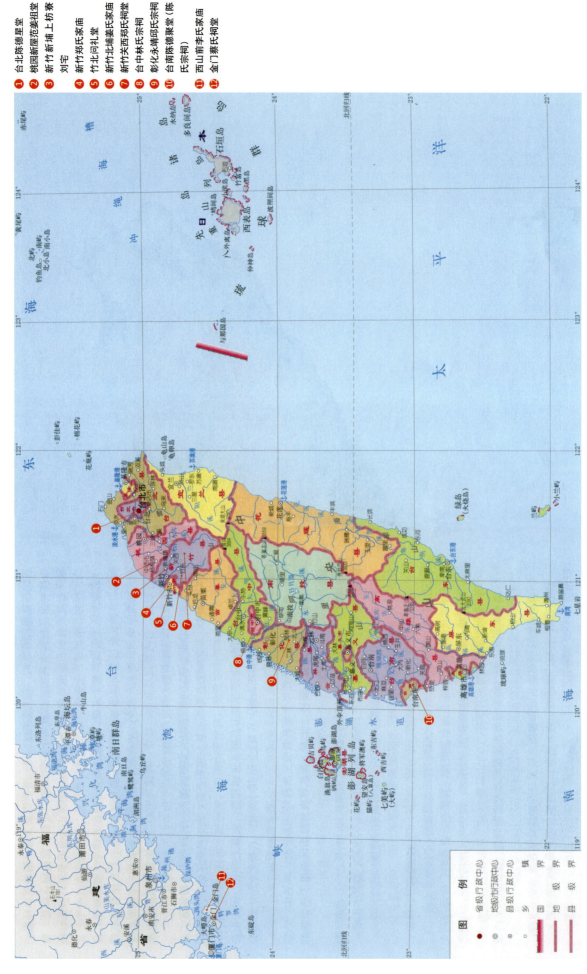

第一节 台湾移民社会与宗祠

祠堂是中国传统文化中表现伦理非常重要的建筑。通常一个人在功成名就之后，首先要昭告祖先，光宗耀祖，进而兴修祠堂。祠堂与家谱及慎终追远实际上是一体的。回溯中国古代祠堂的发展史，远在汉代即已出现，汉书谓"禹年老，自治冢茔，起祠室"。祠堂为祭祖之所，这是最基本也是最早的功能，但后世的功能多元化了。

有些家族因人丁旺盛或迁居他地，而另立谱牒，则可以另建祠堂，所以某一姓的祠堂可能越来越多，象征家族势力庞大，分支甚广。不但老百姓有祭祖的祠堂，统治者也有祠堂。北京的太庙即是天子的祠堂，这也是封建帝制时代最受重视的建筑。因此在周代据《礼记》谓"天子七庙，三昭三穆，与太祖之庙而七。诸侯五庙，二昭二穆，与太祖之庙而五。大夫三庙，一昭一穆，与太祖之庙而三。士一庙，庶人祭于寝"。这段记载说明了古代的祠堂规制，依家族的社会地位而有高低尊卑的区别。

明清时期可能是中国祠堂发展史中最盛的阶段，祠堂的功能亦多元化，具有正俗教化、宗族聚会、排解纠纷、婚丧喜庆以及教导子弟读书求学等多样功能。各地祠堂日增，尤其是南方地区，南方士族有些曾在魏晋南北朝及五胡乱华时自北方向南迁移，因此更是重视追根溯源，如修族谱时往上追溯，直追汉唐盛世，且常将古代同姓的先贤纳为祖先，象征后代可以光宗耀祖。台湾的汉族人多是明末清初自闽、粤迁移而来，自然承袭此风。要了解台湾的祠堂，除了闽粤的悠久传统，台湾早期筚路蓝缕的开拓过程也是促使祠堂发达的原因。

清代台湾祠庙见诸志书文献者多为奉祀统治者承认的先贤者，如乡贤祠、名宦祠、忠义孝悌祠以及节孝祠等，各地望族的祠堂几乎未见于方志的记载。大概当时的观念认为家庙与宗祠乃是私人性质，数量多且规制不大，鲜有值得大书特书者（图5-1-1～图5-1-3）。

但是清末的台湾由于开拓日趋饱和，各地的望族富户兴起竞筑宗祠之风，且力求其建筑宏伟壮丽

图5-1-1　新竹竹北林家问礼堂

者不在少数，如台北的陈氏宗祠、平镇叶氏家庙、竹北六家问礼堂、新竹郑氏家庙、北埔姜氏家庙、关西郑氏祠堂、关西罗氏祠堂、新竹上枋寮刘氏祠堂、台中林祖祠、彰化永靖邱氏祠堂及台南陈氏家庙等。其建筑皆颇精美，除了昭示慎终追远的伦理价值，实际上也是提升家族的社会地位（图5-1-4～图5-1-7）。

台湾的汉族人社会形成较晚，不若金门有上千年的开拓史。金门可以说是了解中国南方祠堂文化的最佳写照。金门的琼林以蔡姓为多，其中再以分房或分世兴建各自的祠庙，如大宗公祠"蔡氏家庙"、新仓上二房十一世宗祠、坑墘六世竹溪公宗祠、新仓下二房六世乐圃公祠暨十世廷辅公宗祠、前庭房六世宗祠、大厝房十世伯崖公宗祠、十六世藩伯宗祠等共七座。一个小聚落里拥有七座大小不一的蔡姓祠堂，极为罕见。在清末及被日本占领时期的台湾，虽然聚落及城镇已臻成熟，但尚未出现类似这种祠堂林立的情形（图5-1-8、图5-1-9）。

图 5-1-2　新竹竹北林氏家庙正堂内摆设的功名执事牌，象征着光宗耀祖

图 5-1-3　苗栗罗氏家庙的"承先启后"匾

图 5-1-4　新竹关西罗氏祠堂

图 5-1-5 新竹关西郑氏祠堂

图 5-1-6 新竹上枋寮刘氏祠堂

图 5-1-7 彰化永靖邱氏祠堂

图 5-1-8　金门山前村李氏家庙

图 5-1-9　金门琼林蔡氏家庙

图 5-2-1 新竹郑氏家庙

第二节 祠堂建筑之特色

祠庙为汉族人古代祭祖、祭天地以及崇拜道教、佛教神明的建筑，所以也是明人伦与敬鬼神之所。从祠庙建筑的兴衰沿革，也可以反映出一地的开拓与发展，祠庙中所包含的文献史料非常可观，例如清代台北县的开拓，三邑人、同安人、安溪人、漳州人与汀州人、粤东客家人等的消长，皆可由其所建祠庙中窥知。

早年移民自闽粤渡海来台，历经千辛万苦才能在台湾找得到一席之地，基于感恩的心态，祠庙受到重视，而且寺庙的类型以家乡的守护神最常见。祠庙因为其产生的特殊原因，及信众的心理层面影响，所以无论雕刻还是彩绘，或是以整体而言，都有很高的艺术价值。

祠庙的规制也有单数、二殿及三殿的区分，例如鄞山寺为二殿式，广福宫为三殿式。端视其所供奉神明的多寡而定。祠庙的外观造型则又以屋顶为重要特色，新庄武圣庙前殿即用歇山重檐式，显得华丽而壮观。一般而言，清代大多用单檐的硬山式屋顶，至日本强占台湾时期大正年间，台湾兴起寺庙改筑的风气，许多寺庙大兴土木，将前殿改为重檐式。但自清末以迄日本强占台湾后期，台湾所建的祠堂则大多为二进式的规制，少有三进者，此为

图 5-2-2 云林西螺的廖氏祠堂

受制度之限也，如台北陈德星堂（二殿二廊二护式）、桃园新屋范姜祖堂（二殿二横屋式）、彰化节孝祠（二殿二护式，为台湾目前仅存的节孝祠）、新竹郑氏家庙（二殿二廊式）、台中林氏宗祠（二殿二廊二护式）等（图 5-2-1、图 5-2-2）。

第三节 经典的祠堂建筑案例

一、台北陈德星堂

陈德星堂在清光绪十八年（1892年）初建于台北府城内时，为三殿式平面，除了前殿、正殿外，尚有后殿。由于没有详细的地图或照片保存下来，我们无法探知原来三殿式布局的形态。现在的陈德星堂为1912年由陈应彬所设计承建的。它的方位经实地测量，为坐东北朝西南，其方位应可能与在城内时相同或相近。平面布局属于"两殿两廊及两护室"的形式。两殿即三川殿及正殿，左右两廊即左右护室。左右对称，大门设于宗祠的东南角。为台湾中型寺庙宗祠典型的平面配置（图5-3-1）。

陈应彬在1912年所设计建造的陈德星堂是一座深具研究价值的建筑作品，特别是它的大木结构技巧，代表着台湾寺庙木结构发展史的一个高峰。陈德星堂的年代介于著名的北港朝天宫与台北保安宫之间，前者完成于1911年，后者完成于1917年，而陈德星堂恰在这两座大庙之间。我们可以较深入地探讨陈应彬所运用的大木技巧。

以三川殿来比较，北港朝天宫是台湾近代采用"假四垂"的现存最早实例。它用"九架"屋架，"架内"用五架，前后"步口"各得两架，合计为九架。这种形式和1912年所建的陈德星堂一样。易言之，陈德星堂延续了朝天宫的屋架模式，唯一不同的是朝天宫出现"看架"斗栱与排楼面的"斜栱"。而陈德星堂显得较简洁一些。

再与稍后1917年所建的保安宫比较，保安宫三川殿面宽五间，比朝天宫及陈德星堂宽，所以采用"十一架"屋架，"架内"仍用五架，即标准的"二通三瓜式"，但前后步口各采用三架，共计十一架。由于前后步口加宽，所以增加了"暗厝"，前步口用单桁的"暗厝"，后步口用"双桁"的卷棚式暗厝，前高后低，变化极为丰富。再者，保安宫步口虽不

图5-3-1 台北陈德星堂鸟瞰图

施"看架",但"架内"却出现有如"网目"的成列"看架斗栱",属于仅次于结网(藻井)的构造了。

归纳言之,陈德星堂的年代在朝天宫与保安宫之间,其三川殿大木结构技巧也反映着一种过渡性。值得注意的是,"架内"的三通五瓜,各通梁之间的距离很近,只容"员光",空隙非常少,这样的栋架呈现面状的效果,在结构力学而言,更为稳定。越上面的瓜筒越小,合乎常理,最上面的瓜筒已不雕筒状物了,而代之斗座草。瓜筒形式则为典型的彬司金瓜形,上面雕老鼠咬瓜,与朝天宫相同。但前殿的瓜筒不用鼠咬瓜题材,反而出现一种卷螺造型,为他庙所罕见(图5-3-2～图5-3-6)。

其次,后步口为了容纳巨大的神龛,栋架不施复杂的雕刻,且深度较大。中巷间的神龛之后尚保留一小段通道,以利于背墙辟中门出入;边巷间的神龛直抵背墙,提供较多的位置供给数百尊陈姓族人的牌位。

在两护室方面,栋架多采用简洁式样,施雕很少,在廊下的横披窗出现交叉的斜栊,与溪底派王益顺在台北龙山寺及孔庙所用的天花板相似,但年代更早。两廊的栋架亦属简洁形式,不用瓜筒,而施以"骑梁栱"。出檐则用"捧前桁",即将檐板与挑檐桁合一的做法。廊的外侧在初建时可能有墙,近年为了扩大空间,才易以水泥柱。

二、新竹北埔姜氏家庙

姜氏为开发北埔的主要家族。姜氏家庙建于1922年,其格局为两殿两庑带左右横屋,石雕部分出自名匠辛阿救之手,彩绘则出自粤东大埔名师邱玉坡与邱镇邦,邱镇邦所绘的"包巾",形式变化颇多,但以软巾与硬巾二式为多,于北埔姜氏家庙可见通梁两端皆施包巾之例,有些包巾为软折式,有如书卷,造型优美。且垛头采上下对称法,将螭虎纹与书卷纠葛在一起(图5-3-7～图5-3-9)。

图5-3-2　台北陈德星堂前殿

图 5-3-3 台北陈德星堂照壁

图 5-3-4 台北陈德星堂前殿剖视图

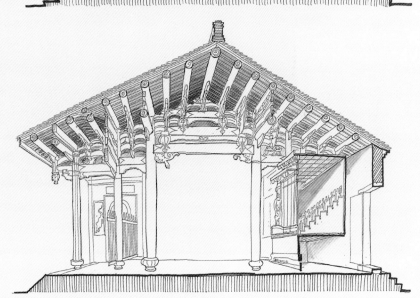

图 5-3-5 台北陈德星堂正殿剖视图

叶金万设计姜氏家庙，现场则由其徒徐清持篙尺。前殿九架，架内用五架，前步口出看架斗栱，采用螭虎栱，栱身曲线玲珑，似受陈应彬之影响，前殿排楼五弯枋及连栱多透雕，与信好第如出一辙。排楼正中不置斗位，也是符合同时代大木匠师的通则。正殿架内用三通五瓜，只有中巷间出鸡舌，瓜脚修身为典型叶氏的风格，神龛用有斜栱的网目，雕琢华丽。

三、台中林氏宗祠

原创建于清嘉庆年间，称为"尚亲堂"。光绪年间已建有宗祠，1919年由雾峰名士绅林献堂倡议新建，1924年竣工。格局宏整，为两进两护龙的四合院祠宇。

大木结构以精致著称，由名匠陈应彬率高徒廖石城主持，被视为陈应彬高峰期的杰作。前殿采用歇山重檐假四垂顶，架内施二通三瓜。正殿采单檐

图 5-3-6 台北陈德星堂"汉唐柱石"匾额

图 5-3-8 北埔姜氏家庙之屋脊装饰

图 5-3-7 新竹北埔姜氏家庙

硬山顶,进深及十九架,殿堂高敞,气势雄壮。彩绘出自最负盛名的鹿港名匠郭新林之手,为此宗祠增色不少(图 5-3-10)。

四、彰化节孝祠

清代台湾府、县并未全部建有节孝祠,据规定,乡贤祠、名宦祠或忠义孝悌祠可建于学宫之内,节孝祠则另行择地营建。但台湾有的府县未建,也有的并入学宫或寺庙中。台湾最早的三座节孝祠,一是清雍正元年(1723 年)台湾县奉旨在府城镇北坊所建的"烈女节妇祠"。其次为同一年所建的凤山县"烈女节妇祠",位于县治北门,今已不存。以及诸罗县所建的"烈女节妇祠",位于学舍旁,今亦无存[①]。

清中叶之后,台湾中北部社会发展成熟,道光九年(1829 年)淡水厅同知建节孝祠,位于学宫左畔,面宽三间,高一丈六尺,深二丈五尺,宽四丈二尺。[②]澎湖厅于道光十八年(1838 年)由通判设于天后宫西室,今尚存。[③]清末时期设立的台

图 5-3-9　新竹北埔姜氏家庙室内走廊

北府、恒春县、云林县及苗栗县等皆未建节孝祠，只有彰化县建立了节孝祠，而台南原在镇北坊的节孝祠亦改移于府学的右侧。

因此回溯起来，台湾虽然至少出现过六座节孝祠，但历经变迁更替，今天只剩台南、澎湖及彰化三处，而且前两者均附设于孔庙或妈祖庙内，只有彰化的节孝祠仍然以独立的形态保存下来，就历史价值而言，有其重要的意义（图5-3-11）。

彰化节孝祠创设的缘起，先是清同治十二年（1873年）彰化县学白沙书院山长蔡德芳（鹿港人，曾经宦粤）、拔贡生林渊源在台湾中部，北至牛骂头（今清水），东至东势角（今东势）、南投及埔里社，南至沙连（今鹿谷）及北斗，西至西螺及海丰布屿（今仑背）的区域范围内进行采访，得到120位节妇名单。之后到了光绪十二年（1886年），彰化贡生吴德功又与白沙书院山长丁寿泉（鹿港人，光绪三年进士）、训导刘凤翔再采得160位节妇名单。由当时台湾府（台中）知府程起鹗、陈文騄及彰邑知县李嘉棠奏请礼部准予建祠，而吴德功又与山长蔡德芳倡议捐款，择地于邑城东门

图 5-3-10　台中林氏宗祠

图 5-3-11　彰化节孝祠为台湾仅存之例

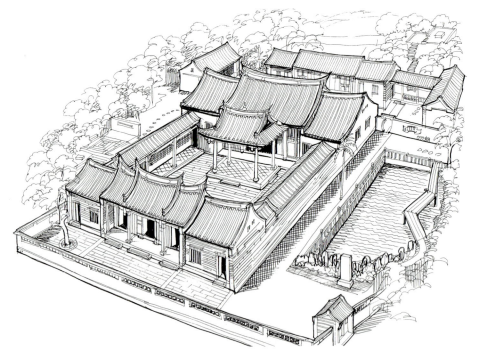

图 5-3-12　彰化节孝祠

内城隍庙东侧建立节孝祠,并于来年落成(图 5-3-12)。

清光绪十三年(1887年)建成的彰化节孝祠,不久即遭逢乙未割台之役。日军于光绪二十一年(1895年)进犯台湾,于八月攻抵彰化,抗日义军驻守八卦山,与日军发生大规模的会战,义军壮烈牺牲甚多,彰化城陷,日军进行焚烧破坏。节孝祠在这次事变中遭到严重毁损,"祠中木龛及前后门扇,荡然一空"。④ 至 1919 年时,吴德功谓之"犹幸祠宇坚牢,几经风雨剥蚀,庙貌依然无恙也"。

祠宇虽然无恙,然而所供的众多牌位却因战火洗劫而荡然无存。吴德功乃于 1900 年呈请彰化厅长须田纲鉴将县志节孝及同治、光绪年间送请旌表的节孝姓氏,登诸神牌。春秋二祭时,台中厅长赐祭染金五圆。此次除修补牌位,也整修前殿檐柱。⑤

日本强占台湾期间，陆续对几个重要城市实施都市计划，彰化市都市计划于 1906 年制定，日本人所做的都市计划并未考虑保存传统中国式衙署、书院或祠庙，因此像县署、白沙书院都被拆除，开化寺被拆去前殿，元清观拆去正殿及后殿的局部，孔庙的万仞宫墙及泮池亦被拆毁填平。节孝祠亦难幸免，1923 年为拓宽道路，逼使节孝祠易地重建。

关于这次迁址重建，鹿港贡生蔡谷仁《重建中部节孝祠碑记》述之甚详。蔡谷仁乃前述蔡德芳之子，甲午战败日本人统治台湾后，蔡谷仁常居厦门，此篇重建碑记乃于 1924 年三月由鼓浪屿寄回台湾者，并以木板雕镌，嵌于前殿左墙。

第二次世界大战后，节孝祠不再接受入祀，因此不若一般寺庙有旺盛的香火，又因乏人管理，年久失修，逐渐破败。祠由创建之功劳者吴德功的后人组织财团法人负责管理，定时举行春秋祭典。后来又出租予一家幼儿园当成教室使用，中庭搭盖铁架棚子，祠内显得有些杂乱。当然不当的使用将产生破坏结果，不过较严重的损毁还是长久缺乏修护，屋顶漏水导致梁柱腐朽，丹青剥落。1984 年邀请专家学者实地勘察，经评鉴正式定为台闽地区第三级古迹。

彰化节孝祠易地重建前后的平面布局应该没有差异，不过祠之方位是否改变，则无法考证。依据现址的方位度量，为坐东北朝西南的方位。祠的平面格局为四合院，两殿两廊式，正殿前带轩。前殿辟三门，可称之为三川殿。两侧又有耳房各一间，正面辟门窗，形制不合传统做法，似为迁建时所改变。两廊各为四开间，其中近正殿三间合乎明间大

图 5-3-13　彰化节孝祠使用移柱构造

而次间小的秩序。

靠近三川殿者仅余一小间，应为按"步数"调整中庭所增者。正殿前拜殿为四柱式高亭，立在一座石砌台基之上。自三川望去，拜亭尽收眼底，形体高低大小配置得宜。拜亭面宽与正殿明间对齐，结构系统结合为一，正殿面宽三间，深亦三间，不过后点金柱向次间移位一米余，是台湾罕见的"移柱法"孤例，其效果是可使拜祭者立于正殿中门内时，刚巧所涵盖的三角形视野内没有任何障碍，所有的牌位皆完整地呈现出来（图 5-3-13）。

正殿左右山墙辟门可见耳房，耳房又与两廊相接，构成平面上联通的循环系统，即三川殿、中庭、拜亭及正殿构成中轴线上的主要仪典性空间。而前后耳房及两廊串成另一组服务系统的空间，左右服务空间相会于正殿内的祭拜之处。

注释

① 范威《重修台湾府志·卷七典礼祠祀》。
② 陈培桂《淡水厅志·卷二规制祠庙》。
③ 林豪《澎湖厅志·卷二规制祠庙》。
④ 见吴上花辑录，彰化文献丛书第一辑《彰化节孝录》，1957 年。另亦见吴德功纂辑，台银版台湾文献丛刊第 108 种《彰化节孝册》，1961 年。
⑤ 据现况调查，前殿檐柱有明治辛丑年（1901 年）重修造，吴鸾旂仝叩之铭记，故推断在迁建之前有过一次修建。

台灣古建築

第六章 书院

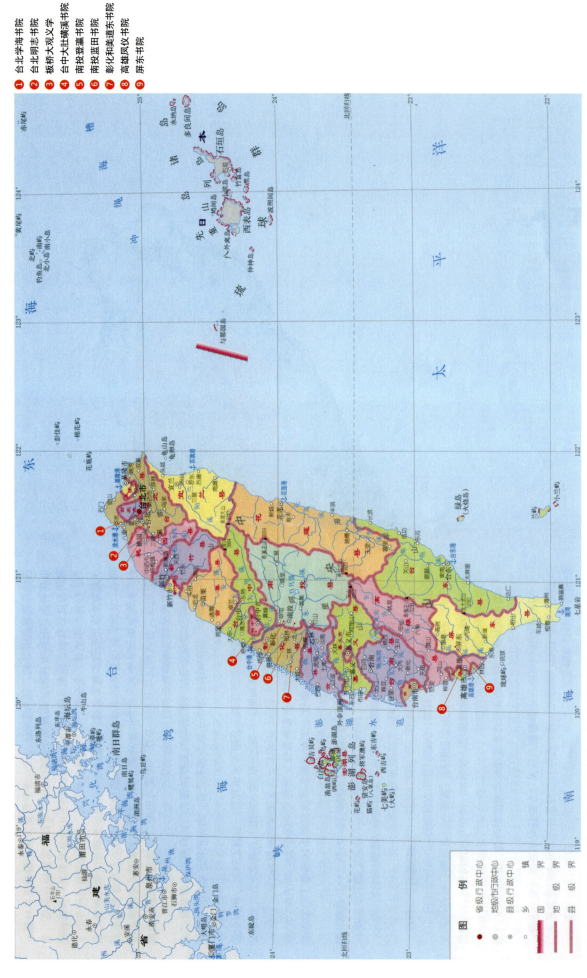

第一节 文教发展与书院

清代的文教建筑沿袭明代旧规，其文教设施有儒学、义学、社学、民学及书院。清初至嘉庆年间台湾共设立了六处儒学，设有台湾县儒学、凤山县儒学、诸罗县儒学、台湾府儒学、彰化县儒学；其中台湾府儒学，也就是台南孔庙，是由明永历年间的学宫改建成，在康熙二十四年（1685年）改为台湾府学，在康熙五十一年（1712年）增建朱子祠与文昌阁，乾隆十四年（1749年）又重修增建，而后又修建许多次。

其中，书院扮演着辅助府县学的重要角色。明郑以来多义学，清初的书院就是就由义学改建的，如位在板桥林本源庭园北侧的大观义学，即是林家所设立的书院。而书院教育的设立即是为弥补官方学校的不足，古代的私人所立学校是也，其始于中国古代，至唐宋而盛。

台湾自清初即有书院，古时私人兴学之风很盛，在全省南北各地有六十多座的书院，为台湾造就了许多的人才，据统计以台南及彰化两地最多。台湾的书院由清康熙四十三年（1704年）的崇文书院开始，随后各县都增设，至乾隆年间，彰化及新竹都已经有书院的设置，像是崇文书院、海东书院、奎楼书院、白沙书院、龙门书院、玉峰书院、明志书院、文石书院、仰山书院、屏东书院等。在清政府治台阶段共兴建了六十余所，这段时期也是台湾书院分布最多的时期。书院中有山长及监院督导，并订有学规，对地方的人才培育，具有相当重要的贡献。

当时由民间设立的社学、义学或书院，其经费的来源主要得自于学田或官方的补助，且民间自筹经费兴学之例非常多。因此义学、社学和书院如雨后春笋般地出现，诸如清嘉庆十七年（1812年）成立的宜兰仰山书院、嘉庆十九年（1814年）成立的凤山凤仪书院、清道光四年（1824年）成立的和美道东书院、道光十一年（1831年）成立的南投蓝田书院、道光十七年（1837年）成立的台北学海书院及清光绪六年（1880年）同在台北成立的登瀛书院。其中，海东书院为清代台湾规模最大的书院，其址在现今台南忠义小学，也就是在昔日台南府儒学右侧，创建于清康熙五十九年（1720年），里面有讲堂、斋舍等建筑，可惜在日本强占台湾时期被拆除（图6-1-1）。

图6-1-1 台北学海书院

书院负担台湾的教育，除了教育子弟的功能之外，也有地方图书馆的意味，在此并出现了为数不少的文人及藏书家。在道光六年（1826年）的统计，宜兰的仰山书院已经有经史子集47部、共170卷的藏书量。光绪五年（1879年）的文开书院也搜集了不少图书供士子阅读。

私人的藏书则为数更多，著名的藏书家族丰原三角吕宅筱云山庄，其筱云轩为当时台湾私人藏书最多者。当时板桥林本源家礼聘西席谢管樵、吕西邨培育子弟，宅内建有"汲古书屋"，亦以庋藏图书闻名于世。

文士也多出版自己的文集，包括郑用锡的《北郭园诗钞》、林占梅的《潜园琴余草诗集》。此外，当时在台主政的官员亦多勤于修志，例如道光年间的《噶玛兰厅志》、同治年间的《淡水厅志》以及光绪年间的《澎湖厅志》、《台湾通志》、《苗栗县志》。

第二节　台湾书院建筑之特色

台湾的书院始于明郑时期，参军陈永华在东都（今台南）设学校弘扬教化。文士沈光文（字文开）随郑氏来台，私人兴学，弘扬中原文化。入清版图之后，施琅建府城西定坊书院，随后以台南为中心，陆续兴建崇文书院、海东书院、正音书院等。中部的彰化在乾隆初年建立了白沙书院、北部的新竹由闽西永定贡生创立明治书院，澎湖也建立了文石书院。嘉庆年间宜兰出现仰山书院，凤山出现凤仪书院；至清末光绪年间，台北成立登瀛书院及明道书院。但台湾的书院大多为私人兴学，以学田收入经营，在清代造就了许多杰出的文士，其功劳甚大。

台湾的书院建筑遵循儒家传统，以明五伦、依仁游艺、诗礼有节、中庸和谐、天人合一等精神体现其设计。一般以四合院为配置形式，主要中轴线布置头门、讲堂及山长居所，左右两侧分别配置学童所使用的书斋或居所空间。除了中轴的合院，有的在前院辟照壁或泮池，模仿文庙格局。比较值得注意的是，清代台湾书院常兼具文昌祠或朱子祠的功能，主要原因是封建社会中，只有府、县可以建儒学（孔庙），一般乡野只能奉祀文昌帝君、魁星、仓颉及朱文公等，它取代孔庙成为地方的儒家建筑（图6-2-1、图6-2-2）。

台湾的书院建筑兼具教育与祭祀的功能，因而平时是学校，但每年特定的神诞日则举行庆典，讲堂中央的供桌奉祀文昌帝君、朱文公与魁星，或是所谓的五子等，近乎道教的庙宇。建筑的平面格局以中轴线为对称轴，讲堂为书院的中心建筑，为授课或是祭祀的空间，而后院安排为老师的住所，左右护室则为学童斋舍。

在以台中大肚磺溪书院而言，讲堂前立轩亭，可作为教学课读空间。据清代《重修台郡各建筑图说》所绘图样，台南崇文书院在其巽位（指东南角），建有魁星阁，其后堂崇祀朱子神牌。

图6-2-1　屏东佳冬的惜字亭，为焚烧字纸之炉，象征尊敬仓颉造字之功

图 6-2-2 屏东客家地区的春日惜字亭

书院建筑的材料构造与一般寺庙相同,主要的讲堂、门厅多用木屋架,辅以砖石山墙。左右厅舍亦多用砖木混合构造,有些极尽装饰之能事,例如台中大肚磺溪书院的墙面布满精美的砖雕,被视为台湾书院建筑艺术的经典作品。

第三节 经典的书院建筑案例

一、南投登瀛书院

登瀛书院位于南投草屯地区,为当地设立的第一座学院,同时也是目前台湾现存书院中格局最小的一间。南投为全台湾唯一不靠海的地区,因此开拓的时间较晚,如草屯早期为平埔人的居住地,直到清雍正年间汉族人才进入垦拓。当时清政府为教化平埔人子弟,设"番社学",但社学中也有汉族人学童一起学习。至道光年间平埔人逐渐迁移至他处定居,社学中最后只剩汉族人学童,因此虽然有"番社学"之名,但实际上已成为汉族人的义学了。

且"社学"本是文人雅士集结之所,道光二十七年(1847年)登瀛社的会员提议兴建书院,在道光二十八年(1848年)时将义学扩建,成立登瀛书院,其经费由居民捐款设置的学田来支付,同时接受彰化的白沙书院的帮助,才能顺利经营下去。光绪九年(1883年)时再次进行修筑,即成为现今所见的登瀛书院,同时也是清代民间兴学的代表作。

"登瀛"之名乃是得自"十八学士登瀛洲"的典故,且书院门联曰"登云有路志为梯联步高攀凤阁,瀛海无涯勤是岸翻身跳进龙门",可以见到期许学子们勤奋读书,日后金榜题名、光宗耀祖的意涵。书院整体坐北朝南,其平面格局严谨,为一座三合院式建筑,前有照壁,左右有护室,中殿的讲堂居中独立,讲堂中设有神龛,其中龛供奉文昌帝君,左龛配祀紫阳夫子朱熹,右龛祭祀魁斗星君,且神龛上方悬挂有"文运重兴"、"学教敦伦"等匾额。屋顶采用单檐歇山式,左右侧檐字山墙伸出栱,并以列柱支撑,可说是一种从硬山转变为歇山顶的做法。整座建筑古朴雅致,周围种植大树,景色十分宜人。

二、台中大肚磺溪书院

磺溪书院为昔日大肚地区的文教中心,俗称为文昌祠,其创设源于西雝社社学的成立。西雝社为磺溪书院前身,又被称为文昌会,不但是当时文人士子的聚会之所,同时也兼做义塾之用。后来为提升当地的文教氛围,士绅赵顺芳集结西雝社社员倡建书院,清光绪十六年(1890年)磺溪书院兴建完成(图6-3-1)。

日本强占台湾时期因日本人的禁令,致使书院停止营运。1899年大肚公学校成立,日本人将磺溪书院当成临时校舍使用。另外,第二次世界大战期间书院曾遭到空袭,部分建筑毁损,书院的资产逐渐遗失。直到1984年才进行重新整修,将书院回复成昔日旧貌。1989年完成整建工程(图6-3-2)。

书院中因供奉着梓潼帝君（即文昌帝君）、文衡帝君（即关圣帝君）、孚佑帝君、魁斗星君与朱衣星君等五位掌管文运的神明，合称为"五文昌"，因此又称为文昌祠。平面为四合院，第一进门厅面宽七开间，中央三间凹入，开三门，屋顶自中央向两翼逐层降低，立面壮观华丽，讲堂前的月台上可还见到一座拜亭，十分特殊。

建筑的细部装饰及砖作工夫极佳，精细的砖雕为台湾清代建筑中最优秀者。门口一对石狮的雕工亦属佳作（图6-3-3）。

图6-3-1 台中大肚磺溪书院旧貌

图6-3-2 1984年台中大肚磺溪书院重新整修，以回复旧貌

图6-3-3 磺溪书院的建筑细部装饰及砖作工夫极佳

三、彰化和美道东书院

彰化县和美镇位于西北沿海的平原地带，平埔人称此镇为"卡里善"，即指冷热交会而气候温和的地方，早期多为台湾少数民族狩猎栖息之所。而汉族人入垦要到明永历十八年（1420年）派兵驻守此地时，同时也开垦土地。至清康熙末年，来此处垦殖的汉族人越来越多，村庄竞设，寺庙广建，因此人文蔚起，更需要文教设施，故而咸丰年间以士绅阮鹏城为总理，陈嘉章等多位秀才四处倡议募款，不但捐款者众多，地主们亦捐献土地，其中以黄姓家族捐献最多，现今还保存着当时的地契，由此可知当时的民众对文教事业的热情（图6-3-4、图6-3-5）。

道东书院创建于清咸丰七年（1857年），其名取自"王道东来"之意，是台湾中部著名的书院，且书院中因祭祀着朱子牌位，又被称作文祠。

书院后来又陆续进行多次增建，直到清同治九年（1870年）时再次增修，聘请匠师进行彩绘，并筑外墙垣，来年竣工，至此书院全区规模几近完整。

图6-3-4 彰化和美道东书院

图 6-3-5 道东书院正殿讲堂

但在清光绪十二年（1886年）谢姓学子夜间在书院研读时，不慎引起火灾，使正殿付之一炬，故而在同年六月进行重建工程，直到清光绪十三年（1887年）完工。

书院整体建筑坐北朝南，格局为两进两廊的四合院建筑，前埕有泮池与照墙，建筑物的中轴在线依前后顺序有前殿的门厅与正殿的讲堂，两侧有耳房与左右庑，右庑的山墙前还可见到一座惜字亭，为古人敬字惜纸的象征。前殿面宽三开间，门厅及讲堂皆采硬山式单檐顶，并施以燕尾脊，砖工精细，山墙墀头的做法颇类似鹿港龙山寺。讲堂两侧设山长的住所，并置圆洞门以别内外。整座建筑气氛肃穆，展现出书院崇尚朴实典雅的作风。

四、高雄凤仪书院

高雄凤山的凤仪书院在清代台湾书院教育史具有重要的历史意义，凤山是清代台南府以南的文化重镇，因高、屏地区闽粤移民垦拓的复杂关系，书院中就读的学堂容纳了闽南与客家两个不同方言族群。此种情形在台湾中、北部为少见之例。其次，它的建筑仍保存清嘉庆十九年（1814年）初创及光绪修葺的原貌，未经近代改造，具有建筑史的研究价值。

凤仪书院内容丰富。它不但是学校，也兼具祭祀与议事之所。它由民间士绅与地方官吏共同出资倡建，用今天的话讲，即官民合办。管理者由董事数人合作，礼聘有学问者担任院长，主持教务，并设监院一职，有如经理，主持事务。书院附有院田，每年可收租来维持一切开销。

凤仪书院位于凤山县城内。作为一座学校，它保存许多不同功能的建筑物，具有很高的研究价值。建筑物内容多，包括"照壁"、"头门"、"讲堂"、"厅事"、"学舍"、"义仓"、"圣迹库"、"圣迹亭"、"奎楼"与"试院"等，在清代台湾书院中具备此等规模者并不多。

学校内设有宿舍，供学童住宿，当然也有学童居住在自家中。书院内设敬字亭，定时以隆重之礼恭送字灰入海，这是古时候尊敬文字的一种祭祀仪式。书院内供奉文昌、魁星、仓颉与土地公，儒与道并祀。[①] 值得注意的是"厅事"中供奉文昌、奎星与仓圣，显示道教意味浓厚的祭祀已是书院中重要的部分。

整体平面配置采用坐北朝南的方向，左为试院，右为书院，两组建筑群同向并列。书院入口分置于照壁两侧，"头门"独立于院中，但"讲堂"与左右"学社"及最后的"厅事"围成一组四合院。"讲堂"为教学核心所在，面宽三间，进深四间，用"三通五瓜"栋架，瓜筒极小，做敞厅式，为院长与授业学生上课之所。"厅事"则属祭祀功能，"试院"为秀才考试之所（图6-3-6）。

凤仪书院的大木结构属于泉州派，看不出有任何粤东客家方面的影响。头门排楼斗栱用一斗三升，分布颇为疏朗，与后代的连栱做法大为不同。其大木与凤山龙山寺风格相似，两者年代相差五十年，推测可能出自同一派匠师之手。凤仪书院百年来饱受被人侵占之灾，内部遭到不当牵连，所幸近年正进行整顿修复之举，不久或可恢复旧貌。

图6-3-6 凤仪书院之头门栋架

注释

① 见《凤山凤仪书院调查研究》，高雄县政府，1996年12月。

台灣古建築

第七章 园 林

台湾园林分布图

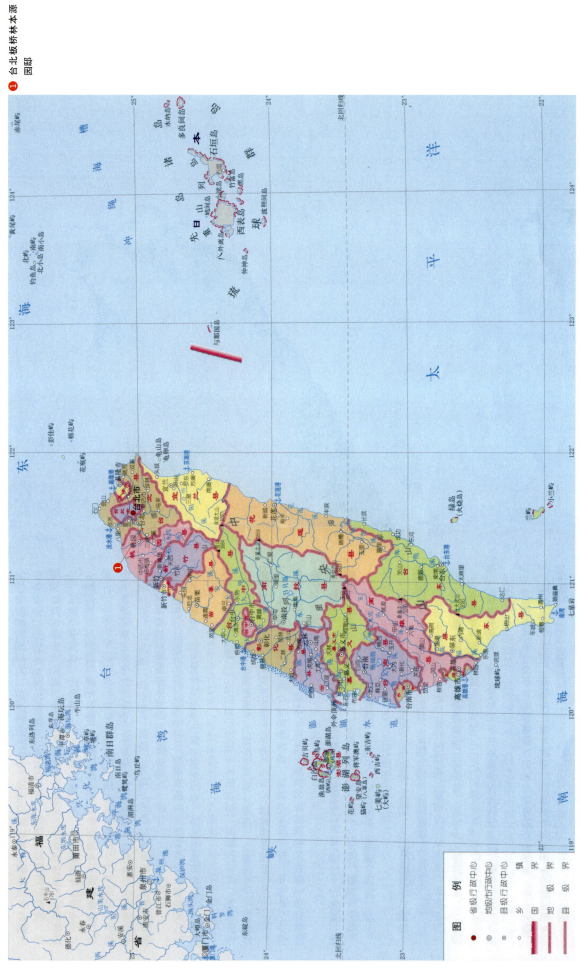

❶ 台北板桥林本源园邸

第一节 文人阶级之兴起与园林

从清代道光开始,中国国运面临极大的考验,首先是道光二十年(1840年)发生的鸦片战争。鸦片战争虽然是英国攻打南京,签订了《江宁条约》,但是对中国的影响是既深且远。台湾作为东南沿海的大岛,也面临了不得不调整其步伐以应对诸多的问题。

清代道光、咸丰、同治、光绪四朝有五十年,台湾兴起了富商豪族,社会的内部起了较为明显的变化。这些富商豪族为了巩固家族的利益,跟当政者建立了特殊的关系,为了交际应酬、送往迎来,所以加强了社会生活的多元向面,以建造大宅第和庭园来扩展家庭社会关系。也有从经济学的观点,认为这是台湾在19世纪后期一种资本主义的萌芽。新兴的地主富商以及官僚背景的家族的崛起,建造庭园成为他们表彰社会地位的一种象征。

台湾曾经有所谓四大名园的说法,但对四大名园的认定并没有定论。有人认为应该是板桥林家的林本源花园、雾峰林家的莱园、新竹林占梅的潜园及郑用锡的北郭园。另外也有人认为四大名园指的是台南的紫春园、新竹的潜园、雾峰林家的莱园和板桥的林家花园(图7-1-1、图7-1-2)。

19世纪中叶之后的台湾,士绅以及士大夫在建立家族产业之后,又开始转换求官的过程。换句话说,他们希望在政治上求得一定的地位。所以板桥林家的主人林平侯,在腰缠万贯之后还离乡背井到我国大陆求官,通常都是透过纳捐得官,因而他曾担任广西柳州的知府。林平侯在台湾发迹成为巨富,为了巩固家族的财产安全,甚至训练私人的兵勇。在以漳泉械斗为主的地方变乱中,林家也经常扮演领导者的角色。

在晋升官宦的过程之中,交际应酬的时间势必不少,结交众士大夫以提升己身的地位是当时豪族富户的共同手段。为了提升自己家族的地位,由传统的农耕土豪阶级晋升为士大夫阶级的他们特别重视教育,重金礼聘大陆的文人任西席,以结交文士,这是台湾园林兴建背景中一个相当重要的因素。

事实上,我们所知道的苏州古典园林的兴建,也不全是士大夫告老还乡、修身养性的产物,其不仅退可修身养性,进而更有助于仕途上的发展。园林提供了多方面的功能,不一而足,包括在日常的起居、休息、宴客、会友、读书、娱乐、戏剧以及诗社活动等应酬活动,所谓的"修竹树丛,茅屋两三间"这种颇为淡雅、带点禅意的文人园在台湾并不多见(图7-1-3、图7-1-4)。

由于多持一种较为世俗的想法,由此所产生的奇想与梦境在花园中被体现出来。在板桥林家花园既有植物园、动物园,也有戏台这类倾向现实化的

图7-1-1 北郭园门楼

图 7-1-2 台北板桥富商林维源所建之林本源庭园,规模冠于全台

图 7-1-3　林本源园林之来青阁作为贵宾下榻之所

图 7-1-4　林本源园林方鉴斋之戏剧看台

设施安排。在园林中的假山上安排的小塔，甚至予人"洞天福地"的道教意象。当然舞文弄墨、结交文人在文章书法和绘画方面，也能够和庭园结合在一起。

第二节　台湾园林设计反映的思想源流

从自然条件来看，台湾的地理位置位于亚热带地区，水源充沛，气候温润，植物生长的条件非常优厚，四时皆绿的树木栽植非常的普遍，为园林的经营和布置提供了充分的条件。那么台湾的园林条件是否有不足之处呢？虽然台湾没有像苏州园林的太湖石，无法以奇石来塑造假山，但是受到福建与广东的岭南园林的影响，将筑假山当成是一种塑造的艺术，不是去撷取自然的山石，而是以自己的想法去捏塑一座心目中的假山（图7-2-1）。

这种观念颇近似于今日的现代艺术的雕塑，将灰泥当成一种素材，以手来捏塑。不论是雕或者塑，这种做法其实脱胎于中国山水画中的皴法，以毛笔的中锋、侧锋等各种不同的笔法表现不同的山石趣味。例如呈现出范宽的《溪山行旅图》或者李唐的《早春图》等非常具有个性的笔触。匠师用其手及慢刀刻画一张国画，这是我们今日观察清末台湾园林假山不可忽略的一个角度。观察台湾园林设计的基本思想应该至少包含下面四个方面的思想背景。

（一）对于自然的模仿与再现

相传林家花园的假山即是模仿自漳州的自然山水，它代表的是一种象征手法，台湾的园林喜欢模仿中国的名山大川，特别是以遥远的昆仑山为最常被师法的对象和代表。昆仑山为中国所有山脉的总源头，充满神奇与浪漫的色彩。相传昆仑山居住着瑶池金母，这更使昆仑山弥漫了宗教的神秘色彩。

（二）山水画意境的呈现

虽然台湾的园林受到道教的影响，师法名山大川，但是我们知道实际造访过昆仑山的人少之又少，所以真正要呈现一座有意境的高山，工匠们常常要从国画的画稿中求取灵感。在叠砌一座假山的时候，工匠们常常会依凭"谢赫六法"中例如气韵生动、随类赋形

图7-2-1　林本源园林榕荫大池旁的假山

图 7-2-2　台中神冈筱云山庄园林之水池拱桥

对于山水画境界的描述，或者取材于坊间易于取得的《芥子园画谱》中提到的诸多概念（图 7-2-2）。

（三）出世与宗教世界之向往

园林多在主人功成名就之后才予建造。及此之时，主人大多已年过半百，在心境上的转换也值得我们注意；时则为告老还乡，时则为归隐山林。在心情上热衷于宗教精神的追求，较能返璞归真。

将这样的心境反映在园林设计的布局之中，特别是佛教的"极乐世界"或者是道教的"三十六洞天、七十二福地"的手法尤为常见。园林主人既然是豪门巨贾，若有特别的遭遇使他们看破红尘，也不无可能出现遁世的思想。以新竹潜园的主人林占梅为例，半生辉煌，却因在晚年遭受多方面的打击，致使心灰意冷，最终竟以吞金自我了断这种悲惨的结局收场。

在园林中将道教所谓"咫尺山林"的神仙世界纳入造景之中。《史记》记载的徐福携五百童男、童女出东海求取仙丹的故事，其中所提到的蓬莱、方丈及瀛洲等仙岛都成为园林中被塑造出来予人想象的对象。此外，假山上常见以小佛寺和悬崖峭壁之间的小塔来表现对于宗教世界的寻求。

（四）文学与避世思想之追求

园林的主人多有良好的文学底子，此外并多聘文学家、画家作为他们的老师，所以在文学的意境中寻找造园的灵感是很自然的现象。当中最为著名的例子当属陶渊明的《桃花源记》。其中所描述的世外桃源为文人心目中的极致："晋太原中，武陵人，捕鱼为业，……芳草鲜美，落英缤纷，渔人甚异之，复前行，欲穷其林，林尽水源，便得一山，山有小口，仿佛若有光，便舍船，从口入……"。这样的一种从文学的意境中寻求避世境界，使得在园林中多见山洞的设置，意在编织武陵人的梦境，使其在现实世界中得以实现。从文学的字句或者意境中截取片段来作为园林设计的思想是昭然若揭的（图 7-2-3）。

图 7-2-3　林本源园林之月洞门

一、假山与水池的塑造经营

在中国有独树一格的山水美学文化，在唐代之后逐渐成为美术表现的一支；在西方则晚至文艺复兴时期才将山水入画，列昂纳多·达·芬奇（Leonardo da Vinci）的名画《蒙娜莉萨的微笑》中背景即出现了山水。中国园林的山水表现手法在台湾园林的表现中大致出现了以下五种技巧。

1. 假山伫立，映影于水。不但呈现出山明水秀之姿，也代表了阴阳相调和的看法，水为阴而山为阳，阴阳并存而阴阳相调。

2. 万壑松风，怪石嶙峋。有聚水的沟壑及悬崖峭壁的造型，旁边有水流经过，有些类似赤壁，由此亦可看出《赤壁赋》对台湾园林的影响（图7-2-4）。

3. 山径绕云岫。所谓的云岫即是把山堆得很高，有如插天之势直入云霄，有的假山甚至可达到三层楼的高度。在烟雨蒙蒙之时，山径由山顶通至地面，展现云岫之美。

4. 山径随人归，云深不知处。人可以走入假山之中，以苏州的名庭环秀山庄最具代表性。其内有一约半亩大的假山，拾级而上进入假山时可见山洞、悬崖峭壁等各种景致分布于其中，山径缠绕，路线未曾重复，有如一毛线球，山的内部几乎已呈掏空状态（图7-2-5）。

5. 桃花源渡口。此即是表现出《桃花源记》中所提到的渡口情境，塑造出象征性的山洞，山洞上方题有"寻幽访胜"的字样。由此门洞走入再游至另一门洞出山，这是一种境界的转换（图7-2-6）。

其次，再谈到山与屏的关系。台湾的假山既然是以人工去形塑而成，故而予其更为多样化的造型，例如屏风，或者翻开的书卷等。在此同时还纳入阴阳五行的风水思想，用以改善居住环境。在《汉书》中有云："观察中国九州岛之势，以利郭室舍形"，

图 7-2-4　林本源园林方鉴斋旁的假山

图 7-2-5　林本源园林之假山小径

图 7-2-6　通往方鉴斋的石拱门

图 7-2-7　林本源园林榕荫大池旧照

图 7-2-8　林本源园林榕荫大池为石砌驳岸水池

图 7-2-9　林本源园林的漏窗，造型繁复精美

意即要建造城郭或盖房舍时，必须先观察九州岛的地形；这也是晋代郭璞的《葬书》中所提到的风水形法理论。在风水思想派别中大体有所谓的峦头与理气两派：峦头派注重山形与水势，理气派则是看方位及时间转换，把风水的思想置入园中，从而营造出一种利于求吉纳祥的风水环境，以降福于园主。

台湾受到岭南庭园的影响，岭南为今日的广东、福建一带。岭南庭园中的水池采用可以停船游湖的驳岸水池。岭南庭园的历史可以上溯至春秋战国时期；1995年在广州市区的近郊出土的南越国王的花园，即为著名的先秦庭园。其水池即是一种以石头砌成的驳岸。有学者指出华南园林的水池因地利之便，受到西洋园林的影响，这也是可能的，台北的林本源园庭园、雾峰的莱园、台南的紫春园、新竹的潜园等名园皆为石砌驳岸水池的著名实例（图7-2-7、图7-2-8）。

二、繁密的漏窗与吉祥象征

中国南方的封建社会重男轻女，矮墙在宅第中所扮演的角色显示了这种传统的社会生态。反映在园中墙上的漏窗，展现出异于北方园林的表现手法以及空间的间隔技巧。一般而言，苏州与北京园林的漏窗多采用疏松的几何形安排，虽然是镂空的，但窗中并无繁复的装饰，而多以简单的扇形框景。

反观台湾园林的漏窗，不仅在洞中编织了繁密多变的窗棂图案，特别在漏窗的造型表现上也充满了象征。除了一些常见的扇形、书卷形等几何造型之外，另还有许多具有吉祥寓意的图案，如书卷窗、蝙蝠窗、瓜果窗等。这种不仅使得特定形状的窗子成为一个框景以之遮挡，更进而让漏窗成为一种隔阂，减少墙两面之间的视觉关系，即所谓的"隔而不绝"。这是一种礼教的空间，由此也可体现当时台湾社会中男女的关系（图7-2-9）。

三、台湾园林建筑之亭、阁、廊、榭

台湾园林中的亭台、楼阁、回廊和水榭所使用的建筑技巧与中国江南的园林颇为类似。无论是林家花园的双层廊道、潜园的廊桥及还是坡道或者阁楼等安排，在形式上皆与中国的园林如出一辙。

在此以台南的吴园（紫春园）、新竹的潜园、雾峰林家的莱园等三座庭园进行介绍，板桥的林本源花园将另辟章节介绍。

（一）新竹潜园

园林的主人若非有着深厚的文学素养，则未必会为自己的园子命名，例如板桥的林家花园、厦门的叶园等，仅是以主人的姓氏称之；反之，若园主的文学造诣不错，多会为自己的庭园取一个寓意深远的雅名，如新竹的潜园，其园主林占梅本身极具文采，工于诗文，潜园意即取其沈潜内敛之意。

惜潜园的家族后代家道中落，潜园被分割易手，今日仅可见仅存于新竹闹区陋巷中的残破一角。潜园若能完整保存，想必不会让林家花园专美于前。日本强占台湾初期，日军在进入新竹之后，北白川宫能久亲王曾宿于潜园的爽吟阁，因此在一些日文的史料中也可以见到一些潜园的图像史料（图7-2-10）。

潜园是以水池为主的一座巨大庭园，位于新竹的西门内，故其时被称为"内公馆"；在北门外的郑用锡所建的北郭园则被称为"外公馆"。内公馆的潜园水池的周围布置了曲折的长廊。廊上有蝴蝶、花瓶等样式的漏窗，在廊的尽端则紧接着水边的一座二层楼阁以及爽吟阁。爽吟阁，顾名思义，为一吟诗之处。其内院为一水苑，将池水引进庭院的中庭。爽吟阁的借景技巧是将其附近的西门的城楼及城门附近的一段的城墙纳入园景之中，此为相当出名的借景技巧（图7-2-11）。

不过爽吟阁的命运乖违，至日本强占台湾中期因实行新竹市的都市计划，爽吟阁被拆除，而迁建于新竹的客雅山，位于新竹神社附近。北白川宫能久亲王的夫人曾来台凭吊。但如今爽吟阁已是人去楼空，面目全非，令人有不胜嘘唏之感。

（二）台南吴园（紫春园）

紫春园于19世纪中叶由台南的富商所建。有一种说法是此园的前身可上溯至明郑时期，由当时的富商何斌所初建规模后演变而来。紫春园引台南市内小溪建造了一座人工湖泊，湖水是流动的活水。在湖的东、西、南、北四岸盖了四组建筑物。主体建筑是坐北朝南的方位，为一长形配置的房舍。

房舍前方的轩（凉亭）立于水中，成为水榭，有倒影映于水面。朝西的一面有一座廊桥，桥下有拱洞，以利湖水通过；此外亦使桥可两面通风。桥上设有鹅颈椅，而在廊桥的西边有一座半亭。这种半亭是台湾少见的。半亭的后方又结合了另一组建筑物。换言之，整个动线是从主屋至廊桥再至半亭，连接了另一端的建筑物，再绕至后方则是其住宅的一部分。这是一种相当重要而特殊的建筑技巧。

湖缘的西方有一座假山，假山都是以台湾最为常见的硓砧石所组成，构筑成富有台湾特色的假山群。游园登山时不仅可远眺赤崁楼，且可观看落日夕照的余晖，整片假山将世俗的尘嚣隔绝于庭园之外。假山中有险峻的造型，上题"飞来峰"，不知是否与杭州灵隐寺名满天下的飞来峰有所关联？假山的形状相当的高耸，有如振翅欲飞一般，故名飞来峰，此或又有意在园中呈现出一种佛境的意涵在其中。南边的水岸采取驳岸设计，有石雕的栏杆，岸上是片平台，平台旁有小屋，为平台与水相连的独特设计。

图7-2-10 潜园爽吟阁旧照

图 7-2-11　潜园爽吟阁、兰汀桥及游廊复原示意图

整个吴园即是以水为主，四周环绕屋宇及假山。这种布局技巧不禁让我们联想起乾隆皇帝在颐和园中所建的谐趣园，其亦以水景为主，四周亭、阁、廊、榭环绕。吴园曾在日本强占台湾时期被改名为紫春园，也曾经被充为旅馆，时至今日又被列入社会教育馆，成为社教馆的后花园。

（三）雾峰林家莱园

莱园是雾峰林家的林文钦所创建，其目的在孝奉其老母，莱园即取自"老莱子彩衣娱亲"之典故。莱园其址在雾峰林家主宅的东南侧，其后则为著名的南投九十九峰。规模相当大，有山林风景之胜。设计者将山泉汇聚一处，筑一坝以拦水，水中留一长方形的小岛，水池仅有一边为驳岸，其余则为自然的水岸（图 7-2-12、图 7-2-13）。

清末的雾峰林家，林文察一族崇尚武功，而林文钦一族则多擅文章，是以林家文武得以兼备双全。林文钦曾经中过举人，为一喜文事的名士。其所建造的这座自然园林，也有部分以人工完成，例如水中长形小岛因曾种过荔枝，而被称为荔枝岛。岛上的建筑物原为一座戏亭，由旧照片可略知戏亭结构安排之一二。

戏亭后方有化妆的房间，而在岸的另一边则建造一幢戏楼，为一两层高的楼阁，前方种了五棵桂树，代表林家五兄弟的情谊，所谓"桂富兰芳"，称"五桂楼"。五桂楼后方为一山坡，上有林献堂的雕像。在山林之中，有许多花墙将后方的庭园分割成零散的空间，山上也有一些其他的设施，除有凉亭可赏月，并在西边做出模仿农村妇女活动的捣衣涧。林家的祖坟则位在山的一边，林献堂的墓地亦在此处。这座祖坟出自 18 世纪 20～30 年代台中地区著名的泥水匠廖伍之手，虽为洗石子的构造，但做工完整，比例甚好（图 7-2-14、图 7-2-15）。

整体而言，莱园的精华在于大水池及五桂楼，是台湾极具特色的庭园。其设计思想可能来自山水画的布局，有亭阁、模仿农村的茅屋，也有象征历史情感的戏台。从高处看下来，由遥远的想象至现实的人间情景，事实上就有点像是山水画中经常呈现出来的主题，有神仙的一面，又有世俗平凡的一面。

表 7-1-1 为 19 世纪台湾主要园林一览表。

图 7-2-12　雾峰莱园为举人林文钦为其母所建，筑堤蓄水成池，池中设岛

图 7-2-13　莱园水池中之岛有戏亭，早年演戏酬宾

图 7-2-14 雾峰林家的祖坟出自水泥名匠廖伍之手

图 7-2-15 莱园荔枝岛上之戏亭称为飞觞醉月亭

19世纪台湾主要园林一览表　　　　表 7-1-1

名称	年代	起造人	现今所在地
遂初园	清道光五年（1825年）	富商郑志远	台南市东门路附近
归园	清道光十二年（1832年）	富绅吴世绳	台南归仁乡北里下宅仔一带
潜园	清道光十六年（1836年）	士绅林占梅	新竹市西大路潜园里一带
吴园	清道光二十年（1840年）	富绅吴尚新	台南社教馆后方
北郭园	清咸丰元年（1851年）	进士郑用锡	新竹北门街一带
卯桥别墅	清咸丰元年（1851年）	富绅许逊荣	台南市卫民街附近
宜秋山馆	清咸丰七年（1857年）	举人吴尚沾	台南市永福路与府前路交会口
太古巢庭园	清咸丰十年（1860年）	举人陈维英	龙峒山麓，圆山一带
留种园	清同治年间	富绅卢崇烈	台南市赤崁楼对面
窥园	清光绪初年	进士许南英	台南市府前路二段马公庙旁
林本源庭园	清光绪十四年（1888年）	富绅林维源	台北县板桥市西门街9号
莱园	清光绪十六年（1890年）	举人林文钦	台中县雾峰乡
励园	清光绪年间	举人林凤藻	台南市天坛附近
吴鸾旗庭园	清光绪末年	富绅吴鸾旗	台中市南门附近

第三节　台北板桥林家花园

19世纪后半叶，板桥的林家花园是台湾文人文话的重镇，当时的文人、士大夫常常受邀到林家花园，吟诗作对，以文会友。林家是19世纪横越三个世纪而依然兴盛不衰的望族。并且建造了林家花园这座深具台湾上流社会文化代表性的建筑物，流传至今，可说是清代园林建筑的杰作，几乎南方园林的记法都可在此体现，与苏州的园林相比亦不遑多让。

一、林本源家族之兴起

林家来台之祖先林应寅系清乾隆四十三年（1778年）由福建漳州府龙溪县白石堡迁来台湾，初住淡水厅之新庄设帐授徒。当时淡水河流域水道畅通，商贾云集，新庄又为重要的商港，善于经营者无不获利丰厚，但林应寅乃一学者，不善此道。不久其子平侯来台，受雇于米商郑谷。虽年轻，却能吃苦耐劳，数年后，稍有积蓄即独立经营米业，终于致富。后来又与新竹林绍贤合营全岛盐务，并兼营帆船货运，往来南北洋，渐成北台巨富。

是时，林平侯年已四十，衣锦还乡，纳粟捐官，分发广西，署浔州通判，摄来宾县，有政声。旋调升桂林同知，署柳州府，时清嘉庆、道光年间事也。嗣平侯无意仕进，乃辞官返台，移居大嵙崁（今桃园大溪），于清道光二十四年（1844年）过世。但大嵙崁山岭重叠，瘴气迷漫，极感不便，林家遂迁居板桥。清道光二十七年（1847年）卜居板桥西北侧高地，建弼益馆居住，为林家板桥建宅之始。

平侯育有五子，分别以"饮、水、本、思、源"为各房记号，其中林家第二代国华、国芳最贤，才气纵横，有乃父风，所以由他们两人继承大部分家业，由于两兄弟不分家产，取其分家时号记——"本记"与"源记"，合称"林本源"。

在第二代中，林国华是一个颇具雄才大略之人，也喜欢结交文人雅士，于清咸丰元年（1851年）从大溪举家迁往平原地区。被漳州人共推为领袖，起造三落大宅及花园，礼聘吕西村及谢管桥为西席，并教导第三代的林维让、林维源。三落旧大厝即为国华、国芳合力所营建，而五落新大厝及花园部分均由第三代的林维源一手完成。

林维源，字时甫，为人忠厚朴实。清光绪二年（1876年）巡抚丁日昌来台视察，曾邀维让去郡衙，时维让生病不能应邀，故由维源赴约，丁日昌曾告诉他："方今海防重大，财政支绌，子为台湾富户，亦当捐报国家。"所以维源在那段时期曾先后捐献一百一十万两协助海防。光绪五年（1879年）督办台北府筑城有功，授四品乡衔。

其后，刘铭传来台，维源又捐五十万两功擢内阁侍读又迁太常寺卿。光绪十二年（1886年）刘铭传办理抚垦事务，以维源为帮办大臣。后来又历任铁路协办大臣、太仆寺正卿及侍郎。由于林维源乐善好施，当局曾在新庄立有"尚义可风"石坊。

在那个社会变动剧烈的年代，林家为台湾北部重要的开拓者，投注了大量的资金，又礼遇文人雅士，对于台湾北部的建设及文风的提倡有其一定的贡献。

二、林维源与刘铭传之关系

林家至第三代林维让与林维源时，维让虽有功名在身，惜英年早逝，光绪三年（1877年）遂由林维源接掌林家。光绪元年（1875年）台北设府，林达泉、陈星聚至台任官，光绪十年（1884年）中法战争，基隆及淡水战况惨烈，林维源避居板桥。战后，刘铭传在台推动实业建设需要民间的资金捐助，林维源曾数度捐款。

光绪二十年（1894年）台湾被清政府被迫割让给日本，林维源内渡至厦门的鼓浪屿，其子林尔嘉于此筑造花园，名为"菽庄花园"或"小板桥花园"，维源长居于此直至终老。台北建城之初，林家捐了一座小南门，此事在正史并无记载。台北府城兴筑史料因火药库爆炸而烧毁，但是今日在林家仍留有"尚义可风"的匾额及"乐善好施"牌楼上的石构件圣旨牌立在三落大厝的前院（图7-3-1、图7-3-2）。

图7-3-1　板桥林家三落大厝

图 7-3-2　板桥林宅的圣旨碑

三、林家花园设计之谜

中国古代园林的主人多为文人，园林的设计有如做文章一般，须意在笔先，在布局上依"起承转合"之法铺陈概念而行。过去认为林家花园为林维源所建，经由这几十年的研究显示，林家花园其实自林国华、林国芳时期即已开始建造，当时规模较小且缺乏紧凑的组织，至林维源时期完成榕荫大池及回廊，才将整个园中建筑统摄起来。

所凭借的证据是悬挂于亭、台、楼、阁的匾联上的落款时间。由此推断，汲古书屋甚至在道光末年林平侯时期即已建成。观稼楼则是建于林国华、林国芳时期，至定静堂、来青阁及开轩一笑的匾额落款时间已是光绪初年时，林维源任族长。至光绪十四年（1888年），台湾已改制建省，刘铭传展开各项建设，社会应酬活动趋于频繁。此时林维源投下巨资将庭园重新整修一番。至光绪十九年（1893

年）始大功告成（图 7-3-3、图 7-3-4）。

由此看来，林家花园的建造时间可上推至道、咸之际，正是吕西村、谢管桥等文人在林家任西席的日子。虽然至今尚无法考证出花园的设计者，但常出入林家的文人墨客参与其中应是毋庸置疑。

四、林家花园设计之思想与技巧

林家花园可能从唐诗、宋词、《山海经》或中国的古典文学中寻求园林设计的灵感。使用长虹及半月来呈现横虹卧月的意境，借由园林景致以抒情或言志。园林主人既是富商、地主，也颇喜舞文弄墨，常请戏班至园中演出。在他们的观念里，看戏不只是娱乐，戏剧亦反映出人生的无常，对现实的世界淡泊以对。

所以在林家的戏台上挂有"开轩一笑"的匾额，代表了主人对人生的豁达态度。来青阁、观稼楼则是以文写景，来青阁表登楼四望，青山绿野尽收眼底之意；自己则在楼上观看。园林主人建观稼楼以表达对佃农的体恤之情。林本源园林中常用的创景手法可归纳为以下四种（图 7-3-5）。

（一）衬景

明朝造园家计成所著的《园冶》一书有云："粉墙为纸，以石为绘"。将白色的墙当成画纸，除了以盆栽来点缀之外，也常将石头置于白墙之前达到衬景的效果。

（二）障景

巧妙利用遮挡的技巧，不让景致一目了然。林家花园里擅长于路径的转弯处使用障景的技巧，眼前看似尽头，往前行去又会绝处逢生。事实上，整个花园里的路径都是彼此连通的，"横江卧月"实为障景物。

（三）对景

如同为文作对一般，以对应的手法来处理园景。例如以空旷的凉亭引来徐徐轻风，对面建一座赏月用的小府台或平顶建筑，呈现文学上"轻风对明月"的意境。又如方鉴斋建有两座相对的戏台，一边是演戏的舞台，一边是观戏的轩亭，两亭之间以水相

图 7-3-3 林本源园林内的观稼楼

图 7-3-4 观稼楼北面全景，前方为海棠池

图 7-3-5 林本园园林之"开轩一笑"亭旧照

图 7-3-6　方鉴斋水池中的荷花与假山拱桥相互辉映

隔，营造对景的效果。这种对景的技巧在观稼楼及假山群亦可见到（图 7-3-6）。

（四）借景

拉大景深的一种技巧。例如于某处仅能看到前方的楼阁，登上楼阁后看到远方的景致而令人豁然开朗。这些远景在平地时无法显露，必须登高望远后才能映入眼界，属于一种远借的手法。另有俯借的手法，于登至高处后回望来时路，别有一番新鲜的感受。因时而借则是在同一景点依四时栽种当季的植物，如春茶花、夏荷、秋菊、冬梅等，借以营造出四季不同的气氛。

五、林本源园林山与水之塑造

林家花园不只依循文人的思想，亦可能曾请堪舆先生来看过风水。古人相信好的风水关系到一个家族兴衰的命运，所以园林的布局必然要配合风水理论。

因板桥有林家广大的田产，咸丰元年（1851年）时从大溪迁至板桥，依据"后山为屏，前水为镜"的风水思想寻觅落脚处。板桥市街最高的地带有一小丘，当时已有旧市区（摆接）位于小丘之南，故而林园背倚小丘，前临小溪远眺林口台地及观音山，是极佳的风水之象。林家花园的房舍皆采坐东南朝西北的方向。

林平侯首先建造了座弼益馆，是林家落脚于板桥所建的第一座建物，惜于20世纪70年代拆除。至林国华、林国芳时期，在小丘的旁边建汲古书屋，后又建了观稼楼，是毗邻三落大宅最近的园林设施，属于林家花园较早的建筑。林维让、林维源于光绪初年建定静堂、来青阁及方鉴斋，制造出人工的堆山及丽水的环境（图 7-3-7）。

在建筑物尚未起造前即已规划好园中风水高低起伏的地貌。首先在汲古书院后边堆造一座列屏式的假山，既可视为小丘的延长，亦可作为新景区与

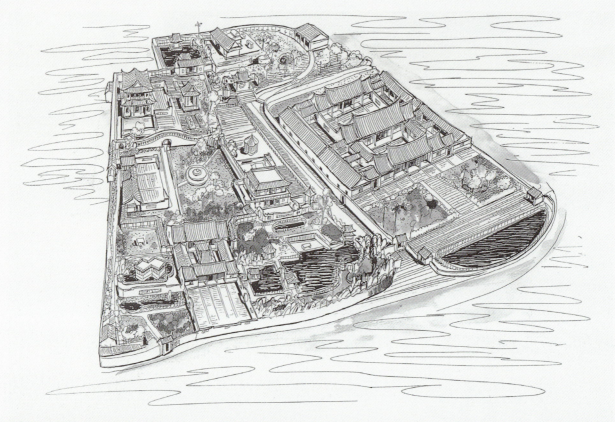

图 7-3-7 台北板桥林本源园林全区图

图 7-3-8 横虹卧月旁的栖霞山旧照

汲古书院之间的障景,遮住汲古书屋及方鉴斋之间的视野。建筑物均是面朝西北,往西北的方向看去时,长形且错落有致的屏山有如围屏。有山就必有水,故于此处开凿榕荫大池,汇聚四方来水。

从汲古书屋处的山水眺望楠梓溪旁的山水,中间需要借景以扩大景深,所以两者之间又加了小山及小水池。如此一来,形成三个层次的山水景观:第一层是汲古书屋旁的假山;第二层是横虹卧月旁的栖霞山;第三层是榕荫大池旁的列屏山。在这三层假山之间又夹了些小水池,所以欣赏林家花园的假山,不能单独看,一定要整体观之,诸山罗列,迤逦而来,令人横看成岭或侧成峰(图 7-3-8)。

六、园林的空间组织

林家花园的建筑物成三角形的结构分布,三个方向的建筑彼此互不平行,三角形的中心建有开轩一笑亭,房子大体上与此亭呈一直线,吾人细察可看出园内分区规划设计(图 7-3-9)。

1. 斋。以书斋为主体,三落大厝门额上题"为善最乐,读书便佳",点出林家的书香气息。

2. 阁。当时林家与官府往来密切,台北与板桥之间路程遥远,须耗半日光景。为便于招待这些官员,建有秀丽的阁楼以满足送往迎来之事。

3. 圃。位在花园的核心地带，植以奇花异卉。

4. 楼。与第一区的阁均属两层式的建筑。因观稼楼建造的时间较早，体较小，故以小楼名之。

5. 榭。以一座立在水中的建筑为主，辅以假山，登山可连至屋顶平台，供赏月之用。

6. 堂。用以宴客、议事之处，可容纳百人之多。

7. 池。以一潭大池作为游园路线的终点。

采用先分而后合的动线设计，自住宅区出来入园后，先至书斋，再转至来青阁，经横虹卧月后路径一分为二：一路往水榭进入堂区，过堂区后经一圆洞门到达大水池；一路经观稼楼至榕荫大池，以水池作为园林的收局，统摄全园的路线。关于园林的收局，另有一说是在堂区，游园至此，宾主相谈甚欢，正适合主人留客用餐，有大团圆之势（图7-3-10）。

因此整个林家花园的游园动线如下：入园后有一半圆顶凉亭，汲古书院前方有置花盆及一大水缸，以防藏书遭祝融之祸。当时位在书房旁的小丘至今仍存小土台，有阶梯可拾级而上。汲古书院既为藏书之所，接着步入的第一景自然就是书斋，利用假山作为与书屋之间的障景。穿过走廊进入书斋，有一方形水池，鉴如铜镜，可以照人，隐喻读书可以鉴往知来，故名方鉴斋。

水中的凉亭是戏台，对面是看台，旁边以回廊、假山及小桥将两亭兜住，假山可供人进入游赏，两边洞口题有"探梅"、"问柳"，模仿《桃花源记》中由小山洞口进入世外桃源的意境。方鉴斋本身即是个障景，其回廊的上下皆为步道。沿着二层式廊道爬上去后拐个弯进入阁区，阁区内以云墙将空间分成五个院落。每面云墙上皆有漏窗以区隔不同身份的宾客。

此区中央建有来青阁，对面正是全园的中心，名曰"开轩一笑"的戏台。从方鉴斋可同时看到"来青阁"及"开轩一笑"的一角。若不想绕道至来青阁，也可直走绕过戏台后，有一条笔直的路径，这一带放眼望去尽是一片开阔之地。位于三落大宅的侧边，林家在花园入口的狭长地带端点建造一座方

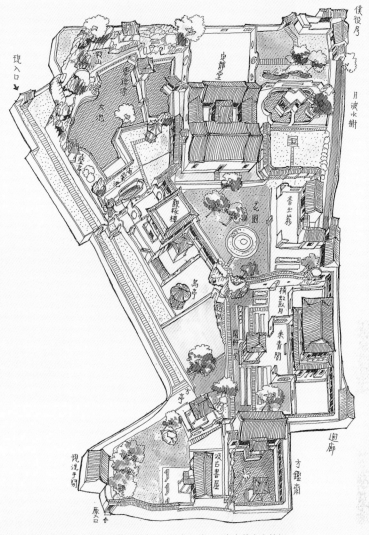

图7-3-9 板桥林本源庭园的平面布局可见有三种不同方向的亭台楼阁

亭，用以观看前方屋顶练武的情形，似有六艺之用（图7-3-11）。

由开轩一笑往前走去，有横虹卧月桥挡住前二区的景致。为怕虹桥末端挡景效果不足，堆了一个屏风式的山，名为栖霞山。有水亦有洞，使虹桥的两端各有峻岭，以加强挡景的效果。这一条园路即直接到达山屏的脚下，过了横虹卧月后进入圃区，原先为一圆环式的花圃。旁为花房"香玉簃"，是园主整理盆景之处。

至此路径分为两条。一条往香玉簃后方的月波水榭走去。月波水榭为一剑环式的水池，池上有双菱形的亭子，池旁的假山可让人拾级而上至屋顶的

图 7-3-10 观稼楼前可见书卷墙与通往榕荫大池的拱桥

图 7-3-11 来青阁侧景

图 7-3-12　月波水榭是由立于水中的方形平顶小亭与石阶假山所合组成的奇特建筑

平台，下得山来就来到了定静堂。另一条往观稼楼的方向走去，由虹桥经高架回廊可接二层。虹桥下方的地洞可通一层。过观稼楼后绕过大水池至定静堂（图 7-3-12）。

总体而言，整个林家花园的设计可分成三个层次：首先制造出三个大山群；而后两个小山群将庭院分成七区规划，将游园路线一分为二；最后又合于大池区，产生古代戏曲团圆式的结局。

台灣古建築

第八章 牌坊与陵墓

台湾牌坊与陵墓分布图

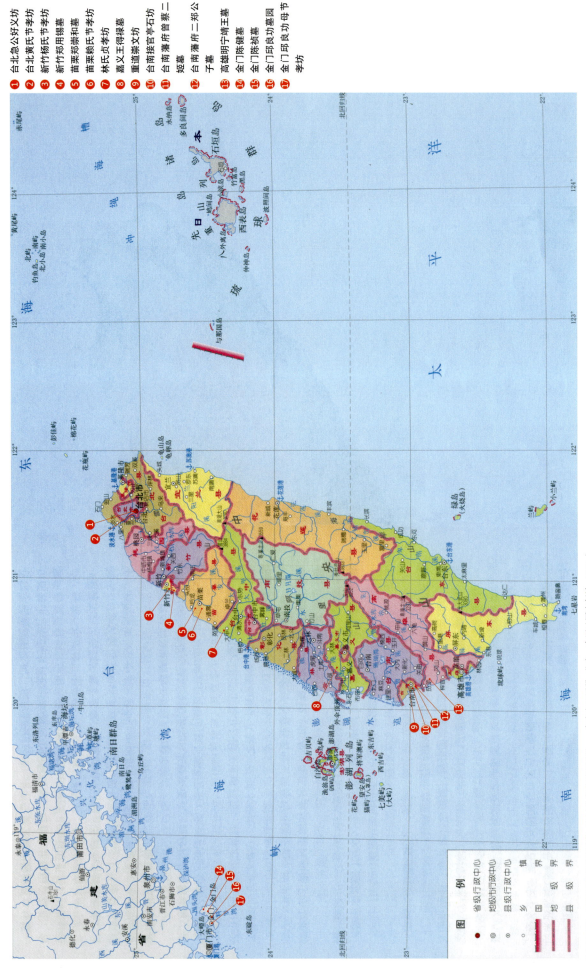

① 台北急公好义坊
② 台北黄氏节孝坊
③ 新竹杨氏节孝坊
④ 新竹郑用锡和墓
⑤ 苗栗郑崇和墓
⑥ 苗栗赖氏节孝坊
⑦ 林氏贞孝坊
⑧ 嘉义王得禄墓
⑨ 重道崇文坊
⑩ 台南接官亭石坊
⑪ 台南蕃府曾蔡二姬墓
⑫ 台南蕃府二郑公子墓
⑬ 高雄明宁靖王墓
⑭ 金门陈健墓
⑮ 金门陈祯墓
⑯ 金门邱良功墓园
⑰ 金门邱良功母节孝坊

第一节 台湾的牌坊

台湾牌坊多立在繁华的市街上，也有少数立在陵墓之前。其目的不外乎表彰人的功绩或善行，以收教化人心之效。主要类型包括乐善好施坊、尚义可风坊、急公好义坊、重道崇文坊及天旌节孝坊、贞孝坊等。

较小者用二柱、二层檐；较大者采用四柱三间，有三层檐。清代依《大清会典》规定，凡有善行值得立坊表扬者，必须由地方推荐，层层上报至省，再报至中央礼部审核，最终由皇帝恩准后，才能建牌坊。除了由官方补助银两之外，地方也会共襄盛举，出资捐款，在通衢大街或十字路口处建造牌坊。清代台湾的石牌坊根据统计至少有30座以上，大都建在大都邑，如台南、彰化、大甲、新竹与台北等（图8-1-1、图8-1-2）。

台湾现存有十余座牌坊。文献记载最早的牌坊设立于明郑时期，是一座节烈坊，入清之后数量渐增。古牌坊有木造及石造者，但台湾现存者均为石造牌坊。台湾的石牌坊所用石材大都来自福建泉州，以泉州白石与青石为多。现存年代最古者为建于清乾隆年间的台南孔庙"泮宫坊"。它是一座四柱三间坊，柱子前后以小石狮夹护，石雕风格极为朴拙（图8-1-3、图8-1-4）。

另外，台南风神庙前的"接官亭石坊"也属于四柱三间式，石材为白色花岗石，外观颇为壮丽。而四柱三间式的牌坊，还有新竹石坊街上的杨氏节孝坊、苗栗赖氏节孝坊等。金门后埔东门市街上有一座高大的石坊，为纪念清代武将邱良功之母的节孝事迹而建，白石与青石穿插并用，人物雕工精美，是一座极著名的大石坊。另外台北公园内有一座"急公好义"石坊，建于清光绪十三年（1887年），为巡抚刘铭传奏请表扬当地贡生洪腾云捐地，建造考棚有功而立。其石柱雕刻人物古朴生动，对联文字叙述被旌表者的功绩，具有历史文物的价值（图8-1-5～图8-1-7）。

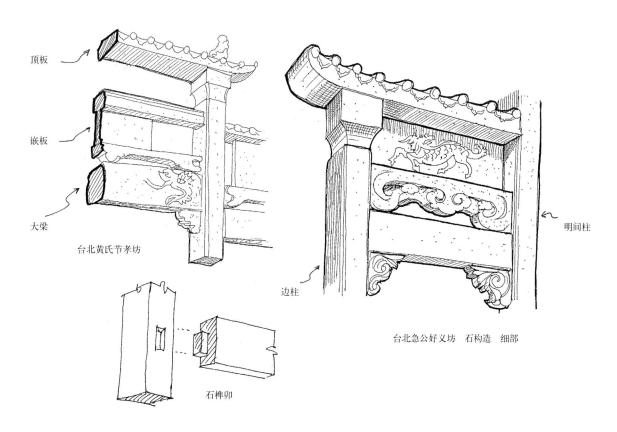

图8-1-1 台湾所见石牌坊构造

图 8-1-2　台中大甲林氏贞孝坊

图 8-1-3　台南孔庙东侧的泮宫坊

图 8-1-4　苗栗赖氏节孝坊

图 8-1-5　台南接官亭石坊，附近有风神庙，具有一帆风顺之寓意

图8-1-6 新竹老街中之杨氏节孝坊

图8-1-7 新竹之苏氏石坊

第二节 台湾的陵墓建筑

明清时期的台湾受到中国封建文化影响，陵墓的规模受到许多限制。基于传统的慎终追远与风水思想，一些官宦及富贵人家对其先祖的坟墓也尽其所能地精工建造。台湾明代时期的墓形式较为简单，一直到清代中期才有出现大的墓。

一般最简单者为"墓"，采用不封不树，其高度与地面平；其次凸出小丘者为"坟"，前竖立石碑，刻上年代与姓名；规模较大者则称之为"冢"。在清代几次民变中，将死难的义民们合葬后之大冢，如新竹的竹北客家"义民冢"，不但合葬建冢，冢前也建祠庙，受人敬拜。台湾历史上只有明末郑成功被封为王，三百多年中并未出现君主，故事实上，并无"陵"之墓园。依据《大明会典》或《大清会典》庶人与具有官位者之坟茔规制有很大的差异，对石碑的高度或龟趺的大小尺寸有明确规定。

其次，台湾有改葬的风俗，一般土葬后七年以上即可进行改葬。将墓中的先人遗骨取出洁净之后，置入陶瓮内，陶瓮再安置于新墓，其外观仍具有石碑与墓道，并且两旁伸出矮墙，称为"曲手"，而墓丘周围设排水道，称为"左右分水"，具有庇荫后代子孙的含义（图8-2-1）。

在石碑的字数方面必要合"生、老、病、死、苦"的次序，数字以合"生"与"老"为吉祥。在墓碑正前方的平坦地称为"兜池"。从左右分水流下来的雨水集中于兜池，水满后从一角溢流而出。另外，为了表示对土地公的尊敬，一般较大的坟墓多在右前方或左前方立刻有"后土"字样的石碑。

清代台湾透过科举制度而取得官位者不在少数，因此清代的坟墓以科举官宦及豪族的最具代表。传统中国式的大陵墓，按照排至顺序，至少要有牌楼、华表、碑亭、立兽或蹲兽、文武石人及墓碑、墓丘等。他们的坟墓依据《大清会典》的规制，其坟墓的大小要受封爵品位的规定。台湾明代墓的墓碑多为平头形，清代则多为圆头形。而墓前置石柱

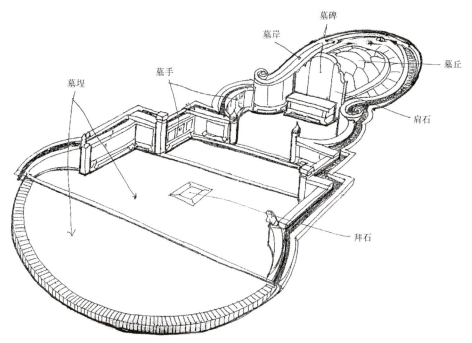

图 8-2-1　带曲手之古墓形制

图 8-2-2　彰化辜氏墓园石雕童子像

图 8-2-3　嘉义王得禄墓前之翁仲

图 8-2-4 苗栗郑崇和墓前之石马

（或称望柱）一对，其多做成倒竖文笔状，有时也立有旗杆。另有石羊、石虎、石狮及翁仲（文武官或童子）分列左右，官位较高者又可设神道碑、石坊及墓亭等设施，这些均以石材雕成（图 8-2-2）。

石雕最精美者首推嘉义的王得禄将军墓、其次为新竹郑用锡进士墓、苗栗郑崇和墓、金门的陈祯墓、陈健墓、邱良功将军墓等。年代最古但规模最小的则为台南明末郑氏藩府的曾蔡二姬墓与二位郑公子墓。另外，如高雄明代宁靖王朱术桂墓，虽然后代修改，但仍可见其王墓的规模（图 8-2-3、图 8-2-4）。

第三节 经典的案例分析

一、台北急公好义坊

急公好义坊位于台北的"二二八纪念公园"内。清光绪十三年（1887年）台湾巡抚刘铭传为褒扬台北府淡水县贡生洪腾云捐出了城内东北的田地及银两，对台北府城建造考棚行署有功，故奏请建坊奖励。当时台湾定期举行科举考试的地方只有台南府城，使北部学子必须长途跋涉赶到台南应考，十分不便。因此洪腾云捐地与银两在台北城内建造考棚之义举，使北部的学子们得以免去赶路的辛劳。

至清光绪十四年（1888年）牌坊建成，知府雷其达、教授冯梦辛、知县汪兴祎、教谕蒋学瀛等联题，崇其功德。石坊的横匾上面还写着建坊的经过："福建台湾巡抚刘铭传奏：台北府淡水县四品封典同知衔贡生洪腾云，因府城建造考棚行署，捐助田地并经费银两，核与请旨建坊之例相符，仰恳天恩，给予'急公好义'字样，以示观感。光绪十三年闰四月十六日，奉朱批，着照所请，礼部知道，钦此。光绪十四年立"。坊原立于今之衡阳路，故旧称其处为石坊街，日本强占台湾时拆迁至今"二二八公园"内现址。坊为四柱三间式，形制完整，雕琢精美，为台北最典型的清代石坊。

二、台北黄氏节孝坊

黄氏节孝坊建于清光绪八年（1882年），是为了旌表儒士王家霖之妻黄氏的节孝事迹而立。黄氏生于清嘉庆二十五年（1820年），卒于光绪十九年（1893年），享年74岁。黄氏16岁嫁与王家霖为妻，28岁时丈夫逝世，46年间上事翁姑，下抚遗孤，清操劲节，乡里贤之。

同治九年（1870年），奉旨旌表，赐金三十两建坊与节孝祠。光绪八年（1882年）建节孝坊于台北府城东门内，并由进士陈季芳等题联刻于石牌坊上以教后世。黄氏节孝坊所用的石材与匠人皆来自泉州，由黄氏之子王天锡亲自去聘请与选购，但至光绪二十七年（1901年），日本人为拓建"总督府"官邸围墙，将其拆迁至"二二八公园"东畔，近年因捷运车站施工，曾拆下暂时储藏，但现已重新组立于"二二八公园"内（图8-3-1）。

三、苗栗郑崇和墓

郑崇和出生于金门，之后来台于竹堑（今新竹）教书，颇受地方尊重，其子为创建北郭园的开台进士郑用锡。郑崇和墓位于今苗栗后龙镇，初建于清道光七年（1827年），但至清同治六年（1867年）重修时将郑崇和夫妻合葬。

其规模较嘉义的王得禄墓略小。墓为坐西朝东，为一座三曲手古墓，且有雕刻精美的文武石人、石虎、石羊及石马，姿态栩栩如生。墓前还有一对石望柱（图8-3-2～图8-3-4）。

四、新竹郑用锡墓

新竹的郑用锡墓建于清同治八年（1869年），俗称开台进士墓，为依清代品秩而建，墓茔呈椭圆形。自墓茔中央为分金线，向前伸以头曲手、二曲手、三曲手，曲手间之望柱分别雕以石印、石笔、石狮，且左右对称。

墓地前的石象生依次为左文官、右武官之石人像及石马、石羊、石狮各一对。石人比真人略高，服饰及佩戴物俱全。武官表情肃穆刚毅，文官则敦厚儒雅，为形制完备的清代大墓（图8-3-5、图8-3-6）。

五、嘉义王得禄墓

王得禄为今嘉义太保人，是清代台湾武将官位最高者，因平海盗蔡牵之乱有功，于清嘉庆十三年（1808年）升浙江水师提督，加太子太保衔。道光

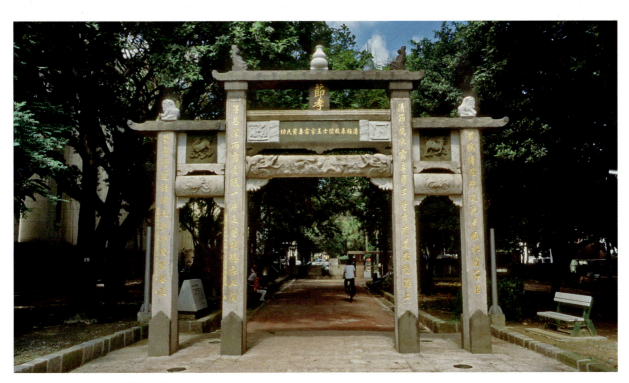

图8-3-1 "二二八公园"内的黄氏节孝坊

图 8-3-2　郑崇和墓前之石虎象生　　图 8-3-3　苗栗郑崇和墓前文人翁仲　　图 8-3-4　郑崇和墓前武人翁仲

图 8-3-5　新竹开台进士郑用锡墓　　　　　　　　　图 8-3-6　新竹郑用锡墓石雕武官像

图 8-3-7　嘉义王得禄墓碑

图 8-3-8　嘉义王得禄墓全景

二十一年（1841年）中英鸦片战争时，以72岁的高龄抱病驻防澎湖，同年12月病逝。

王得禄墓位在今嘉义县六脚乡，于道光二十四年（1844年）完工，且由于墓的形制是遵照《大清会典》的规定而建，是台湾地区规模最宏大，并保存最完整的古墓。在墓碑两侧有圆肩石夹护，其上雕饰着典雅的纹样，并还设石龙、石凤、小石狮及石象，形制相当少见。墓手呈曲折状，向外伸展。墓埕前方左右树立石像生，包括文武石人各一与石马、石羊、石虎各一对。雕刻造型雄浑，虽历经一百多年，其线条依然清晰可见。墓前方西侧有后土，形制完备（图8-3-7、图8-3-8）。

台灣古建築

第九章 建筑构造与营造技术

第一节　台湾古建筑的营造过程

台湾从清代以来的建屋习俗受到福建与广东的影响，早期的匠师多来自闽、粤，而建屋所需之砖、瓦、石、木亦多是来自闽、粤。工匠的种类很多，包括木匠、石匠、泥水匠、油漆匠、雕花匠、陶艺匠、画师与风水师等，通过他们的合作，一座建筑才能顺利完成。

建屋必先请风水先生看地理，择良址，称为"相地"，寻出最适宜的地点及方位，并以罗盘（罗庚）定出尺寸，决定方位，平面决定房子的大小、面积。一经确认之后，即择良辰吉日"动土"。动土时安砖契再埋入地下，这块砖上面以墨书写天干地支的时辰。再来为"起基定磉"，即挖下基础洞，埋入磉石及柱础。

下一步是木匠的工作，为"穿屏扇架"，将柱子立起来，横梁也架上去，组立屋架，直到最高屋梁时要再择日举行重要的"上梁礼"。中国南北各地皆有上梁礼的仪式。台湾的习俗是在中梁上悬吊五样吉祥去邪物，包括符纸、通书、五谷、出钉及灯笼，中梁要绘太极八卦图案（图9-1-1～图9-1-3）。

建筑物的排水系统也是重要的设计环节。古人对于排水的认识不只是单纯的物理功能，还加入风水思想，"引水界气"的想法是排水沟的设计必循特定的路线。进水的路线也同样重要，"引水入屋"或"导水出屋"若合乎风水学理论，则将带来避邪纳祥的福祉。

天井是建筑物的中心，古谚"四水归堂"，雨水集中于天井，匠师在门厅地基之下按八卦方位设计水道，以"坎、离、震、兑、乾、坤、巽、艮"八个方位，再加入天干地支来决定水道，俗称"走八卦步，留七星池"。其目的是延缓水的流连，并以"吉入凶出"的原则设计进水与放水。风水理论的书谓"寻龙须向地中来，放水却从天上去，宜放天干水，不宜放地支水"。在台湾古建筑中常可见曲曲折折的放水路，即是遵循这些理论的产物。古时台湾建屋，其过程视同为生命礼俗，亦即将建筑物视为有生命之体，在适当时间点举行仪式，有感恩的意义。

建屋的基础由石匠完成，石匠师要打凿磉石、础石、石砛、台基、门枕石、抱鼓石及柱子。如果是高等级的寺庙，还包括石狮子、石龙柱、墙垛及门楣等。石构造之间置"暗榫"或"凹槽"，加强固定。

"穿屏扇架"是一项重头戏的工作，由大木匠师担任。台湾古建筑的大木结构大体上分为"抬梁式"、"穿斗式"两种。匠师先画出简单的栋架图，确定梁柱的长短尺寸，而这些尺寸与榫卯位置要再转登记在"篙尺"上，成为1:1的实际尺寸。实际施工时就不需用图样了，直接以"篙尺"在梁柱上核实即可。这是一种通行于中国古代建屋的传统技术，有些地区称之为"丈竿"。

大木匠师所绘的图样包括地盘图（平面图）、侧样图（剖面图）与厝样图（外观图）。"篙尺"为求实用，也有单面、双面、四面或六面篙之类别。通常一座三开间的建筑要有三到四支篙尺，如果是复杂的寺庙，则多达十支以上的篙尺。运用"篙尺"技术可使尺寸精确。篙尺上主要纪录梁枋之高度与榫洞大小，但也可记入更多的小构件尺寸，简直成为一个数据储存库了，这是古人高度的智慧。

大木匠师主持"上梁礼"之后，小木（幼木）匠师要随之上场，他担任隔扇门窗、楣屏及家具的制作。小木作重视木材质量与榫卯结合的细节，有时不一定在工地完成，而采用预制方式，在别的地方完成后运来组装（图9-1-4、图9-1-5）。

另外，寺庙建筑特别重视雕花，出自专业的雕花匠师，一般多采用具有防虫能力的樟木雕刻。他所用工具以凿子为主，通常是多达数十支宽窄不同的铁凿。所雕的题材除了花鸟之外，以民间通俗历史演义题材为尚，例如封神榜、三国演义及西游记等中的人物最受欢迎，热闹的题材与生动的人物文武故事，表现忠孝节义精神，寓教化于艺术之中（图9-1-6）。

最后是铺瓦的工程，俗称"合脊收规"。台湾古建筑的屋顶给人一种繁琐复杂的观感，主要是它重视屋脊的装饰。寺庙多用华丽的燕尾式屋脊，常

图9-1-1 中脊上绘八卦有镇宅之意

图9-1-2 上梁典礼时，木匠将主梁固定于屋架上

图9-1-3 梁上彩绘亦有以"河图"、"洛书"为题材者

图 9-1-5 桃园龙潭翁宅隔扇门上的螭虎团炉图案，是雕花匠师常选用的雕刻题材

图 9-1-6 将螭龙纹转化为文字"福禄"

图 9-1-4 民宅的步口栋架以雕花作装饰

以泥塑、剪粘或交趾陶①装饰，有时屋脊上还有龙、凤、假山人物等装饰，这些都由专业的匠师承作。屋脊先施工，分配瓦垄数目后再铺瓦，寺庙多用筒瓦，而民宅多用板瓦，但多风地区如澎湖、鹿港一带的民宅也使用筒瓦。

屋顶工程完成之后，工地整理干净才能进行油漆与彩画。寺庙的色彩多，民宅用色较少，一般只用黑色、青色或褐色，雕花材则用五彩或安金。油漆匠师称为刷子匠，彩画匠师俗称"拿笔司傅"，后者担任花鸟山水画的工作。油漆匠还担任安金箔的细工，这是一种古家具的工艺，特别盛行于粤东潮州。一座华丽的寺庙祠堂，通常主要的梁枋要施以安金彩画或黑底的"擂金画"，即鎏金画。

台湾还盛行一种竞争形态的建筑方式，称为"对场"或"拼场"，即一座建筑以中心线分左右两半，分别由两组匠师承建，如此可产生竞争效果。在浙江一带也有多例，称为"劈作"。图样尺寸一致，但细节尺寸可略异，匠师各显神通，尽其所能，做出不同的效果。著名的对场作寺庙如台北保安宫、三重先啬宫、桃园景福宫、云林麦寮拱范宫及嘉义朴子配天宫、苗栗中港慈裕宫等，可见到互相竞赛的匠艺（图 9-1-7、图 9-1-8）。

图 9-1-7 苗栗中港慈裕宫外观

图 9-1-8 苗栗中港慈裕宫石雕窗左右图案不同,为对场建筑

第二节 台湾古建筑构造

一、砖构造

（一）砖的来源

民居建筑的材料、构造与结构是不可分的整体，技术是千百年经验的累积，其间随着文化交流，外来技术也被吸收，融合汇聚成一个新传统。中国南方建筑盛行一种将砖砌成盒状的墙体，称为"盒砌"、"斗砌"或"空斗砌"②。事实上，纯空斗砌较少，一般皆与土墼（土坯砖）共构，外皮为砖，内里为土（图9-2-1、图9-2-2）。

长江以南的民居运用"斗砌"的比例较多。其原因有几种可能性，一般认为空斗砌可省砖的用量，也有认为具有隔潮气的功能。当然，也具有美学的意义，一横一竖的图案确有其形式上的美感。华南各地的斗砌墙，各地皆有其地域特色。大体上，从皖南、两湖、四川、浙、粤及闽等地的民居、祠庙皆大量运用斗砌造。然而就笔者近年考察的初步比较，发觉福建用砖就技术与艺术表现而言，可能其水平是最高的，值得深入研究（图9-2-3）。

台湾明清时期的古建筑，随着闽粤移民而引入，其用砖之法基本上也承袭自福建。福建山多平原少，从唐代中原衣冠士族入闽之后，带来中原汉族文化，但当地本有悠久的土著闽文化，两者相结合共同将福建的建筑文化推向一个高峰。今天我们仍可在福州华林寺大殿找到唐末五代时期建筑文化南北交流的遗证。③

闽南在整个福建又是一个极具特色的区域。闽南多用红砖，人民喜用红砖，认为红色具有吉祥幸福的象征。台湾的古建筑，除了少数例外，几乎都使用红砖。17世纪初大航海时代，荷兰人在台湾引入西洋烧砖法，当时在台湾南部开始出现红砖及洋灰"红毛土"。荷兰人在其殖民地印度尼西亚大量烧制红砖，千里迢迢运抵台湾建造城堡。但当时文献也记载，有些红砖购运自闽南泉州一带。④

1662年郑成功入台，驱退荷兰人，郑氏带去数万移民，他们所建的房舍、寺庙也用红砖，史载参

图9-2-1 斗砌墙

图9-2-2 斗砌法墙体与八角竹节窗

图9-2-3 以斗砌法及砖雕装饰的墙

军陈永华教民烧瓦，当时铺瓦顶的房屋收税高于铺草顶者。从郑氏入台之后，台湾的闽、粤移民渐增，建屋红砖需求量亦大增，本地也建窑自制。但至19世纪中叶清道光年间，鹿港龙山寺大修时却仍向泉州订购大量红砖及红瓦。近年龙山寺修建屋顶时发现刻有"泉城阮协兴号"字样的瓦片⑤（图9-2-4）。

清道光年间淡水厅城（新竹）兴筑城池，当时留下来的建筑材料记录也显示，向漳泉购买许多红砖、红瓦。19世纪末所建台北府城，也有向大陆进口砖、木的记录。当时人们仍然视漳泉所产红砖为质地极优良的建材。

闽南大量运用红砖建屋，使得建筑的外观墙体呈现橙红色的面貌。这在中国各地民居确属罕见。红砖不但被大量使用，其砌砖技术与艺术表现力也是极精彩的。关于闽南用红砖的起源，还未有定论，但有学者推论可能在宋代与西洋交流有关。宋代泉州为世界大贸易港，阿拉伯商人引进欧洲或中东一带红砖或镶嵌技术，刺激了以泉州为核心的闽南建筑。元代的中西文化交流也是以泉州为重镇。至明清时期，闽南又与南洋诸邦来往密切，从而吸取了更多南洋及西洋的砌砖文化。⑥

当然，这种推论尚未得到更详细的史料佐证。不过闽南的红砖文化确有其独特性，也有其极精致的一面。红砖的形成，除了土中含铁质较多外，主要是烧法，采用氧化烧则呈现朱橙色；采用还原烧法，在窑内加水气，则砖色偏青灰色。台湾在清末同治、光绪年间时，北部的桃园、中部的彰化与台南、高雄、屏东一带也出现许多砖窑，提供民居与寺庙建筑用砖。不但砖的砌法多样，砖雕也盛行起来。同、光之际台湾中部民居如吕宅筱云山庄、社口林宅大夫第、雾峰林宅宫保第及大肚磺溪书院，皆出现了质量极优的红砖雕（图9-2-5、图9-2-6）。

（二）砖的砌法

台湾及闽南所烧的红砖，虽只是一种红色，但色泽深浅不同，尺寸规格有异，组合起来变化多端。匠师善于利用此特色，将斗砌墙发挥得淋漓尽致，以松枝所烧的红砖，在未被上一层砖坯所叠之处形

图9-2-4　鹿港龙山寺使用福建泉州阮协兴号所烧制之红砖

图9-2-5　砖雕嵌入墙体

图9-2-6　砖雕"万字不断"墙垛

成斜纹黑烟斑,反而成为一大特色。闽南一带,泉州多产石,而漳州砖输往台湾较多,所以在台湾习惯说"泉州买石,漳州买砖,福州买杉"。

台湾民居的构造多用硬山墙,墙体的构造一般多采用上下两段式,下段用石,上段用砖,而砖墙内部往往用土墼,所谓"金包银",外砖内土之意也。另外也有一种较为特殊的"出砖入石"砌,是砖与石的混合构造,可在金门的传统民居见之(图9-2-7、图9-2-8)。

台湾及闽南将"斗砌"称为"封壁"。顾名思义,这是以砖面将墙壁封住,它点出了竖砌的特点。台湾的红砖依尺寸长短与厚薄大小可分为数种,名称不同,价钱亦异,一般用土量大者较贵,烧的时间亦较久才能出窑。如以清道光年间(19世纪中叶)淡水厅城所用红砖价格史料来比较[7],砌城墙外壁的"红甓",也称为"福瓣"砖,尺寸最大,每块五分钱。城门楼室内地面铺"大兴砖",每块两分钱。而砌墙面圆拱门柱的"颜只砖",尺寸较薄小,每块一分钱。铺城楼屋顶的瓦片,每片只有0.4分钱。

"封壁"是一种结合叠砌与镶嵌技巧的砌墙法。它的外皮用较好的红砖,包括"釉面砖"与"大兴砖"、"中兴砖",内部则多为"土墼"(即土墭或土坯),在空斗处也可塞一部分小砖头。"封壁"要筑在石条或卵石墙基之上,才不会受潮。在转角或门柱处则改易为平砌法,以尺寸较薄而小的"颜只"砖平砌。

"颜只"一词初见于清道光年间《淡水府筑城案卷》史料,其尺寸较小,在砖坯进窑之前,要以镘刀将各面修平。在窑内堆高时,故意排斜角,使松烟熏到局部,出窑后才会形成美丽的斜斑。"颜只"也可写成"雁只"、"雁子"、"岸只"(1882年慈生宫石碑)、"雁鬻"(1910年北港朝天宫)或"燕子"砖,其中"颜只"为最古老的名词。且值得注意的是1910年北港朝天宫的"雁鬻",因为它指出烟斑像雁鸟的翅纹,应该是一个音、义相符的古老用语。

图9-2-7 金门民居以"出砖入石"砌的墙

至于尺寸较大的"大兴"砖与"中兴"砖，主要作为铺地及封壁，其形状为长方形，只有2.5厘米或3厘米厚。作为封壁正面的"釉面"砖，也是长方形，其表面橙红色均匀为上品。总之，要正式砌一堵"封壁"墙，"雁煮"、"大兴"、"中兴"、"釉面"四种砖不可少，单位面积内各砖之数量不同，有经验的匠师能推算出其数量。

"封壁"的技巧极为多样。它的横竖交替叠砌，宽窄相间出现，成为墙面美丽的自然图案。匠师在其周围再框以一圈"大兴"砖，转角处嵌入有"蝴蝶"或"蝙蝠"刻线的"达角"砖，有如一个画框。

另外，大兴砖也可增加为二皮或三皮，砌起来图案更复杂。也可将大兴砖磨成圆角或做出仿木结构的"榫接"，将墙面划分为大大小小的框边，将砌砖的技术发挥到极致（图9-2-9）。

"雁煮"砖由于尺寸较小而薄，除了砌门柱、角柱外，特别用在花窗上，称为"雁煮花"。其最高明的砌法是每隔一层转换角度，故意留出斜向的孔洞，从正面望不出去，最适合做气窗或内院窗。古时男女授受不亲，"雁煮"窗可阻挡视线，但又可通风，最适宜用在住宅的院墙上。"封壁"施用于整片墙，但面临转角时，要转为交丁平砌。当砌至山墙最高点时，要削斜角以配合屋顶坡度，外表再覆以白灰泥，做成"檐板"（图9-2-10）。

据调查统计，台湾以中部地区"封壁"技术最高明。一些水平较高的民居、书院与祠庙出现在清同治与光绪之际。同治初年福建有太平军的反清运动，台湾方面戴潮春响应。在事件遭清政府平定之后，台湾中部得到一段较安静的岁月，不少富绅巨贾大兴土木，建造大宅第，并捐资兴学，建造书院及文昌祠。较有代表性的宅第如雾峰林宅（1864年）、丰原吕宅筱云山庄（1866年）、台中潭子林宅摘星山庄（1871年）、社口林宅大夫第（1875年）。位于台中县大肚乡的磺溪书院规模宏大，建

图9-2-8 "出砖入石"法的砖体

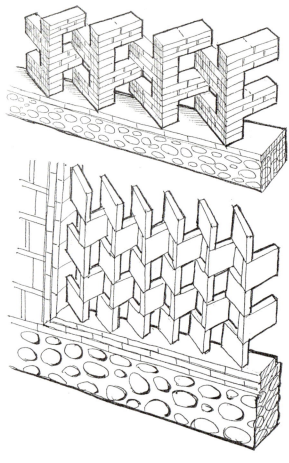

图9-2-9 雁鳌花窗

于光绪十四年（1888年），前门宽达七开间，正堂前轩亭高耸，建筑作工细致。其砖工非常考究，所用红砖成色饱满，大小尺寸极多，墙面除了花样奇巧的"封壁"外，墙基使用巨大砖块做出"螭龙纹地牛"，砖柱模仿石雕做出许多凹凸线条"和狮线"。在台湾目前所存之古建筑中，砖工之精美尚无出其右者。[8]

磺溪书院的砖匠来自何方尚未查考出来，但风格相近的作品多分布于台中、彰化及南投一带，我们推断应出自同一群匠师之手。在1895年之后，南投竹山林宅敦本堂仍可见极优异的"封壁"砖工。这批砖匠之技艺仍未中断，一直持续到20世纪最初10年。当日本人引进西洋规格（5厘米×10厘米×20厘米）红砖之后[9]，台湾这个古老的"封壁"传统才逐渐退出建筑的舞台。

二、石构造

（一）从宋《营造法式》到闽南的石雕发展

台湾古建筑的材料主要采用木、石、砖、瓦与泥、草、竹等混合构成。在盛产石材的地区，例如北部

图9-2-10 雁鳌花窗可阻挡视线，但又可通风，最适宜用在住宅的院墙上

大屯山及观音山麓产火成岩石材，桃、竹、苗山区产砂岩，而中部大甲溪、大肚溪及浊水溪流域产卵石，高、屏山区产板岩，花莲地区产大理石，这些石材都是先民常用的建材。

石材取得的难易是利用其作为建筑材料的关键。因为石材重，运输不易，而且石材常常需要大量人力的加工，无形中增加建筑的工程造价，因而中国古代多用木材，因其加工较为容易。当然中国古代也有不少石造建筑，如泉州开元寺的宋代石塔即是了不起的石造建筑，足可与西洋建筑媲美。许多帝陵亦以石构，例如明十三陵，其地宫全为精良石构造，六柱五间大石坊亦是罕见的石构牌坊，足以实证中国古代的石造技术具有极高的水平。北宋李明仲《营造法式》第三卷的"壕寨制度"与"石作制度"记载宋代石造技术，壕寨包括建筑的地基工程与墙体工程，沿河码头、城墙、堤防及水关等属之。而石作制度则指建筑物的台基、台阶、阶梯、栏杆及柱础等，与一座建筑的结构息息相关。

石构造的研究，在宋《营造法式》之后，清工部《工程做法》也记载了许多。至20世纪30年代中国营造学社在梁思成与刘敦桢先贤努力下，对中国古建筑的石构物，例如陵墓、石塔、石窟、城墙及紫禁城宫殿的石构造，大体上已获得全面的了解。近年又有刘大可先生编著的《中国古建筑瓦石营法》，对清代官式建筑的基础、台基、墙体、地面及石料加工进行详细分析。另外，《中国古代建筑技术史》这本巨著对石构造亦作了系统性的整理。这些研究大体总结了宋、元、明、清以来的官式做法，但对于民间的地方性做法，特别是福建的石构造仍然着墨不多。

（二）凹寿之石构造技术最复杂

闽南、粤东及台湾古建筑的石构造在中国石构造中具有极为特殊的地位。除了累积千年以上的古老传统外（以泉州开元寺北宋石塔为初期高峰），它的雕琢技巧亦独树一帜。"工精艺巧"是最恰当的形容词了，居然能将石材做出木雕的效果。若仔细分析，其中最具特色的是"石构仿木构"的技巧，

图 9-2-11　淡水福佑宫之柱头斗即为以石构仿木构之例

特别是寺庙或宅第的门面，它不用石构的堆砌法，而采用木构的"镶嵌法"（图 9-2-11）。

易言之，在石柱、石楣及地袱所构成的框架中间，镶嵌石垛，除了上垛、下垛之外，还贯以腰垛，有如枋木。而石柱边缘打出凹槽，有如榫卯，可以夹住石垛。诸如此类，无疑是模仿木构造而来，就全世界上的石构建筑而言也是罕见的。

寺庙或民宅的入口门面做法中又以所谓"凹寿"或"双凹寿"较为复杂。特别是后者，墙垛凹退两次，形成凸角与凹角，牵动及柱珠、地牛、石柱及石枕或抱鼓石的衔接做法。因而一个"双凹寿"的石构门面，往往出现50块以上大小形状不同的石构件。每一块石材皆施精雕，尺寸要求精确，其施工之困难度可以想见。也因为具备如此之难度，所以更耗工，造价亦较昂贵（图 9-2-12）。

一般而言，石匠师的地位可与大木匠师相提并论，究其原因还有几种可能：首先，建屋时无论住宅或祠庙，奠基及柱础工程概由石匠师先行；其次，石匠师的尺寸要求较高，通常精确度要求达到几分内，包括地面高度与排水设计，皆出自石匠之手。传统建筑对排放水路至为重视，俗称"走八卦路，留七星池"。放水必须依据建筑的坐向定五行，再依生克之法则设计放水曲折的长度与角度，"吉入凶出"为通行的理论，复杂的放水设计皆藏在天井与台基下。这些皆属于石匠师的工作。

图9-2-12 寺庙门前的抱鼓石

心指导下，其石构造极为细致，不但雕刻考究，而且最值得注意的是石材与石材之间的衔接技巧，有些已做到"天衣无缝"的地步。如要欣赏台湾近代寺庙石构造的技术与艺术境界，三峡祖师庙是一座朝圣之所。

（四）台湾石构造之发展高峰

从台湾建筑史发展回顾，清嘉庆及道光年间（19世纪初至19世纪30年代）为台湾寺庙建筑第一波技术发展之高峰，而20世纪10～30年代为第二波高峰，许多寺庙得到重修改筑的机会，也提供了石匠师发挥的空间。这两次高峰与当时社会经济的发展息息相关。道光年间台湾中北部开拓完成，人口增多，城市兴起，鹿港跃为中部最主要的港口，贸易发达，中部寺庙及新竹、台北盆地富户园林兴起，建筑活动蓬勃。而在20世纪10～30年代间，桃园大圳及嘉南大圳陆续完工，水田面积增大，农民所得提高。为了敬谢神明，寺庙扩建及改筑活动频繁，石匠师工作忙碌，惠安石匠来台定居者不乏其人。

论及台湾寺庙石构造与石雕的发达原因，除了社会经济因素之外，另一项不可忽略的是各地望族富户的支持因素。毕竟精雕细琢的建筑，造价昂贵，如缺乏豪族富商或文士之鼎力支持，恐无法竟其功。鹿港龙山寺墙上所嵌捐献石碑，载明"船头行"商人为最主要之捐助者；台北保安宫则大龙峒王家与陈家捐助甚多；淡水鄞山寺为台北附近汀州移民所捐建，其石雕仍可见六大姓之名款。台北龙山寺主要为艋舺之泉裔三邑商人，包括晋江、惠安、南安移民所捐最多，当然大改筑时，富商辜显荣出力极大，功不可没。

（三）近代台湾石构造受西洋影响

石构造在材料及工法上具有一定的优越性，它较木材更耐久，而且呈现厚重典雅的美感。因此在台湾清代建筑发展过程中，出现"以石易木"的现象，即一座木造的宅第或寺庙，经过数十年之后被改为石造门面。

有些寺庙如高雄凤山龙山寺及宜兰昭应宫，其排楼面的"裙垛"为石造，腰垛以上仍为木造，显示匠师对材料的充分了解，将较重的石材置于下段。在"以石易木"的发展现象中，有一些蛛丝马迹仍透露出来"石构模仿木构"的实例。台北大龙峒保安宫前殿排楼面在门楣之下全为石构，落款题为"清嘉庆十年"，仍做出楣梁、穿枋、立柱及镶板等本来应属木作的构件（图9-2-13、图9-2-14）。

近年大部分台湾所建的寺庙，其排楼面几乎全属石构，而且雕刻繁杂无以复加，这是时代流风所致。台北三峡的清水祖师庙在著名画家李梅树的精

另外值得注意的是，当时的文人雅士有不少积极参与建庙之事。如台北龙山寺有许多楹联出自文人书家之手，有人向康有为求得一副对联，雕于中门左右。日本名士尾崎秀真在前殿石雕壁上亦有书法可见之。而大龙峒保安宫更举办征联比赛，邀请许多一时之选，文士撰联题字，共襄盛举，蔚为盛事。在台中丰原的文人张丽后，为了重修妈祖庙，到处参观评价，希望聘请最优秀的匠师主持。凡此皆说

图 9-2-13 宜兰昭应宫排楼面的"裙堵"为石造，腰堵以上仍为木造

图 9-2-14 宜兰昭应宫之精美木雕员光板，表面安金箔

明了20世纪10～30年代间，台湾寺庙建筑被推到一个技术与艺术的高峰不是没有原因的。

另外，20世纪初因台湾寺庙蓬勃发展，吸引不少福建石匠师来台，而清代是否曾经出现石匠师不到台湾，但石雕成品运台组装？这点尚未见到文献史料证实，且由于每座寺庙方位不同，依传统"坐山"与"纳甲法"设计方法，每座庙的高低宽窄均不同，皆须"量身订作"，故合理推测当时石匠师应亲自来现场操作。不过，像台南的福康安生祠赑屃或台北"急公好义"坊、黄氏节孝坊或新竹的数座石坊，其构件较少，形式与尺寸亦可规格化，或许有可能是在福建预先雕制，船运台湾再组合（图9-2-15）。

三、大木结构

（一）台湾大木结构的柱子本位主义

台湾、闽南与粤东的古建筑大木结构属于同一种系统的构造。它的构造特质如果严格地分析，似乎不宜用所谓抬梁式或穿斗式来分类。事实上它常常兼有抬梁及穿斗混合运用的特质，用柱之制与斗栱分布虽有一定规律，但经过长期发展，尚未形成严谨的制度（图9-2-16）。

易言之，不像宋《营造法式》或清官式做法一样受到材分或斗口基本模数的限制。因此尚保留一种较自由的结构精神。虽然闽南、粤东及台湾的大木结构有许多构件与唐、宋中原建筑的木构件形式相近，但长期发展下来，却仍保有南方自有的风格。[⑩]

归结而言，闽南、粤东及台湾的大木结构，是以柱为主的结构，再从柱头上伸出横向的梁枋及斗栱，有如一株树，从树干上长出枝叶。因为以柱为主，所以横向的梁枋、斗栱乃至桷木，它们的作用大都倾向于拉系柱子。有两个术语很准确地说明这种特质，即"插栱造"及"丁头栱"，指出栱是从柱身上伸出来，有如树干分枝，所谓"节外生枝"。更值得重视的是匠师立柱时，必使原来的树梢在上，而树根在下。易言之，大树虽然被砍下作为建材，但仍维持其自然生长状态。我们走进一座古建筑，见柱子林立，犹如走进树林之中（图9-2-17、图9-2-18）。

插栱或丁头栱既然是从柱子上伸出的，在形式上是柱头的附属物，有如枝叶花果一样。在力学上有如雨伞骨一样，可以扩大支撑面，将屋顶及梁枋的重量逐渐收纳，集中于一点，传递至柱身之上。分析起来，可以名之为"柱子本位主义"。一组屋架的柱子高度不等，犹如人之手指，中指较长，拇指及小指较短，柱子直接顶至桁木，这是穿斗式结构的特征。所以"插栱造"或"丁头栱"应源自穿斗式，殆无疑义。

我国南方的大木结构具有柱子本位之特质；相对的，斗栱的形制尺寸未能走入规格化。它的栱身长度及向上弯曲度随各地喜好而有很大差异；斗的斗耳、斗平与斗欹在一座建筑物之中也不尽相同；斗的形状也有四角形、六角形、八角形、圆形或菱花形等变化，甚至斗底还有一点类似古代皿形凸出线。总之，南方大木结构不受材分所绳，尚未规格化。

图9-2-15　新竹杨氏节孝坊

图 9-2-16　木栋架是建筑物的主要骨架

图 9-2-17　屋檐以斗栱出挑支承

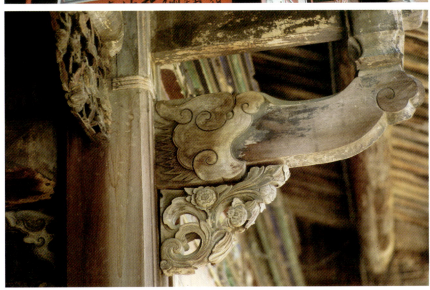

图 9-2-18　雕出螭龙形式的斗栱

(二) 穿斗式是屋架发展的基础

以柱为核心的概念所形成的屋架，闽南及台湾的匠师称之为"栋架"，栋者即为柱也。在一组典型的栋架中，使用三种柱子，与地面接触者为金柱、青柱及小青柱（檐口柱），骑在横梁之上者为瓜筒（瓜柱），悬在梁头或枋木之下者为吊筒（吊篮或垂花）。这三种柱子追根溯源起来，是中国南方常见的穿斗式屋架的基本构件，以断面较细小的梁柱，纵横交织所形成的屋架，是穿斗式结构的特点（图9-2-19～图9-2-21）。

将"柱子"视为主要承重的角色，瓜柱的造型肥硕，表现力学的压力，而"吊筒"雕以花篮或莲花，表现其悬挑之趣味。至于横梁的作用，在穿斗式结构里，横梁被称为"穿"，只具有拉紧与固定的作用，不负担承重。所以闽南及台湾将两柱之间的月梁称为"束"，即有约束之意，主要是拉紧而非承重。在"束"之下再以布满雕刻的"束巾"（或称看随、束随）填补空档，更是表明了非承重之精神。

台湾的大木结构大多采用严谨的用柱之制，如按宋《营造法式》的制度来看，寺庙的前殿门厅多用七架或九架，例如"九架，前后用四柱"或"前后用三柱"。正殿则多用"十五架，前后用六柱"，歇山重檐式的大殿则多用"二十一架，前后用六柱"的形制。每架之间距并不相等，故意调整为前坡较密，后坡较松的形态。民宅所常用的穿斗式屋架亦是如此。

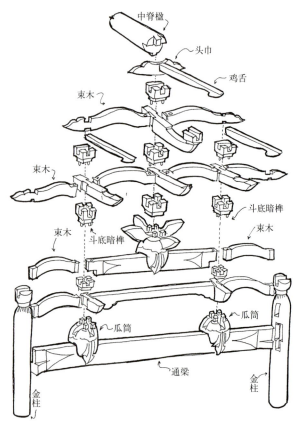

图9-2-19 陈应彬一脉的匠师改良栋架暗榫，以斗底的榫头连接束木与通梁，剑潭寺用此法

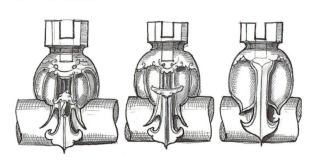

图9-2-20 丰原慈济宫所用的三种瓜筒形式

图9-2-21 台中潭子摘星山庄之精雕细琢的瓜筒

(三) 落地柱、瓜柱与吊柱之互换性

清代台湾寺庙的大木结构虽然多采用严谨工整的形制，但有些为了空间利用的方便性，匠师故意将立柱省略或移位，形成所谓减柱法或移柱法的建筑技巧。本书就少数几个实例进行分析（图9-2-22）。

在中国古建筑大木结构的长期发展史中，元代出现了不少大额式的构造，以大额承托梁架，而不用柱子，使室内的柱子减少，甚或不用柱子，增加了室内空间使用之方便性。大额式的做法常与减柱、移柱同时进行。这些富于创造性、巧于变通的技术，在明清时期反而较少。对于中国南方建筑，有些学者认为它们保存了许多唐、宋时期的建筑构造特征，语言学者也认为南方保存了中原唐宋古音较多。在台湾及闽、粤的明、清古民居及寺庙，的确多承袭唐、宋严谨的传统式大木结构。但是巧于应变的匠师为了有效利用空间，适当地运用减柱法或移柱法，为数虽不多，却是值得我们注意的。⑪

前已述及，以柱子为思考核心的南方大木结构，柱子有立地柱、瓜柱及吊筒等三种化身。这三种柱子在一座建筑物平面中本应有定制，但遇有变通之需时，居然可以互换位置，产生与减柱或移柱同样的效果，而建筑物的外观及屋顶仍保持完整的形貌。

立地柱、瓜柱与吊柱三者可以互换位置、或增或减，究其原因，实际上是穿斗式构造的特质所以致之。柱身可以接受前后左右穿过的梁枋或斗栱，有如一个十字路口，四个方向的车辆皆可通行。金柱可接受四向梁枋，小青柱（檐柱）可接受三向梁枋，吊柱可接受单向或双向梁枋，而瓜柱可接受双向或四向来梁或斗栱。甚至花哨的做法可接受斜栱，平面有如"米"字形。

(四) 叠斗成为柱子之化身

柱身因接受四向的梁枋斗栱，柱头榫洞太多，势必开裂，于是以叠斗技巧解决，即上下以数颗斗叠成塔状，斗与斗之间巧纳四向的来梁或斗栱。同时为了避免斗口开裂，所有斗皆以横向木纹制作。⑫从叠斗做法来看，中国南方建筑将柱头化为塔状叠斗，基本上还是将叠斗视为柱子的延长，无疑地证实了前述的"柱子本位主义"，这与唐、宋中显得不同。唐、宋中原大木结构，柱子停在梁头或普拍枋之下，梁枋上置大栌斗，再层层叠以斗栱，谓之铺作。虽然中央的齐心斗也具备叠斗之功能，但其作为柱头的延伸意义较弱（图9-2-23）。

台湾大木结构使用叠斗非常普遍，在一座建筑物中，分布于檐柱、金柱、瓜柱及排楼门楣或寿梁（额枋）之上，其中以后三者最多。瓜柱骑在大通梁或二通梁之上。它接受纵向的束木（月梁）、束随以及横向的斗栱，为防止柱身榫洞过多而开裂，必用叠斗法。通常叠三斗或四斗，二通梁及三通梁上之叠斗逐渐减少叠斗数，例如中桁之下的叠斗通常只剩一斗或二斗，所容纳的斗栱只剩鸡舌（机木）及单栱而已（图9-2-24）。

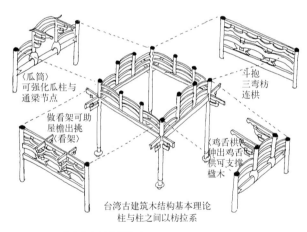

图9-2-22 柱与柱之间以枋拉系

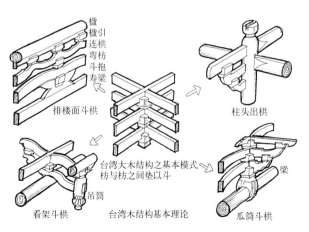

图9-2-23 枋与枋之间垫以斗

图 9-2-24 "三通五瓜"之栋架

图 9-2-25 台北新庄先啬宫之"三通五瓜"

再进一步分析，屋架整体呈三角形者，瓜柱较短，叠斗数亦少；屋架呈五角形者，瓜柱较长，则叠斗数较多，最多可达五斗或六斗。[13]广东潮州开元寺之叠斗多达十层，叠斗有如宝塔，自下而上，逐层收分，每层斗缩小三分或五分。相对来说，两个叠斗瓜柱之间的束木或束随长度虽然一致，但外观上却形成上层较长，而下层较短的情形，颇富变化之美。排楼面即门楣以上的梁枋，台湾较少以泥墙封闭，梁枋及斗栱之间的空隙成为自然通气孔。排楼面仍有斗栱，即补间铺作。这里亦施行叠斗之法。

第三节　对场营建技术

在中国南方浙、闽、粤及台湾一带，可以很普遍发现一座传统古建筑由两组匠师合作完成的实例。通常以中轴线划分左右两边，分别由两组匠师施工，建筑物的高低宽窄相同，但细部却各异其趣，特别是斗栱及施雕的构件，尺寸不同而雕刻图案内容亦不同。这种建造方式未见于宋《营造法式》，也未见于清工部《工程做法》，相信应属于民间的惯例，而盛行于华南的浙、闽、粤及台湾地区。在台湾及福建称之为"对场"或"拼场"做，在浙江称之为"劈作"做，皆带有一分为二、相互竞赛的意味。

除了左右分边竞赛之外，也发现了前后殿不同风格之例，如清乾隆年间的彰化元清观，其前殿出自泉州木匠，正殿出自漳州木匠，斗栱形制差异极大。我们推测之所以产生"对场"或"劈作"的营建模式，可能为解决竞标而发明的"公平"办法，也可能是民间为寻求较合理的造价，并防患承包者偷工减料，以左右对分之法诱导匠师使出浑身解数，而匠师们为求良好声誉，必然全力以赴。在台湾据笔者对老匠师访问的口述史料，古时在建筑物完工时，可以分出胜负，由业主聘社会贤达进行评审，优胜者可获得奖金（图9-3-1、图9-3-2）。

图9-3-1　彰化元清观前殿为典型的泉州大木风格

图 9-3-2 彰化元清观之石雕龙堵

这种制度始于何时？尚未明了，但传说唐代大画家吴道子在京师绘寺庙壁画，即与人分别竞争，各绘一部分，互争高下。众所周知，官式建筑有官颁法式及《工程做法》来掌控工料及进度，但民间的祠庙及民居则多采地方做法，形式变化多样，以"对场"或"劈作"模式或可兼收精美与经济之效。

我国北方似乎较少见这种营造模式，南方在清代特别流行。据徐培良与应之军合著《宁海古戏台》一书所调查，浙江默林的胡氏宗祠"清咸丰四年（1854年），以胡寅阶为首事，将前厅三间改建为五间楼房，资金由族内各房捐助。可能当时各房筹备有多寡，聘请工匠水平不同，为了显示本房或本村的实力，采用'劈作做'，以中轴线为界，东西两侧可看出明显差别"。同样的"劈作做"亦可见于浙江宁海下浦魏氏宗祠（1890年大修）及潘氏宗祠（1922年大修）。

浙江的"劈作"实例极多，甚至可能可追溯到北宋。宁波保国寺为北宋祥符年所建，被公认为中国南方现存最古老的木造殿堂。关于保国寺，清华大学郭黛姮教授已有深入而精辟的研究。郭教授所著《东来第一山保国寺》书中通过对这座千年木构祥符殿内檐斗栱的测绘，发现"后内柱"左右"栌斗"不同，东后柱栌斗为石雕莲花形，西后柱为木制方形。最大的差异出现在山面的补间铺作，东侧采用"里转出四杪"，西侧为"里转出五杪"，左右差异甚是明显。

如果这是匠人各自对铺作细部的设计技巧，它的总高度一致，但出挑的层数却可自主调控。宁波保国寺相信是现存最古老的"劈作做"的实例，值得重视。当然，古时营建工程有时为了赶工，一位老匠师可能率领两位大徒弟同时施工，这亦可视为良性的或软性的"对场"，合作的成分多于竞技的成分。

"对场"或"劈作"的分布范围远超乎想象。19世纪清末时期，闽、粤人民到南洋经商求发展极盛，他们亦将中国传统建筑带到新加坡、马来西亚及印度尼西亚诸邦。在新加坡可以见到泉州、漳州、潮州、福州及客家等派别的寺庙。其中香火鼎盛的天后庙"天福宫"即采用左右对场模式建造。它的斗栱左右差异极大，尺寸雕刻图案皆不同，应属于激烈的竞赛之作（图9-3-3）。

台湾在清初乾隆时期的古建筑较少施用"对场"做法，但至清末光绪年间迄20世纪初叶，"对场"建筑极多。除了寺庙之外，民居也盛行对场。台湾传统建筑源自闽南、漳、泉较多，对场竞技之风俗也可追溯自闽南，如泉州的白礁慈济宫。它是一座香火鼎盛的保生大帝庙，在台湾也有数十座相同的庙分灵自此。它的前殿即属对场之作，其左右铺作不同。

台湾在1895年因甲午战争而被迫割让给日本之后，有一段时期兴起寺庙改筑之风，吸引了不少海峡两岸的匠师参加重建工程。其中以1908年北港朝天宫妈祖庙的重修为首要工程。大木匠师、雕花匠师及屋顶陶艺匠师皆采对场模式，开启了一连串对场竞筑之风气。

后来1912年的嘉义朴子配天宫、1916年的台中丰原慈济宫、1917年台北保安宫、1925年桃园景福宫、1926年台北二重先啬宫与1937年台北新庄地藏庵等皆采左右或前后对场模式。其中以屏东万丹万惠宫及二重先啬宫的差异最大，几乎到左右互异的对立局面。而且台湾的对场一般由年长的匠师承做左边（龙边），年轻者做右边（虎边），但也有经由神签决定的，例如台北保安宫，陈应彬做东边，但钟鼓楼反过来，由吴海同做东边（图9-3-4～图9-3-6）。

图 9-3-3　新加坡天福宫

图 9-3-4　屏东万丹万惠宫，其看架斗栱左右差异极大

图 9-3-5 台北二重先啬宫补间铺作左右不同

图 9-3-6 台北大龙峒保安宫为对场建筑,可见其网目斗栱左右各异

分析起来，大木匠师在细部方面的差异，主要表现在斗栱上，特别是补间铺作。由于补间铺作骑在梁枋上，它可做简洁的"偷心造"，也可做有横栱的"计心造"，"栱"之长短与"斗"之形状具有弹性，可任匠师自由发挥。以台湾寺庙为例，对场时差异最大的为"看架"，即补间铺作。另外"网目斗栱（如意斗栱）"也可任其发挥，栱的形式可直可曲，只要总高度左右齐平即可，调整铺作的高低，斗口的深浅可做微调。

总之，对场、拼场或劈作的营造模式有其优点，可达到竞技及控制工期与经费之效，虽然也有左右失衡之弊，但毕属少数，如同官颁的《工程做法》所载奏疏："一切营建制造，多关经制，其规则既不可不详，而钱粮尤不可不慎，是以论物值则当第其质料之高下，计工价必当核其造作之精粗"。"对场作"不规范设计的细节，但对预算具有控制作用。据实物推测，对场作可能达千年以上的传统，从北宋的宁波保国寺到福建、台湾以迄南洋新加坡皆可发现，值得深入研究。

归纳言之，官式建筑可以《营造法式》、《工程做法》或《物料价值则例》等来规范各种细部做法与经费，以利于工程验收。但广大的民间建筑形式南辕北辙，无法定于一尊，只能以"对场"竞赛来激励创造力，达成劳力与报酬的公平性。

第四节 大木匠师

大木匠师是中国建筑的主匠，台湾匠界尊称为"总斤头"，即分量最吃重的角色。春秋时代鲁班即为大木匠师，千年后仍被尊为木匠的祖师爷。明清时期的台湾，到底何时出现台湾出身的大木匠师，由于文献缺乏，且实物至目前为止尚未发现足以佐证的史料，无法考证。

台湾的汉族人移民建筑以木结构为主，凡是一座建筑的平面宽深、立面高低与柱位安排，大多由大木匠师决定。他通常要绘图，标示尺寸，因此大木匠师要通晓堪舆及吉凶尺寸判断。古时台湾建庙与建民房时，大木匠师的角色有些差异。寺庙的梁柱多，结构繁密，大木匠师的权力很大，石匠师也受大木匠师指挥，但民宅兴建时，泥水匠及石匠的权力可与木匠平分秋色，因民宅的砖、石分量常比木材为多。

根据调查，新庄慈佑宫墙上的同治年重修碑，为目前所发现记载匠师姓名的最早文物。它记载了木匠、石匠与泥水匠。再参酌过去对于陈应彬、曾文珍、吴海同及叶金万等几位大木匠师的调查研究资料，初步推断，台湾在清咸丰、同治与光绪三朝之际开始出现本土的大木匠师。

清咸丰十年（1860年）台湾开放鸡笼、沪尾、安平与打狗四港为通商口，对外贸易激增，文化冲击面扩大，商业繁荣，民生富庶，提供了扩大建设量的基础条件。这时寺庙、民宅与官方的公共建筑增加许多，匠师有供不应求的现象，终于出现了台湾本地的匠师。道光年间出生于板桥中和员山庄的陈井泉与其三子陈应彬即是最具代表性的大木匠师。

大木匠派的分野，与台湾清代移民的分布有一定的关系。大体而言，像台北艋舺这种以泉州三邑人为主的地方，找不到漳州派的建筑。再如鹿港，也多是泉州派。其中以鹿港龙山寺最称典型。观其斗栱、八角结网、看架斗栱、木瓜筒以及托木的特色，皆可作为泉州风格的标准。易言之，我们在台湾其他地区如果发现相同特色的建筑，可以判定属于泉州派（图9-4-1～图9-4-4）。

桃、竹、苗与彰化、云林或高、屏地区，清代即漳、泉、客家混居，建筑匠师互通有无，互相交流与影响。以桃园八块厝的大木匠师叶金万为例，他是漳州移民，但他为客家地区建造许多寺庙，包括关西罗祠、竹东彭宅、埔顶仁和宫与北埔姜氏家庙等。

大木技术的研究，是中国建筑最艰深的领域。细看宋李明仲《营造法式》内容，大木及斗栱着墨最多。梁思成的中国建筑研究，十之八九所论者亦不离大木斗栱结构。可见大木技术的确是中国建筑的精髓。大木技术不但受到木材应力与结构力学的牵制，一座建筑的机能与外观造型也取决于大木，

图 9-4-1　鹿港龙山寺的藻井

图 9-4-2　新竹城隍庙的八角藻井为匠师王益顺的杰作之一

图 9-4-3　台北孔庙的八卦形藻井

图 9-4-4　澎湖天后宫的八角形藻井

因而20世纪30年代梁思成、刘敦桢与日本学者关野贞、伊东忠太在分析中国建筑的历史演变时，无不以大木技术作为年代判断的准则。

第五节 土水匠师

有一句俗谚"土水惊抓漏"，大家都能朗朗上口，台湾所称的做土水的，即泥水匠。顾名思义，泥水匠的专长是与土、水两种材料为伍。一座建筑的地面，墙体与屋顶都归泥水匠的工作范围。另有一句谚语："木匠差分，泥匠差寸"，意即木匠所做的梁柱门窗，只允许一分的误差，泥水匠只能允许一寸之内的差距。地面要呈水平，墙面要垂直，如果倾斜亦不能超过一寸。

泥水匠在一座建筑的建造过程中，开始收尾都担任重要角色，动土时"筑基定磉"与完工时"合脊收规"都属于土水的工作。广义的泥水匠，要具备作台基、砌墙、铺地、铺瓦与做脊的技术。古时分工很细，铺瓦匠与砌墙的泥水匠可能并非同一人，但泥水匠的确要面对极为困难的技巧，因为墙体防潮、屋顶防漏与地板防裂皆是高难度的专业技术。

在台湾有些地方，如北部淡水、南部恒春或澎湖群岛的民居以砖石为主要构造，木梁柱较少，因此泥水匠成为最主要的匠师，承包一切工作，像淡水燕楼泥水匠师在阳明山、北投及三芝一带为人建造民屋，几乎一手包办筑基、砌墙、立柱、架梁与盖屋顶的工程（图9-5-1、图9-5-2）。

有关台湾早期泥水匠的文献史料极少，从20世纪初以来，才有蛛丝马迹可寻。清同治年间重修台北新庄妈祖庙，石碑出现土水匠师李临的名字，可能是史料所载最早的台湾泥水匠师。其次，1910年重修北港朝天宫时，留下工资史料中有泥水匠廖伍。他在20世纪30年代又主持雾峰林家祖坟与丰原妈祖庙，他的名字出现在雾峰林家墓园的水泥柱上。由此可见其受人敬重的程度。

20世纪20年代前后的台湾泥水匠躬逢其盛，面临了日本及厦门所引入的西洋建筑装饰的冲击。洋式山头的浮塑成为泥水匠的拿手绝活，有时颇像传统寺庙屋脊或水车堵的泥塑剪粘，有时运用"开模印花"技巧，印出重复的花样。其中，台中大里吴鸾旗家族墓园的"开模印花"洗石子出自廖伍与曾仁之手艺，规模之大与施工之精，令人叹为观止。

土水匠师不但古代很受重视，今天仍然深受倚重。泥水匠所做的铺地、砌砖或盖瓦虽然没有繁密的雕刻与华丽炫目的色彩，不被视为一种艺术，但它却是一种结合物理学与化学的技术。易言之，其技术性高于其艺术性。

图9-5-1 山墙以灰泥塑成

图9-5-2 南鲲鯓代天府拜亭之屋顶山墙有精美的泥塑

图 9-5-3　清代刘铭传以铁水泥砌成的淡水炮台

土水工程的技术庞杂，例如以粉刷墙面的灰浆来说，各种石灰、砂、棉花、麻绒及海菜精的配比，加入的先后程序，搅拌的时间、养灰的池子大小、水分多寡以及软硬干湿程度，每个匠师的做法大同小异，但仍有些微差异。由于灰浆、水泥、钢筋与瓦片在19世纪末与20世纪初年发生变化，西洋建筑带来了影响，因此泥水匠的技术也必须随之跟进。特别是19世纪末洋务运动与刘铭传新政时期所引入的铁水泥，那时多用兵工，但受外国顾问督造。1895年之后日本的影响更大且更深远。日式建筑有一些墙面粉刷及编竹夹泥做法颇为考究。这些都为台湾泥水匠所吸收（图9-5-3）。

第六节　石作匠师

台湾古建筑多传承自闽、粤，而闽粤因盛产质优的石材，所以石构造技术精良，为中国其他地区所无法比。早在宋朝泉州及福州即有高达30米的石塔，如开元寺塔、长乐万寿塔。然而台湾多地震，无缘拥有高塔。清代台湾寺庙仍以石雕为尚，除了地面所铺的石板之外，"柱珠"、"石球"、"内箱"、"龙柱"及"排楼石垛"等大多以石为之。

台湾本身也产石材，南部的鲁凯人与排湾人常利用页岩建屋，称为石板屋。不但墙体以石砌成，屋顶也以石代瓦，层层叠叠盖顶，既有防水之用，又有防晒之利。山区也出产砂岩，靠近山区的地方汉族人用来建屋。溪边的鹅卵石，用途更广，除了墙基，客家地区常用来铺地。台中东势有一座以卵石排成的鲤鱼庙，充分运用鹅石的优点。至于北部，观音山出产一种火成岩，被称为观音山石，石质坚硬，色泽呈灰紫或灰青，为台湾最好的石材。澎湖海边的硓𥑮石也被利用为民居建材，颇富有地方特色，另又有海中挖出的黑色玄武岩，多用于寺庙，也是澎湖建筑的特色（图9-6-1~图9-6-3）。

台湾目前可考证最早的石匠师姓名出现在嘉庆元年（1796年）落成的淡水福佑宫前殿门楣。石楣落款"惠邑石匠陈柄羡"，说明他是来自泉州惠安的石匠师。惠安盛产优良的花岗石，包括泉州白石、

图9-6-1 台南四草炮台以卵石砌成

图9-6-2 以花岗石建造的台南小炮台

砻石及青草石（青斗石）等，一千多年来提供了石匠辈出的优势条件。近百年来抵台的石匠也大都来自惠安。

惠安县旧属于泉州府，位于泉州东北角，山多田地少，居民谋生不易，自古以来即多从事营造工艺。著名的大木匠派溪底派即产生于惠安东部靠海的崇武乡。现在崇武一地的木匠已衰颓，反而石匠仍继续活跃。

台湾的石匠师在清初康熙、雍正与乾隆这一段时期较缺乏史料。台南附近的古寺庙可见到不少风格古拙的石雕，但未见人名落款。匠师的个人史料如果无法出土，那么从石雕的构图、题材、雕法与风格来分析，未尝不是一个方法。易言之，运用归纳法，首先搜集各种同类的题材，例如石狮子、龙柱、石球（抱鼓）、麒麟垛、龙垛、虎垛及螭虎团炉窗，分析其造型特色。

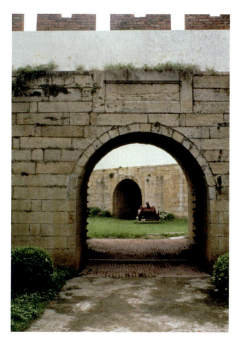

图 9-6-3 台南府城大南门以花岗石条砌成拱门

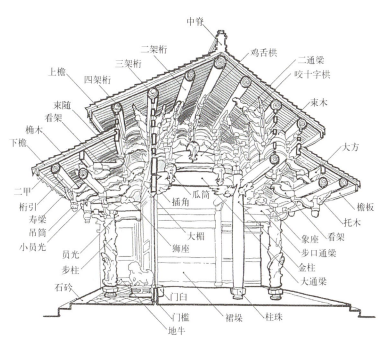

图 9-6-4 北港朝天宫三川殿构造部位分析图

即以龙柱而言，清初多呈浑圆造型，以北港朝天宫观音殿的清乾隆四十年（1775 年）落款龙柱为代表。龙首在上而龙尾在下的罕见之例，以台北关渡宫为代表。此皆为清初典型之龙柱，凡是看到相同或相似风格的龙柱，如果缺乏年代款，或可据此推断为清初类型（图 9-6-4）。

至于清代中期石雕，可以鹿港龙山寺、台北保安宫、淡水龙山寺及宜兰昭应宫等具有嘉庆、道光年间落款者为代表。此期的龙柱较高，龙身略浮出柱身，造型苍劲有力，可视为高峰期之作，凡是具备这样风格的龙柱，大致可以归类为清中期作品；清代后期的石雕，以彰化元清观、台北清水岩及淡水龙山寺为代表；日本强占台湾时期则以台北龙山寺、新竹城隍庙及鹿港天后宫为典型之例（图 9-6-5，图 9-6-6）。

在日本强占台湾初期有一次人数较多的惠安石匠师来台，时值台湾社会安定，生产力大增，寺庙兴起重修的风气，起带头作用的是北港朝天宫。朝天宫在 1900 年代酝酿大修，至 1910 年远至漳泉招聘良匠。除了石匠之外，还有雕花匠及陶匠。朝天宫的大修，也刺激了新港奉天宫、朴子配天宫及台

图 9-6-5 彰化元清观之石柱珠

图 9-6-6 鹿港天后宫石雕虎垛

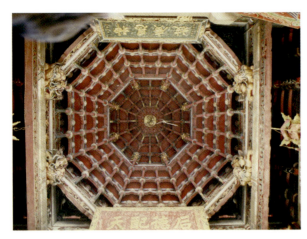

图 9-6-7　彰化南瑶宫的八角形藻井

图 9-6-8　台南南鲲鯓代天府之八角藻井

图 9-6-9　台南南鲲鯓代天府之圆形藻井

南大天后宫的大整修。可推测这些整修工程提供了较多的机会给台湾本地及大陆来的匠师。

第二波唐山石匠来台，是以1918年台北龙山寺大改筑为始。至20世纪20年代，全台的大寺庙如新竹城隍庙、竹北枋寮褒忠义民庙、桃园景福宫、中港慈裕宫、丰原妈祖庙、台中旱溪乐成宫、鹿港朝天宫、彰化南瑶宫、麦寮拱范宫、员林福宁宫、嘉义城隍庙、土库顺天宫及南鲲鯓代天府等皆群起仿效，从各地征聘良匠，大兴土木，进行了全岛性的寺庙大改筑运动（图9-6-7～图9-6-9）。

第二波台湾寺庙改筑运动，以1918年台北龙山寺起始，以1939年台北孔庙落成为终。当时已经爆发第二次世界大战，台湾传统寺庙的生机遭到压抑，石匠师、木匠师或彩绘匠师的工作间接地被剥夺殆尽了。

研究台湾石匠师的途径，仍然以寺庙石雕上的落款与匠师后代访查为主。著名的石匠师常有于龙柱上落款的习惯，如张火广在板桥接云寺（1915年）及八里天后宫（1926年）可见其姓名。其子张木成在淡水清水祖师庙（1937年）也有姓名落款。辛阿救在台中林祖祠（1922年）、新竹城隍庙（1924年）与八里天后宫（1926年）也可见到落款。随王益顺来台的惠安蒋姓石匠师，如蒋细来、蒋馨、蒋文山与蒋文浦等。其中蒋细来与蒋丰原在台北龙山寺前殿龙柱留下名款。

石匠师的工作除了寺庙、民宅之外，也承做牌楼、石桥与坟墓。20世纪30年代在寺庙界享盛名的蒋馨，彰化快官的辜显荣墓与高雄的陈中和墓也出自其设计与施工。在台中大里附近的雾峰林允卿墓，甚至还雕上风水师的姓名。曲手的石柱上落款为江西吉水县陈宝忠。众所周知，江西自明清以来，著名堪舆师辈出，风水师与石匠师显然必须充分配合。

第七节 泥塑、剪粘与陶艺匠师

泥塑与剪粘是建筑的附属艺术，是附着于建筑上的艺术。虽并非是建筑物的必要条件，在台湾的住宅与寺庙中却颇为普遍，因为它可以运用廉价而易取的灰泥与陶瓷片来创作。事实上，西洋建筑在几千年前也有泥塑及类似剪粘的马赛克艺术。罗马的大宅院内常见小口马赛克铺地装饰，柱头也常用泥塑代替石雕（图9-7-1）。

中国泥塑的发展很早，可上溯至秦、汉之前，像始皇陵的兵马陶俑或汉朝的陪葬明器，皆可视为捏土成形的一种艺术，在陶土上加色釉，进窑烧制，成为硬度较高的成品。台湾民间习俗中，在农历过年时要以年糕捏制家畜或家禽小动物，俗称"鸡母狗"。这也属于捏塑民艺之一，拥有其悠久的传统。我国在东汉末年佛教传来之后，佛教石窟寺大量出现泥塑及彩塑佛像，敦煌莫高窟可见之。

泥塑需要量大时，也可灌模印制。台湾的红龟粿或糕点即以木模印出，建筑上重复的花草图案亦可袭此法。在宋朝《营造法式》这部书中，并未述及泥塑之法。泥塑究竟在建筑上的运用始于何时，盛于何地尚未明了。不过，闽、粤的明清时期建筑多喜用泥塑与剪粘技巧装饰其屋脊与墙面，甚至影响至台湾及南洋华人所居地区（图9-7-2、图9-7-3）。

这让我们想起泰国的寺庙多用彩瓷装饰表面是否与此有关联？剪粘最盛之地包括泉州、漳州、潮州及广州一带，其中又以潮州最盛，手艺水平也最高。潮汕与南洋在近代往来密切，建筑艺术互相影响是极为可能的。

泥塑及剪粘工艺在古时常常为同一个匠师所擅长的工作，亦即会做泥塑的人也擅长剪粘，或者也精于交趾陶。像著名的洪坤福，泥塑、剪粘与交趾陶皆是他的专长。但毕竟有专攻之别，匠界所说的"北洪南何"，北部洪坤福擅长交趾陶，而南部何金龙擅长剪粘。

图9-7-1 传统建筑屋顶上常做交趾陶或剪粘装饰

图 9-7-2 台北龙山寺屋顶上的交趾陶

图 9-7-3 桃园寿山岩屋顶上的交趾陶人物生动活泼

广义而言，泥塑或剪粘匠师属于泥水匠的分支，要深谙泥的性质。泥从软到硬化有一定的过程，捏塑的时间与嵌入陶片或加彩的时间先后也有限制，技艺颇为困难，且匠师所用工具种类亦多，施工手法极为细腻，基本上已非泥水匠的工作，而是艺术家的作品了（图 9-7-4～图 9-7-6）。

所用的材料，石灰用蛎壳灰或一般石灰岩所烧，其性质略异，另外加入的砂、麻绒、棉花或海菜粉等以提高黏度。匠师将这种棉仔花掺石灰的混合物称为麻薯糊。交趾则用瓷土先捏外形再进窑烧。不要小看黏土的用途，古时有许多建筑砌砖盖瓦都使用土浆，以黏土加一些石灰，用脚踩至黏度增加到一定程度即可运用。

泥水匠师的养成也许可自小工做起，但剪粘或交趾陶则必先拜师，这是技巧性较高的艺术。因而师承很重要，进而形成风格的特色。像洪坤福、何金龙及苏阳水等皆传授不少徒弟。现今活跃于台湾的剪粘及交趾陶匠多与这三位大师有关（图 9-7-7）。

图 9-7-4 以灰泥与碗片为材料做成的屋脊装饰称为剪粘

图 9-7-5 以灰泥与碗片做成的"旗球戟磬（祈求吉庆）"

图 9-7-7 台南学甲慈济宫之泥塑剪粘人物装饰

图 9-7-6 台中大甲顶店梁宅中门之"梅镜传芳"门额,以剪粘做成

图 9-7-8 台中潭子摘星山庄的交趾陶水车堵

另外,潮州匠师的影响也颇为深远,潮州匠师擅长泥塑,做脊垛、水车垛或壁上浮塑皆很老练。台南一带寺庙内墙流行人物彩绘,其人物头、身略为凸起,这是来自潮州的做法。彰化永靖陈宅余三馆有一对浮塑寿翁与仙姑,是以纸浆棉花为浮塑打底胚,上面再上彩色。有些民宅门楣上的八仙彩亦采用此法。这让我们联想到高级的刺绣八仙彩,以棉花垫底,做出凸面效果的人物,用料虽异,其结果仍同。

交趾陶属于陶艺的范畴,古时并非每个泥水匠都会做,就如同砖雕一样,乃属于特殊工艺。清末光绪年间,台湾中部出现一批水平极高的砖雕作品,在丰原三角吕宅筱云山庄、大肚磺溪书院、潭子林宅摘星山庄以及大里林宅可见之。砖雕虽属泥水匠的工作,但这派匠师似乎失传了,颇为可惜(图9-7-8、图9-7-9)。

台湾的交趾陶匠师研究,近年成为热门的题目,叶王的作品存世不多,否则他的水平最高,可视为清代台湾民间工艺的标杆,至同治初年泉州一经堂蔡腾迎至筱云山庄留下杰作之后,又辟出一片天地,可与广东方面低温陶艺一较高下。清代的交趾陶匠师,常见以"店号"为名承制,如一经堂或文如璧(图9-7-10、图9-7-11)。

图 9-7-9　台中神冈筱云山庄的交趾陶壁堵

图 9-7-10　清代道光年间台湾著名陶匠叶王所做交趾陶人物

图 9-7-11　低温彩陶做成的麒麟

第八节　油漆彩画匠师

建筑彩绘或髹饰是一项很专业的技术。中国古建筑多以油漆保护木梁柱,至迟在春秋时代已普遍出现彩绘。西洋古建筑如埃及、希腊及罗马的石梁柱及墙壁,亦多施彩绘,用来记录历史、教化人心及美化建筑。因此,不要误以为只有中国建筑独施彩绘。

彩绘是一种美术,将美术寄托于建筑体之上,古时也可视为建筑的附庸,有道是建筑为艺术之母也。中国古代画师地位崇高,有时比木匠、石匠更受人尊敬。唐朝吴道子擅长壁画,名留青史。因画师可舞文弄墨,跻身文人阶段,在重道轻器的观念下,拿笔的人地位高于拿斧的人。在台湾社会里,仍然承继这样的观念,所谓"执笔司傅"即是彩绘匠师中负责画人物、走兽、花草、山水与楼阁的人,其角色优于一般油漆匠师。

事实上,比起建筑上的髹饰与彩绘,油漆的部分技巧更难。它要打底作地仗,一度又一度地上漆,以保证日久不生变化,发挥其真正保护木材的作用。寺庙必做彩绘及壁画;民宅则视财力条件,富贵人家才做彩绘,一般则只施油漆(图9-8-1)。

以台湾古建筑彩绘而言,它是否完全与闽粤相同?闽粤由于气候潮湿,古建筑保存不易,且彩绘常在丹青剥落的理由下,每隔50年或60年就被重画过,原迹难寻。以福建地区为例,年代最古者为闽西漳州华安二宜楼的清乾隆五十九年(1794年)落款彩绘。它的梁柱出现"九世同居"题材的彩绘,为横幅构图,利用折线来处理横展的空间,这与《清明上河图》的单斜向等角界画技巧的构图不同。

另外,在漳州青礁保生大帝慈济宫内寿梁上也有一组未落款的彩绘,内容为三个或封神榜故事,人物众多,姿态各异,用笔设色皆属上乘之作。上述这两种画法皆与台湾一些较古老的彩画相同,可证同出一源。但台湾常见的瓜筒画童子、仕女,通梁瓜下绘包巾,斗面画小框,垛头螭虎曲团及垛仁黑底擂金画等特色,却与粤东潮州一脉相传,泉州反而较少。

因此或可推断,台湾古建筑彩绘在技巧及风格上,受到粤东潮州的影响较深。证诸实例,落款潮汕及大埔的匠师如苏滨庭、邱玉坡与邱镇邦,留下一些杰作,可与台湾本土的鹿港郭氏匠派相提并论,互作比较(图9-8-2)。

台湾大部分的彩绘匠师如同木匠或石匠,也常是家传工作,如鹿港郭友梅、郭新林、郭佛赐的郭

图 9-8-1 麻豆民宅室内可见雅致的花鸟彩画

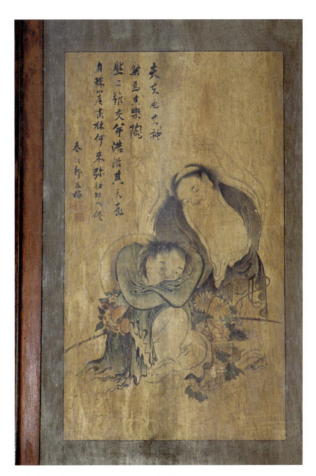

图 9-8-2 郭友梅所绘之摘星山庄"和合二圣"壁画

氏匠派或是邱玉坡及邱镇邦父子。此外，还可从文献上得到一些清代文人书画家的资料，因为他们偶亦参加寺庙或民宅的彩绘，在墙垛上留下水墨画或书法题字，例如台中丰原筱云山庄墙上可见清代名士庄俊元、蔡催庆的书法，广东来的文人吴子光为其题门联等。

而匠师在彩绘之前，要遵循古制，寺庙、家庙与宅第必有所区别，即台湾俗称的"红宫乌祖厝"，意指寺庙以朱红色为主调，家祠祖庙以黑色为主调，如福建泉州开元寺，虽经数次重修，但梁柱仍保持全漆朱红色，台北林安泰古宅及新竹郑用锡进士第，亦以黑色为主。色调决定之后，其次是主题，古人对于彩绘会赋予求吉纳祥的企盼。画什么题材，即象征祈求与愿望（图 9-8-3）。

祠堂、家庙及宅第喜用"忠"、"孝"、"节"、"义"的题材，尤其是"孝"。林安泰古宅有"九牧传芳"匾，

图 9-8-3 桃园翁宅门楼绘"福星拱照"来祈求吉意

述说其先祖孝行典故。有些民宅以大舜耕田为题彩绘，亦属"孝"之典范。台中潭子摘星山庄则以主人戎马战功为题，彰化节孝祠在意识上贯彻更集中，以烈女传故事为表现主题。如果是关帝庙，则以"忠"与"义"为主题。清末也出现过"西洋时钟"的题材。

图9-8-4 彩绘匠师潘丽水在台北大龙峒保安宫所绘之"花木兰代父从军"

图9-8-5 大龙峒保安宫的门神彩绘

日本强占台湾时期则出现"富士山"的题材。凡此或可说明彩绘题材反映时代意义（图9-8-4）。

时代的变迁影响彩绘内容与审美观，其中以"门神"演变最明显。从清代至近代，门神由矮胖转变为高瘦，如清光绪年间所绘的雾峰林宅宫保第文武门神（"九二一"地震后拆卸保存）、板桥五落大厝门神与麻豆郭宅门神（已被拆）。从这几幅清末门神可以看出较矮胖的人体比例，且服饰佩件较简洁，面孔较平板，眼、鼻、嘴皆不施光影，有一种版画的趣味。至日本强占台湾时期所见的台中林祠、佳冬萧宅及竹北六家林宅等门神，仍延续不做光影的传统。

但到了1945年第二次世界大战后初期，台湾的门神形式开始发生转变，身材比例拉长，光影的技巧被引入面孔及手脚，而台南潘春源、潘丽水与陈玉峰所画的门神奠定了这一风格转变的基础，如潘丽水在20世纪30年代日本人压迫寺庙艺术时，曾投身电影广告牌绘制，直接地从西洋油画的光影技巧得到启发，日后在门神脸部施以明暗光影（图9-8-5）。

注释

① 一种低温的彩陶，源自福建与广东。

② 刘致平《中国建筑类型与结构》，书中指出南方称为"斗子砌"，其有经济及隔热的优点，且可承重，并有"高矮斗"、"马槽斗"、"盒盒斗"等技巧。与台湾做法相同，不过台湾常为了加厚墙体，背面用土墼。

③ 杨秉纶、王贵祥、钟晓青《福州华林寺大殿》，收录于《建筑史论文集》第九辑，1988年，清华大学出版社，北京，16页。

④ 1636年3月从安平驶往罔港之船只，载运红砖四万个，或可证当时台湾已有砖瓦的生产。《巴达维亚城日记》第一册，1970年，154页。

⑤ 泉州阮协兴号为一著名砖窑厂，龙山寺内尚有道光十一年（1831年）"泉厦郊商船力捐题缘金"石碑，纪录从泉州运杉、石、砖、甓及石灰的金额。出土的不及一尺见方的砖瓦，铺在筒瓦之下。

⑥ 见黄汉民《福建土楼》，2003年，三联书店，北京。

⑦ 《淡水厅筑城案卷》，台湾文献丛刊第171种，1963年，台湾银行经济研究室，台湾：台北。书中收录清道光六年至二十三年（1826~1843年）的相关工程文献。

⑧ 见李乾朗著《台湾建筑史》，1979年，雄狮出版社，台湾：台北，209页。

⑨ 沈怡文，《台湾传统瓦窑烧制程序之研究》，2004年，中原大学硕士论文，2-2页，台湾炼瓦株式会社所生产的西式规格红砖占有重要的市场。

⑩ 傅熹年在1981年第四期建筑学报《福建的几座宋代建筑及其与日本镰仓大佛样建的关系》一文中，对由我国传去的所谓天竺样或大佛样建筑的木结构与我国浙、闽一带的宋代古建筑作比较，这是此领域的主要论述。日本学者田中淡《中国建筑史研究》一书亦论及。

⑪ 张驭寰在1979年出版的《科技史文集》第二辑《山西元代殿堂的大木结构》中，深入地分析比较了减柱与移柱之法。

⑫ 叠斗为作者依其施作方式所定名称，闽南匠师称为"塔斗"，塔亦指叠高之意。从下而上依序叠高，并渐次缩小收分，外观如塔形。斗口有单槽或十字槽，以承接栱或枋。

⑬ 粤东潮州开元寺的前殿屋架大量运用叠斗技术。除了柱头用叠斗，众多瓜柱也都用叠斗，有达叠十层斗以上者，可谓叹为观止。另外，漳州南山寺山门亦大量使用叠斗，结构巧妙。

台灣古建築

第十章 建筑装饰特色与类型

第一节 建筑装饰特色与题材

建筑的原始目的是安全及防御，构造坚固、空间合乎生活上的功能是初步的要求。人类的社会形成，文化发达之后，建筑的意义便超乎物质需求，为了满足人类心灵文化的需要就显现出来。这时将审美及其他的意义融于建筑之中，建筑的装饰也就开始了第一步。装饰并非只是一种外加的构造或色彩表现，材料、构造或结构本身若经过刻意安排，使之系统化或精致化，就可能成为装饰，这是很重要的观念。

若是观察中国建筑的装饰，发觉它原来大都是由构造的必然性演变过来的。易言之，装饰当其之始，皆源于材料之本性及构造之关系。匠师累积了长久的经验，悟出了巧妙的道理，于是将材料细致化，将构造的精神表现出来，这就是装饰的动机。例如砖头叠墙时，使用斗砌法原是为了防潮及节省用料，但是它的立面形成宽窄不一的节奏感，给予人们愉快的视觉感受，因而斗砌法就可以成为一种具有装饰效果的砖墙了（图10-1-1）。

再如屋脊及曲线，屋脊原有压瓦的作用，尤其是三川殿的垂脊，三川殿底下透空，没有隔间，因此当风力过大时，有被吹掀屋顶之虞，垂脊即发挥压重的作用。屋脊的曲线也具有力学上的道理，脊的两端下面刚好压住山墙或栋架，防止栋架反弹，同时次间屋脊向明间倾斜，共同压住明间，获得力学上的平衡（图10-1-2、图10-1-3）。

屋脊中央的塔或宝珠，也有避雷针的作用。柱与通梁交角的托木，又叫雀替或插角，它具有稳定梁柱呈90°的作用，但雕以鳌鱼或飞凤，象征着吉祥鸟将屋梁抬起，带来祥瑞之气（图10-1-4）。总之，寺庙建筑的装饰反映着中国人趋吉避凶、祈望教化与自我表彰的人生观，透过建筑的材料及构造，以具象的造型或抽象的象征将愿望表达出来。

一、建筑装饰特色

（一）民居装饰

祠堂、家庙及宅第喜用"忠"、"孝"、"节"、"义"的题材，尤其是"孝"。

（二）寺庙装饰

寺庙的装饰有时极尽花巧之能事，一座建筑里里外外都布满了装饰。然而装饰毕竟还是遵循一定的原则。其基本理论可归结出三项准则。

1. 上下分段。模仿人或生物的形象，有头、颈、身、腰及脚等段落分割。例如以一座寺庙而言，屋顶即头，斗栱为颈，梁柱为身，而台基为脚。再以一樘隔扇门为例，它具有顶板、楾木、腰华板、裙板及圭脚之分。一个柱珠，细看也具有其独自的段落，有肚有腰也有脚。因为任何一个部位，匠师都尽量让它保有上下的分段，使望之更觉四平八稳，出落大方（图10-1-5）。

2. 左右分区。亦模仿生物，使其有主从之分，犹如人有鼻眼或头肩之别，即是让一片墙或门窗有左中右之分，以中间为主，两侧为辅。因而，三川殿辟三门，中门宽于旁门。一支通梁，分垛头及中央部位垛仁分别施彩画，间隔以几何纹样划分（图10-1-6、图10-1-7）。

3. 核心环套。亦即层层相套，框内有框的渐进变化。例如方形内再套八角形，再套圆形，结网常用此法。窗框内的变化也多用此原则。而且内外环之间留出空隙，以点状物衔接，令其倍觉轻巧带劲。

装饰的题材除了几何纹样、自然纹样外，人物故事应是寺庙里最出色，也最引人入胜的题材。中国古代的神话及历史演义小说是最受欢迎的题材，

图10-1-1 以斗砌法做成的砖墙与竹节窗

图 10-1-2　鹿港龙山寺的柱头上伸出 45°角的斗栱来支撑屋顶

图 10-1-3　螭虎栱

图 10-1-4　台北先啬宫之飞鳌木雕

图 10-1-5　经过彩绘的螭虎团炉隔扇门

这里似乎意味着匠师及信徒对历史之缅怀与尊重，散发着人本主义的光辉。有时候为顾及此，美学的问题就退居其次了。匠师们建造殿堂，而完成的殿堂必将再构筑一个不可见的伦理秩序的新殿堂。

夏商周三代的故事很受人喜爱，尧、舜、禹及文王伐纣这远古的历史皆可能出现于任何一座寺庙，《东周演义》及《封神榜》小说则是一般道教庙宇最广用的题材。更有些真实的历史人物，如三国的刘备、关公、诸葛亮及曹操等，其次是《封神榜》及《佛经》故事。另外还有唐宋元明的才子佳人也常被选入主题，诗人李白、杜甫或文人陶渊明的豪放洒脱，亦常入画（图10-1-8）。

一些最常出现的题材，如黄飞虎反五关、七才子过关、八仙过海、子牙西岐会四圣、张飞战马超、志公渡梁武、杨妃醉酒、四王献钵、罗宝火焚四岐城、仁贵破飞刀、大舜耕田、渭水访贤钟馗试剑、霸王别姬、鸿门宴、杨任大破瘟黄阵、武王陷落红砂阵、樊梨花大破五龙阵、金鸡岭战孔宣、哪吒斗东海等。[①] 就各个部位的装饰而言，除了随类赋形，按其构造特色及受力形态，并强化其变形程度，使之表达一种因势而生的造型效果，或进而给予象征意义，令观赏者领会某种美学境界（图10-1-9）。

台基是寺庙建筑的座椅或托盘，要表达四平八稳的架势。以砖石砌台基时，边缘可有花砌的装饰，让它不会太呆板。彰化孔庙大成殿台基，就以花砖当面砖，砌出"寿"字及"卍（万）"字图案，显示天长地久的意味（图10-1-10）。

台基边缘可置台阶、御路及栏杆。台阶喜用奇数，象征"阳"。只有一阶时，雕出小腿形式，称作圭台脚或柜台脚，通常使用卷草或螭虎等图

图10-1-6　图案上下对称的彩绘垛头

图10-1-7　南投竹山敦本堂之精雕屏风门

图10-1-8　澎湖马公天后宫之"杜甫映壁题诗"擂金彩绘

案②。御路又称为斜魁或龙网，寺庙的正殿台基前常置之。它原是斜坡的转变物，古时供轿子或车马出入。台湾常雕龙饰，有单龙者，龙头居中盘卧，故称龙网。亦有雕双龙者，呈抢珠状，如朝天宫③（图10-1-11、图10-1-12）。

台基上放置柱珠，又称为柱硕，近代亦称为柱础。它原是隔绝木柱与地面接触的构件。它的表现力很广，从最简单的竹节珠到最繁琐的八角花篮，琳琅满目，美不胜收。清代初期流行鼓形，上下缘有钉帽饰。中期流行桃弯形框边或八角形，每边雕一样宝物，如八宝、八骏或琴棋书画等花样。用方形时则喜采用竹节脚。清末则多流行莲花或金瓜瓣。台湾最美的石柱珠以台南大天后宫、鹿港龙山寺及台北龙山寺为代表④（图10-1-13）。

门槛下常置石枕，或称门箱。边缘抹角，两侧肚面雕璃虎或花鸟人物饰。中门则用抱鼓石，又称为石球。螺纹及花鸟是最常见到的。球下雕包巾，置于柜台脚之上，包巾高度为球径的1/5，柜台脚为球径的3/5。若不置抱鼓石，则放置石狮，左雄右雌，雄狮开口含珠，脚踩绣球，雌狮则戏弄小狮，非常可爱。寺庙的石狮并非真正的狮子，而是一类似狮子狗的兽类，中国人发挥想象力，将狮子的姿态及表情赋予人性，做欢迎访客状，同时也负责镇守大门，亦庄严亦和谐的面孔是最恰当的（图10-1-14）。

窗下及廊墙下的石堵也有柜台脚雕饰。它的用意是将寺庙拟人化，让它自己有脚站起来。外观上也显得轻巧活泼。通常用的题材是螭虎脚，两端做弯弓状，中间称为"坚"的部位稍下垂，表现负荷重物的样子。匠师又叫它"地牛"，有螭虎吞脚及鲤跃龙门等形式。

图10-1-9　台中清水黄宅之"三顾茅庐"墙垛彩绘

图10-1-10　板桥林本源三落大厝墙上的"卍"字砖砌

图10-1-11　台北龙山寺大殿御路雕龙

石墙堵越多表示庙越尊贵,因此台湾清代的寺庙有不少例子是后代逐渐退换木隔扇为石堵或石窗。石堵有如隔窗,分成上堵、身堵、腰堵、下裙堵,仿若一个人。上堵的题材多为花鸟人物,身堵如果是廊墙"对看堵",则东边雕龙,西边雕虎。排楼面的石堵常雕成"螭虎围炉",即以螭虎构成香炉的透空漏窗。比较讲究的大庙则多雕"人物带骑",意即撷取一段历史演义的故事作题材,窗内布满了打仗的武士,各种战骑及武器纷纷出笼,蔚为大观。

最后,石雕部分我们谈到龙柱、人物柱、花鸟柱及蝙蝠柱。龙柱可使一根柱子看起来不至于太细,柱上盘龙更有一柱擎天之感。清代中叶以前的习惯是一柱一龙,而且多为圆柱。至嘉庆之后开始盛行八角柱盘龙,柱子因棱角犀利,更显有力。至清末及日本强占台湾初年,开始流行一柱双龙。龙柱的龙尾通常在上,龙头在下,环绕柱子刚好一圈。龙头上昂,龙爪抓珠,所谓张牙舞爪,至为生动。人物柱及花鸟柱应用在殿内可增加很多的变化。在台南安平妙寿宫还有一对蝙蝠柱,可能是全台唯一的。台北龙山寺前殿的铜铸柱,也是全台罕见的,有稀少性之价值⑤(图10-1-15)。

门窗在寺庙中也提供了许多装饰的可能性,门板上除了门环或官方大庙的门钉门钹,一般寺庙三川门要绘门神,秦叔宝及尉迟恭最常见,佛寺用四大天王或金刚像。妈祖庙喜用宫娥,道教庙常用天将,一切制度有如人间的情况。中国人常将现实的人世观点投射到他们的想象世界,于此得以明证。窗子的形状很重要,具有几种象征的意义:竹节窗取高风亮节之意;圆窗取圆满之意;八角窗则象征八卦(图10-1-16)。

其次,木结构部分,栋架及斗拱可施彩绘或雕刻。具有承负重量的构材不施雕,其余作为巩固

图10-1-12 宜兰妈祖庙之青石御路雕蟒龙

图10-1-13 彰化孔庙之石柱珠

图10-1-14 台南古庙之抱鼓石

图 10-1-15　一柱双龙的形式初现于清末光绪年间

稳定的小构件则是雕花匠表演的舞台了。在大通梁与金柱相接之处置托木，宋朝称为绰幕，清宫式称为雀替。这个构件雕成飞鱼、飞凤及仙鹤最多。瓜筒雕螭虎头衔磬牌，瓜筒上甚至雕老鼠，称为"鼠咬瓜"。束橢的花样更多，但以人物及花鸟最常见。斗栱是力学构件，但斗也有方、圆、六角、八角及菱花形，栱身有关刀形、葫芦边形及螭虎形。泉州派喜用关刀栱，漳州派则用螭虎栱。在屋檐下还有最受瞩目的吊筒（垂花），以花篮、倒莲及白菜最多（图10-1-17、图10-1-18）。

木结构不能太过于施雕的部分要涂油漆，以砂纸打磨，才能髹漆。油漆能保护木材。柱子以黑色及朱色最多，阴庙用黑色居多，一般阳庙用喜气洋洋的朱红色。通梁的彩画最难，要分垛头及垛仁。垛头即画框，多画成非常精细的卷草纹或几何纹样。垛仁即中间空出来的部分，可提供画师或书家在上面挥毫。通梁彩画，在瓜筒之下要画包巾，江南称为包袱（图10-1-18）。有硬折与软折等形式，匠人的功夫尽表现于此。

文字在中国建筑中是一种很具特色的装饰题材，世界上其他国家均很罕见。早期寺庙的柱子上用吊挂的楹联，清中叶之后才逐渐改变，直接刻于柱上。门楣上悬挂庙名，殿内梁上亦有各种大大小小的匾额，墙上题"竹茂"与"松苞"，或"腾蛟"与"起凤"皆属吉祥语。

桁木是室内最高的构件，中脊桁要施太极八卦及龙凤彩绘，八卦图案被认为可以压煞镇邪。其余的桁木通常不施彩，吊灯的灯梁多呈六角形断面，这里因距人眼较近，是可以施彩的。桁木上的桷木也可画上木纹，称为"虎皮纹"。近年来许多寺庙所绘的虎皮纹过于草率，予人以弄巧成拙之感（图10-1-19）。

屋顶是一座寺庙外观上最为醒目之处，装饰的重点集中在主脊、垂脊及山墙鹅头三个部位。主脊两端燕尾起翘，曲线流畅飞扬，表现一座寺庙的气势，有一种张力，如振翅欲飞状。脊的上缘叫作"上马线"，下缘称为"下马线"。两线之间称"脊肚"，这里的装饰要使用耐风雨的泥塑与剪粘（图10-1-20、图10-1-21）。

脊头用螭虎纹，中央以剪粘装饰花草。下马线以虎、豹、狮、象走兽装饰，以示驮负之功。脊上中央置宝珠或宝塔，这两种饰物被认为可以镇邪，或是置福、禄、寿三仙以示吉祥。左右两侧饰以剪粘的水龙，龙身翻转，至为生动。水龙有压祝融的象征，寺庙屋脊不可或缺。至于垂脊，考究的做法在垂脊上端以泥塑饰一龙头咬住，脊线滑下之后又卷起，下面自然形成三角垛。反卷的燕尾脊下可置人物剪粘，并有圭脚使之站立，真是设想周到。至于山墙鹅头部分，大多用泥塑或剪粘制作装饰物，花篮、狮头、吊磬牌是最常见到的，最巨大的是屏东曾祠用的书卷折页，既大且精，令人百看不厌（图10-1-22、图10-1-23）。

图10-1-16　台北淡水鄞山寺之佛教门神

图 10-1-17　台北孔庙之木雕吊筒与雀替

图 10-1-18　瓜筒下可见彩绘的包巾图案

图 10-1-19　中脊梁下常绘太极八卦与包巾

图 10-1-20　南鲲鯓代天府拜亭之攒尖式屋顶

图 10-1-21　澎湖马公观音亭之六角形屋顶钟鼓楼

图 10-1-22　庙宇屋脊上常可见到的装饰题材有龙与福禄寿三仙

图 10-1-23　高雄凤山龙山寺山墙的脊墬装饰

二、建筑装饰题材

装饰的起源多自实际的功能及象征，建筑上的手法有：写、画、彩、雕、塑、贴、砌等七种，每一种都有不同的匠人来负责，赋予艺术生命。兹分述如下。

1. 写。在柱上或门上或墙上题字，多请地方耆儒为之。

2. 画。木构造部分皆有画，尤以通梁及斗栱为最，多采用历史演义的题材。

3. 彩。木结构部分为防腐朽皆需上彩，并施以图案。

4. 雕。有石雕、木雕、砖雕三种。

5. 塑。即泥塑，以三合土塑成图案。

6. 贴。交趾陶烧或彩色上釉瓷片贴于墙上或屋脊上，俗称"剪粘"或"剪花"（图10-1-24）。

7. 砌。砌砖墙时以特殊的花砖或经设计的排列方式砌出图案来。

所用的题材是非常丰富的，匠人们运用其想象力将历史上的故事传说及各种象征图案汇聚到一座庙宇里，匠人一生的功力都借庙宇的装饰表现出来。要研究民间艺术实应自庙宇装饰着手，虽然题材多道教上的故事，但却深受佛教艺术的影响。有些后期的庙宇甚至有西洋建筑装饰的影响，例如忍冬叶作为柱头装饰，可追溯由希腊、中亚、犍陀罗、印度至中国，云冈石窟亦可见到。文化必须互相交流才是有生命的。

首先就几种台湾古建筑常使用的装饰纹样分类如下，并简略谈到其种类及其由来。

（一）自然纹样

1. 云纹。云为滋润万物之根源，所谓"祥云献瑞"，又可为神仙之坐乘。在雕刻的构图上，可用来区分远近、上下、大小及补白来平衡画面。台湾庙宇常用的有流云及云斗等形状。

2. 雷纹。有如回纹，多用于石堵的边框。

3. 火纹。常与龙一起出现，或在寺庙的神像背后。

图10-1-24　以剪粘做成的脊堵

4. 水纹。又称水波纹及海浪纹，蟠龙柱下端即有之。

5. 冰竹纹。又名冰裂纹，雾峰林宅之支摘窗即有之（图10-1-25）。

（二）动物纹样

1. 五灵。龙、凤、龟、麟、虎合称之，前四者亦有称四灵，再配上五行即为"金龟"、"木凤"、"水龙"、"火麟"、"土虎"。庙中之柱常有蟠龙，东石堵亦有云龙，西石堵有虎，中门两侧有麒麟，石柱珠常雕有乌龟，托目则雕凤及鹤。

2. 龙纹。有水龙、螭龙（无角龙）、火龙（吐火）、蟠龙（未能升天者）。龙能注雨以济苍生，可祈雨避邪压火灾。台湾的庙宇主脊上常有双龙拜塔、双龙抢珠、夔龙拱璧，即采用此意。或谓龙好吞火，将之置于屋脊上可压火灾。

3. 凤凰。为祥瑞的象征，又为百鸟之王。

4. 狮。避邪之用，原为天禄避邪，梁安成康王墓的神道，有胸带翅膀的石兽，似为受西亚的影响。常有绣珠纹与双钱纹与之搭配。

5. 麒麟。麒为雄，麟为雌，形似鹿，但只有一角，古人认为是仁兽（图10-1-26）。

6. 象。常与花瓶一同搭配，称之为"太平（瓶）有象"。

7. 鹤。多为"团鹤"造型，鹤之双翅展成圆形，鹿港龙山寺五门之石枕有之。

8. 鹿。与"禄"同音，其他采用同音者甚多，如蝙蝠（福）、鱼（余）等。

9. 蟹。有甲，取登科之意，新竹城隍庙三川殿有蟹状的斗座。

10. 马。八骏马，传说周穆王有骏马八匹，雕时只只姿态皆不相同。

11. 龟甲纹。六角形纹样，地面铺面砖及墙上花砌皆可用之。

（三）植物纹样

1. 忍冬叶。斗座及柱头或托目。

2. 柿蒂。窗棂图案。

图10-1-25　台中雾峰林家的支摘窗，窗上有各式不同的纹样，如回纹、冰纹等

3. 海棠。窗棂图案。

4. 莲叶、莲花。多在吊筒（垂柱）。

5. 金瓜。瓜筒造型。

（四）器物纹样（图10-1-27～图10-1-29）

1. 如意。多采用如意头纹。

2. 宝瓶。佛教的法器。

3. 葫芦及香炉。葫芦谐音与"福禄"相同，炉谐音为"禄"。

4. 琴棋书画。一琴一鹤代表清廉，林安泰宅的束木即雕有琴。

5. 祈求吉庆。以旗子、玉球、兵戟与磬牌四样器物合而称之，象征着祈福纳祥的美意。

（五）人物题材（图10-1-30～图10-1-33）

中国南方建筑多喜将人物题材用于建筑上。以彩画而言，北方的旋子及和玺彩画就不使用人物题材，而南方的苏式彩画则多注重人物山水。闽南式的彩画装饰受印度的影响很大，大概因自宋朝以来，泉州与南洋贸易频繁之故。

庙宇的大楣或屋脊上常有八仙题材的装饰，大通梁上则绘有历史演义的故事或佛经典故，出自封神榜者如《子牙西歧会四圣》，出自三国演义的如《赵子龙救主》，出自佛经者如《四王献钵》。另外如《七才子过关》、《樊梨花大破五龙阵》等，都是受欢迎的题材。这些人物故事往往就是中国旧社会里的社会教育工具。在庙口的老人可以指着墙上的雕刻彩画对儿孙们讲古。这种情景在西方古典建筑中亦同。

而八仙⑥指张果老（持鱼鼓）、吕洞宾（持宝剑）、韩湘子（持横笛）、何仙姑（持莲叶）、李铁拐（持葫芦）、汉钟离（持扇子）、曹国舅（持阴阳板）及蓝采和（持花篮）。另有所谓暗八仙，即指八仙所持之物，如宝剑、花篮、葫芦等，多置于山墙鹅头下。八仙之象征为"庆寿"，八仙中多为唐宋以后的人，南方建筑常用为装饰。台湾的庙宇三

图10-1-26 鹿港龙山寺的石雕麒麟堵

图10-1-27 清代叶王所作交趾陶，可见图上有香炉与宝瓶等

图10-1-28 台北先宫之"旗球（祈求）"石垛

图10-1-29 台北先啬宫之"戟磬（吉庆）"石垛

图 10-1-30　以彩瓷及泥塑制成之戏剧人物装饰

图 10-1-31　台北龙山寺屋顶垂脊之交趾陶装饰

图 10-1-32　台北龙山寺屋脊交趾陶装饰

图 10-1-33　台北龙山寺屋脊上可见精致的交趾陶人物装饰

川殿中门石楣必定雕有八仙，有时正中央还置骑鹤的南极仙翁。

（六）其他象征纹样

来自道教的太极及八卦是应用很广的图案，庙宇之中脊上必定绘有太极八卦。来自佛教者如"八宝"，所谓八宝意指"法螺"、"法轮"、"宝伞"、"白盖"、"莲花"、"宝瓶"、"金鱼"及"盘长"，此皆为佛教之法器，又称为"八吉祥"。

其中"盘长"为最奥妙的图案，可以连绵不断地发展，佛说中曰"回环贯彻，一切通明"。"卍"字盘长在庙宇建筑中用得最广，如窗楹上堵、石珠、石堵、砖堵皆用之。盖取其吉祥万福，连绵不断的象征。另有"四合盘长"，亦多用于窗楹，"六合"则指天地及四方，为中国的空间观念。而装饰图案成圆形，有团圆之意，篆文写成圆形亦然，因此才有团鹤图案。瓦当则用团寿字（图10-1-34）。

第二节　建筑装饰的做法

一、石雕

由于台湾本地所产的砂岩及安山岩不利于细致雕刻，所以大部分的优良石材仍然从闽粤输入。著名的压舱石，就是利用回程的船舱载大量的石条。因此台湾早期建筑的石材多来自福建，其中以泉州白石最受欢迎。它的质地坚硬，风化程度较缓，置于室外也不容易风化，如今可以在台南孔庙前面1777年建的泮宫坊，以及接官亭坊验证这种石雕耐风化的优良表现，其雕刻造型犀利，仍可见明显的轮廓。

至于龙柱的形式，大体上倾向于浑厚有力的风格，龙盘在圆柱子、圆断面之上。具代表性的除了前述彰化孔庙大成殿之外，还有北港朝天宫在清乾隆四十年（1775年）所雕的龙柱。这一对龙柱成为北港朝天宫很重要的年代依据。同样风格的龙柱

图10-1-34　新竹义民庙以砖砌出"万字不断"的装饰

还可以在北部台北盆地的关渡宫以及六堆地区的六堆天后宫见之。这几对龙柱被视为18世纪台湾龙柱艺术的最高水平之作。至于龙柱以外的石垛，倾向于朴拙的风格，在凤山龙山寺的麒麟垛、淡水福佑宫的人物垛都可以看到此种风格朴拙的石雕（图10-2-1）。

关于石材的加工，宋《营造法式》的雕镌制度将它分为四种，如下所列（图10-2-2）。

1. 剔地起突。即所谓深浮雕，将主体凸出，地凹入，清代称为"凿活"。

2. 压地隐起华。即现代所称的浅浮雕。

3. 减地平钑。即线雕，以凹入的细线描出轮廓，清代称为"平活"。

4. 素平。完全磨平，不施雕图案。

《营造法式》只精要做四种分类，但就我们在台湾与福建的石造建筑所见，在宋代之后又有更多样的发展。笔者推测可能得自两方面的理由，一是福建泉州在宋元之后跃为世界上商务繁盛的大港，加速中西文化交流，随着贸易商人而引进南洋、印度，甚至欧洲石建筑雕琢之技术。另一个原因是福建盛产质地坚硬的花岗石，可做精细的雕刻，特别是泉州惠安一带，除了花岗石外，又有一种被称为"青草石"或"青斗石"的花岗石，其硬度较一般白石更硬，且质地细密，没有杂质或芝麻点，成为最抢手的石材。

据来台发展并定居数十年的惠安峰前匠师张木成所述，在南塘玉昌湖所产的"青草石"质量最优良，其色泽呈草绿色，且硬度极高，被匠界视为惠安最高级的石材，价格亦昂，只有少数建筑用得起，包括1919年改筑的台北龙山寺、1923年的台南南鲲鯓代天府、1924年的新竹城隍庙、1927年的鹿港天后宫等。另外位于高雄的富豪陈中和墓及厦门集美的陈嘉庚墓亦使用了许多昂贵的玉昌湖青草石。

在闽南惠安匠师的努力之下，我们推断可能至明清时期，雕镌制度获得了更大的进展，雕镌的技术向更精细提升。据实物分析，除宋《营造法式》四种外，又增加下列四种（图10-2-3～图10-2-6）。

1. 内枝外叶。比剔地起突的凹凸更大，并雕出内外数层，有如枝叶，清代北方称为"透活"。

2. 双面见光。将正面与反面皆施精雕，常见于石窗。

3. 水磨沉花。先将石材磨平，再将图案雕成阴刻，沉下花纹。

4. 水磨点花。将石材磨平，再以尖凿打点，以疏密小点表现图案形状。

易言之，闽南及台湾所见的石雕，共有八种雕琢技巧可供采用。在一座寺庙中的墙堵及石柱，可以交替运用这八种方法，使石雕的变化更趋丰富。这些技巧在明清至民国初年，皆出之以手工打凿，因而大量的石匠师投入工作，以1919年台北龙山寺改筑所聘的石匠师即达数十位，其中列入史籍中较著名石匠师有蒋金辉、蒋细来、蒋丰原、蒋连德及蒋玉坤等。他们大都留在台湾继续建庙，为台湾近代石匠业奠定下良好的基础。

在建筑构造方面，石构件分布于一座建筑的下半段或地面，而石制的幡竿、石碑、赑屃等构件亦是以石雕成。另外如台基的"散水螭首"或"井口石"亦以石雕成，以其可耐久也。福建与台湾因崇尚石构的优越性，石构用的更广。泉州开元寺的东、西塔全为石构，仔细分析其力学原理，主要仍为垂直承重法，即水平砌法，只有门洞上方出现半圆形的拱构造。事实上，在隋朝李春设计的安济桥已展露出中国古代对拱构造优异的技术，但福建所见却仍重用"柱梁（Post & Lintel）"结构，著名的"安平桥"即全用巨大的石梁承重。泉州开元寺东、西塔除了门上有一点石拱外，几乎全采用水平砌法的承重构造。

了解这点特色，再来看台湾古建筑石构，从清嘉庆十年（1805年）的台北保安宫前殿，可看到"以石仿木"的做法，反映着石材是被当成木材来使用的，保安宫的石柱做出"槽涵"，完全仿木柱的榫卯。台北孔庙棂星门及龙山寺前殿的石柱上置"栌斗"，亦仿宋《营造法式》的做法。淡水妈祖庙福佑宫前殿亦出现"柱头斗"，并且这个"斗"是与楣梁雕

图 10-2-1 淡水燕楼李氏家庙之石龙柱

图10-2-2 抱鼓石上可见双龙戏珠图样　　图10-2-3 台南南鲲鯓代天府之"旗球（祈求）"石垛　　图10-2-4 台南南鲲鯓代天府之"戟磬（吉庆）"石垛

图10-2-5 台北龙山寺之"李白醉写番表"人物石垛

在一起的石材，凡此诸例都暗示着石构造仍保留着木结构的部分特征。从现存最早的实例，如嘉庆元年（1796）淡水福佑宫或清嘉庆十年（1805）的台北保安宫，我们或可初步推断，"以石仿木"的转变应当初显于嘉庆初年，约公元1796年前后（图10-2-7）。

二、木雕

在台湾古建筑中，与大木结构并存且其界线不很明显的部分，传统上被归为小木作，或称为细木作、幼木作。小木作常为大木匠师所限制，因为结构图出自大木匠师之手，他所决定的梁枋斗栱尺寸，就对小木的尺寸产生了限制。雕刻的木材种类也不像大木那么多样，一般以樟木居多，取其质地细密、木纹坚实，且不易腐朽的优点。另外，匠师们手上会准备相应的工具，以便进行细部雕刻，使成品更加美观（图10-2-8～图10-2-10）。

其中负责做凿花与做门窗的匠师即被归类于小木作。虽然他们负责较细部的装修工程，但技艺的艰难度不亚于大木匠师，俗谚"雕虫小技"并不正确。木雕的匠师在建筑之外，也可承揽神龛、佛帐、家具、器物或单纯艺术品，因而工作范围很大。台湾的古城如台南、鹿港及台北艋舺仍维持许多佛具店，雕刻神像成为永不衰退的行业。在古代，木雕匠师的工作更广泛，从家庭用的桌椅、供桌、神龛、红眠床到寺庙的祭具、神案、神轿、梁柱雕花及匾联雕刻等（图10-2-11）。

台湾的凿花，主要承自泉州、潮州与福州三地。其中泉派较粗枝，潮州最精细，而福州介乎其间。潮州木雕以内枝外叶闻名，内外层次丰富，姿态婉约动人。日本强占台湾初期来台的"鸡母兴"影响力颇广。笔者从许老匠师口中得知其外号，他的名字出现在《艋舺龙山寺全志》，才知是杨秀兴。至于黄良，他的名字见于马公天后宫隔扇门落款，也

图10-2-6 抱鼓石的石雕图案凹凸起伏较大

图10-2-7 以石头仿制木作螭虎团炉窗

图 10-2-8　计算尺寸后,再用墨斗在木材上画线

图 10-2-9　匠师使用凿子进行细部雕花

图 10-2-10　各式凿子

图 10-2-11　桃园龙潭翁宅之木隔扇雕花

是20世纪20年代著名的凿花匠师。

20世纪30年代之后因日本在台湾压制传统寺庙建筑的发展，连带影响木雕匠师的生计与技艺传承。至1945年第二次世界大战结束之后，台湾的宗教信仰恢复自由，寺庙逐渐恢复生机。特别是20世纪60年代之后，宗教活动蓬勃，除了寺庙翻修与兴建提供大量的机会，民间家庭里的佛桌、神龛、家具及神像需求量急速升高，台北大溪、彰化鹿港以及台南一带仍有不少家具及佛像雕刻店如雨后春笋纷纷设立，同时也使木雕技艺维持不坠。

中国建筑重用木材，技巧亦多建立在木结构之上。早在春秋战国时期论语即有"山栉藻棁"之描述，形容梁柱之雕刻与彩绘。建筑与器物上的木雕原理，其题材与技术是相通的，特别是华南盛产木材，木雕更是丰富。闽、粤建筑常用没有天花板的露明式屋架，为了掩饰单调的梁柱，在不受力的梁枋柱上加入雕刻。台湾清代建筑来自闽南与粤东，泉州与潮州的木雕影响台湾最深，古时台湾布袋戏的戏台布满了雕刻，多出自潮州雕匠之手（图10-2-12、图10-2-13）。

据目前实例来看，清初乾隆时期的建筑木雕较简约，至中期之后才渐丰富起来。以嘉庆元年的淡水福佑宫为例，其束随、托木、头巾、斗抱、狮座、斗栱、吊筒与瓜筒等皆被施以繁琐的雕刻，主要运用"剔底"与"内枝外叶"两种技巧（图10-2-14）。

至20世纪10年代所改筑的马公天后宫、北港朝天宫、台北保安宫与台北龙山寺等的木雕，已经呈现出多样技法与多种题材的结果，所聘雕花匠的来源包括泉州、福州、潮州及客家地区，并有许多实例演出"对场"，即左右边或前后殿雕琢风格不同，手法粗细迥异。现在已知的著名木雕匠师，如杨秀兴、黄连吉、苏水钦、黄良等，他们的作品尚存，可作深入研究。事实上，大木匠师陈应彬也

图10-2-12　台中社口林宅大夫第正堂之供桌摆设

图 10-2-13 林安泰古宅正厅神龛可见精美的木雕

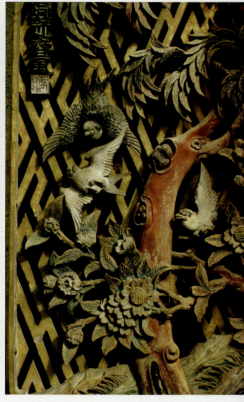
图 10-2-14 由泉州木匠师黄良所雕之马公天后宫窗花

擅长细木雕刻,北港朝天宫有许多木雕即出自其手,再如台中林氏家祠的瓜筒是大木匠师廖石成所雕,于此可见大木与小木之间有时是不可分的。且从许多现存实例可看出,潮州方面来的木雕匠师具有深且广的影响力,潮州的木雕比起泉州或漳州而言,特别细致,所谓"内枝外叶"的雕法以潮州最佳。

此外,建筑木雕的体形大,通常只宜远观、近看时不够细。但是像神龛、家具或供桌的木雕则要求很精细。除了一般的"剔底"之外,内枝外叶、双面见光则是最基本的要求。木雕如何表现?除了刀法利落之外,还要看构图的安排,其中人物的姿态、布景的大小及空间的层次尤为重要。一般雕刻匠师自己都擅长绘图稿,将图稿与其成品对照来比较,可看出平面与立体的差异,使我们明了在三度空间时,人物及亭台楼阁的相对关系,这是考验一个匠师的空间布局能力的地方。

三、砖雕

砖雕的高峰期在 19 世纪,但在 18 世纪的建筑也有用到局部的砖雕,彰化孔庙的仪门与台南大内乡的杨宅皆可看到优秀的砖刻。清代的台湾传统建筑盛行施作砖雕,尤其在台湾中部的古建筑多可见之,且集中于清同治及光绪年间,可能与当年活跃于彰化一带的工匠有关。

这一批砖匠擅长水磨砖及砖雕,甚至以青砖与红砖交替做线脚"和狮线",如雾峰林宅宫保第、大里林举人宅、潭子摘星山庄林宅等,其艺术水平与寺庙等量齐观[7]。砖雕又称"砖刻",一般而言,其制作方式有两种:一为在已烧好的砖上,雕刻各种图案作为装饰,称为"窑后雕";二为先在砖胚上进行雕塑后,再送入窑里烘烧,称为"窑前雕"。由于窑前雕是先雕塑后烧制,因此相对于窑后雕而言,其线条会较为利落清晰(图 10-2-15~图 10-2-17)。

图 10-2-15 高雄大社民宅之砖雕

图 10-2-16 板桥林本源三落大厝之"螭虎团炉"砖雕

图 10-2-17 窑前雕的图案线条会比窑后雕清晰

四、泥塑

泥塑也称为灰塑或彩塑，早在唐代敦煌石窟中即可见到彩塑艺术。泥塑在台湾古建筑上的运用很广，除了屋脊的脊垛、脊头之外，山墙的脊坠、檐下的水车垛以及墙上大幅的装饰，皆可见到泥塑。所谓泥塑，是利用灰泥本身的可塑性，匠师在现场施工所完成的。但也有提前预铸的做法。灰泥的成分各地稍有不同，但基本上配方应包含石灰（以石灰石烧制或海边的蛎壳、贝壳等烧成，有专门烧的灰窑）、砂以及棉花（或麻绒），三者以一定比例混合而成。为了增加黏度，常再掺入乌糖汁或糯米汁。为了延缓干燥，减少裂缝，也常加入煮熟的海菜汁，也称为海菜精。这几种材料混合之后，再以人工方式捣成糊状，直到出油为止，此时黏度最高，最适合制作泥塑（图10-2-18）。

泥塑的颜色除了石灰的浅灰色，也可在制作过程中掺入色粉，如黑烟或土朱，或者是利用其将干未干之际，涂刷色料，使吸入表层。早期台湾的泥塑常用色料有土朱、朱砂、乌烟、石青及铜绿等。由于要自己研磨，且价钱昂贵，近年多改用已经研成粉状的色料，它们亦多属矿物质，但也有化学性质的颜料。色彩明亮，且颜色较多，可供选择。但近年做法常在最后才涂上油漆颜料，彩度较高（图10-2-19、图10-2-20）。

泥塑的题材很多，从有如浮雕的螭虎到所谓"内枝外叶"的花鸟人物。泥塑的优点是它可以在屋脊上现场制作，也可以预塑，给予匠师很多发挥的余地。如果制作"内枝外叶"式多层次的雕塑，要以铁丝为骨，层层加厚灰泥。一般而言，在屋脊上的龙、凤、螭虎吐草及人物花鸟都藏入铁丝为骨，而墙上或水车垛的浮塑较少用铁丝（图10-2-21、图10-2-22）。

图10-2-18　泥塑的施作过程

图10-2-19 台中大甲梁宅之泥塑书卷彩绘

屋脊与水车堵的堵头,大多在现场施工,可做泥塑或嵌入碗片成为剪粘,如纯做泥塑,那么采用"盘长"的图案才能显出精细的工夫。盘长在台湾匠界俗称为"线肠"或"线长",是指以线条缠绕出一对上下对称的蝴蝶、蝙蝠或螭虎。制作这种线条繁琐的堵头,要使用特殊的工具,例如很细的灰匙与镘刀,以便挖出凹入的部分,有如木雕的"剔底法"。

五、剪粘

剪粘又称为剪花或嵌瓷,顾名思义,即将陶瓷片嵌在泥塑的形体之上的一种装饰艺术,中国古代较为罕见。它的起源不明,但据文献记载,至少在清初乾隆年间已从广东潮州传入台湾。潮州古建筑盛行在屋脊上装饰剪粘这种特殊的艺术,至20世纪20年代,已有潮州匠师受聘到台湾。

剪粘是一种在建筑屋脊上现场制作的艺术,具有即兴创作的特点,因此剪粘重视构图与花鸟人物的姿态,适合远观,其细节大而化之,较不适合近看。

图10-2-20 淡水鄞山寺之"伏虎禅师"泥塑

图 10-2-21　金门民居之巨大山墙有精美泥塑

图 10-2-22　桃园龙潭翁宅之水车垛泥塑

剪粘是将剪好的瓷片嵌入未干的泥塑上面，有如穿一件多片的瓷衣。捏塑灰泥时要稍瘦一些，才有足够余地嵌上瓷片。泥塑体本身也是层层加厚的，直到最后一层时，等到半干状态即可开始插入瓷片。依各种题材而有不同角度的插法，例如花卉，花朵从中心向外张开，每片的角度不同，含苞待放者则以曲度较明显的碗片合成，枝干则多以平贴为主。

剪粘完成后，外观能见到的泥塑有限，主要都被五彩缤纷的陶瓷遮盖住了。色彩明亮成为闽、粤及台湾建筑的特色，甚至亦盛行于南洋华人地区的祠庙。但是剪粘也有脆弱的缺点，经日晒后温度升高，遇雨则骤降，此时陶瓷片可能断裂。也因此原因剪粘在屋脊上无法保持完整，大约每隔三十年要重修，旧物保存不易。

剪粘以泥塑为体，灰浆的成分包括石灰、螺壳灰、细砂、麻绒、糯米糊与水混合。同样地要经过养灰的过程，放置一个月以上再捣出油，其黏度更佳。剪切碗片的工具，主要为尖嘴剪，可将碗片依所需形状大小剪下来，再用平口剪修边缘。近年为切割玻璃片，又用钻石头的割刀，各式剪刀及铁钳也是必备的工具（图10-2-23）。

剪粘的骨架与泥塑相同，亦暗藏铁丝于胎体内，外表所粘的陶瓷片在古时是用碗、碟剪成破片，从碗边到碗底皆可派上用场。近代则用专为剪粘所制之碗，其釉色较一般碗更为鲜艳。在台湾古建筑上，我们也见过用青花瓷之例。近年台湾又有一种新材料，即用预先烧好的同规格尺寸的釉彩瓷片粘嵌在泥塑体上。易言之，省却了"剪"的过程，其结果使得成品外观太过整齐，而失之呆板（图10-2-24、图10-2-25）。

六、交趾陶

"交趾"两字，按礼记中所谓"南方曰蛮，雕题、交趾"。又指南方蛮人坐卧时，两足相交。汉代将今广东以南，越南北部一带，设交趾郡。如此看来，所谓交趾陶，是指来自广东以南一带的陶艺，与今

图10-2-23　剪粘匠师依制作须要"剪"出合适的瓷片来粘贴

图 10-2-24　早年匠师以"剪粘"技法做成的龙,形态生动活泼

天石湾及佛山也甚接近。

交趾陶又称为"交趾烧",为一种上釉药入窑烧制的陶艺。由于一般烧的温度皆只有约 900℃,属于低温陶。它的釉药色彩丰富,可做细腻的艺术表现,缺点则是硬度不够,容易断裂。因此陶匠师制作时,尺寸无法放大,若欲做一尊较大物或走兽,通常要分解成数小片分开烧制,完成之后再予斗合。在 20 世纪 60 年代时交趾陶工艺再次经过改良,出现二次烧的技术,使成品较不易被烧裂(图 10-2-26、图 10-2-27)。

台湾的交趾陶艺术至迟在清代中叶即流行,当时多附属于寺庙或富贵民宅的建筑之上。交趾陶在古建筑上具有多彩的装饰作用,因釉色明亮,且不易褪色,成为中国古建筑常见的材料。其釉色在近年已发诸多匠师研发出来数十种颜色,常见到的有土黄、明古黄、草绿、浅绿、海碧青、宝石蓝、红豆色、粉红、褐色与黑色等。

交趾陶装置的位置以屋脊、水车堵、墙堵为多,如果长期暴露在阳光与雨水之中,则易褪色,不耐久。交趾陶通常与泥塑或剪粘配合,例如山水为泥塑加彩,亭阁为剪粘,人物走兽为交趾陶,如此的搭配较多,也较容易制作。人物及带骑只做正面,背面挖空,才容易烧制。这种特性同样见于广东佛山及石湾的寺庙(图 10-2-28、图 10-2-29)。

在水车堵上的题材多以历史演艺故事为多,如果在大宅第里,则以忠、孝、节、义题材较合适。在水平展开的水车堵中构图,有如中国传统绘画的横幅长卷,山水以低远的布局呈现,而近景以石头、大树与亭台楼阁点缀其间,最主要的仍是人物或走兽。除了水车堵外,墙堵也是布置交趾陶的适当位置,一般以"螭龙团炉"、"博古花鸟"、"八仙"、"耕读渔樵"与"琴棋书画"最为常见。如果在寺庙上,则题材更广,例如"龙虎堵"及"历史演义"等(图 10-2-30、图 10-2-31)。

图 10-2-25　近年出现以预烧制的釉彩瓷片粘嵌在泥塑体上,因成品外观太过整齐而失之呆板

图 10-2-26 传统交趾陶工艺在 20 世纪 60 年代经过改良,使用二次烧的技术

图 10-2-27 庙宇屋脊中央可见到福、禄、寿三仙

图 10-2-28 清代嘉义叶王于道光年间所做交趾陶,现存于台南佳里

图 10-2-29 交趾陶若长期经日晒雨淋,则易褪色

图 10-2-30 台中摘星山庄做于清光绪初年的"八仙"交趾陶

图 10-2-31 泉州陶匠蔡腾迎所做的摘星山庄"八仙"交趾陶

七、彩画（门神彩绘、壁画）

彩绘基本上属于一种艺术性与技巧性较高的建筑装饰工作，匠师需要长久的养成教育。彩绘匠师很少无师自通，通常多有家学渊源深厚的背景。清代台湾建筑匠师多聘自闽、粤，根据调查，也有来自浙江之例。至清末同治、光绪之际，台湾本地出现了大木匠师与彩绘匠师。同治年间台中潭子林宅摘星山庄的彩绘出自鹿港画师之手，作品上出现郭春江（友梅）之落款。至20世纪初叶，鹿港、台南、新竹与台北四地陆续出现了较多的彩绘匠师。

19世纪中叶之后的台湾，经济发展极为蓬勃，人民生活富庶，文人雅士增多，并吸引闽、粤文士来台，吟咏唱和，诗社活动蔚然成风。促进了台湾富绅大宅及寺庙建筑以彩画及诗文装饰的风潮。官宦士绅宅第的墙壁，充满了书画联对，借以表彰社会地位。最具代表性的如雾峰林宅"宫保第"墙壁隔扇有李鸿章的书法，丰原吕宅筱云山庄有吴子光的联对，彰化马兴陈益源大宅有鹿津文士王兰生的书法。板桥林本源园林中有周凯、吕西村及谢管樵的书画，甚至林家主人林国华、林国芳及林尔嘉等亦富文才，花园中许多楹联皆出自其手。

论及19世纪后期及20世纪初期台湾建筑彩绘的转变，现有一趋势至为明显，即垛仁内的画法由"水墨"转变为"多彩"。19世纪台湾最著名的画家林觉，他原为寺庙画师出身，后来才转为画家，其作品以水墨为主，即日本人所谓之"南画"，无论写意或工笔，皆以墨色为主。但进入20世纪后，也许受到西洋画影响，或者借镜于日本带来的"胶彩画"、浮世绘与玻璃画等，台湾兴起一股色彩丰富的建筑彩画风潮（图10-2-32）。

此外，台湾古建筑还可见到一种"黑底安金"的做法，事实上即"泥金"或"扫金"工法。这种风气似以粤东为盛，又称为"擂金画"。潮州的建筑、家具、神龛木雕多用擂金法，以黑色为主，凹下之底多用朱色，而线条及凸出的图案安金箔。这个色调可远溯自马王堆出土的汉代文物，髹漆贴金的技巧最后也成为古建筑中等级最高的一种做法，现场煮生漆，将生漆变为熟漆，经过纱布滤漆后涂于木梁之上，最后再选择适当的天气来贴金（图10-2-33）。

台湾传统闽南、粤东式的建筑，使用"粗梁细柱"的结构，梁枋粗大可提供较大面积来作画。梁为圆断面，枋为矩形断面，因此画法略有差异，从各个构件来分析如下。

（一）柱子

基本上只涂油漆，不加以彩画。但最考究的也可在柱子上半段施画"锦纹"，有如包"锦巾"，如

图10-2-32　桃园八块厝吕宅之彩绘

图 10-2-33　澎湖马公天后宫之"出汉关昭君长抱怨"擂金彩绘

图 10-2-34　新竹北埔姜氏家庙之斗栱彩绘

图 10-2-35　古建筑梁枋上为彩绘装饰的重点之一

马公天后宫前殿可见之，柱子一般要做地仗，即所谓"披麻捉灰"，包一道麻纱布，再上数道猪血灰（图10-2-34、图 10-2-35）。

（二）梁枋

将水平构件采左、中、右三段或更细致的五段分法。分隔之处及左右端称为垛头，一般使用极为繁琐的构图，例如硬团的曲纹或螭虎，也有软团的卷草或螭虎。这些复杂构图的垛头，可与简洁的垛仁水墨画形成繁简的明显对比。垛头又称为"藻头"，它的构图多用上下对称法，即用卡板构图，再将它上下倒置，重描一遍即成。这种构图过程方便，上下对称较为工整，但有螭虎倒置的缺点，即下半边的螭虎腹面朝天，头部朝地，为了改善这项缺点，有些更考究的构图采用上下不对称之法。

（三）斗

将斗的四面皆施油漆彩画，"斗耳"、"斗腰"及"斗底线"皆施彩画，极具匠心。"斗耳"常画菱花，"斗腰"画云纹，"斗底线"安金，几达无处不画的

图 10-2-36　台北先啬宫前殿之道教门神

图 10-2-37　台北陈德星堂之门神画秦叔宝与尉迟恭，用色丰富并安金箔

地步，构图细致，花样不一而足。

（四）门板

在古建筑的门板上最常见的彩画即是门神，门神在台湾古建筑中一直属于非常重要的装饰。除了孔庙与武庙之外，几乎任何一座大庙的主门都可见到门神。门神有如门禁的警卫，地位明显，出入庙门总得通过门神。另外，各种高低阶级不同的门神也反映着这座宅第或寺庙等级的尊卑，且门神的形式与艺术风格亦反映着不同时代的审美观。台湾可以见到的清代门神，包括19世纪70年代的台中雾峰林宅"宫保第"与19世纪80年代的板桥林本源五落大宅"光禄第"。另外，可能完成于20世纪初年的新竹县竹北六家村的林氏祠堂与屏东佳冬萧宅亦保存几幅优秀的门神。而且门神敬拜是中国古代泛神信仰中的一种现象，《礼记》中载："春天祀户、夏天祀灶、秋天祀门、冬天祀行"。最早的门神多绘"神荼"与"郁垒"，其形貌为勇猛的武士。唐太宗李世民的护卫将军"秦叔宝"与"尉迟恭"以其英勇，在后代被尊为门神（图10-2-36、图10-2-37）。

事实上，民间所用门神种类繁多，除了威猛的武将之外也用文雅的天官，以求赐福与吉祥。在有女神的寺庙喜用女侍与太监，符合社会的标准。从目前仅存的一些日本强占台湾时期门神来看，其画风大致上仍延续清代的古典技巧，例如屏东佳冬萧宅的文官门神。20世纪20～30年代台湾寺庙改筑达到高峰，吸引大陆画师来台，而本地画师亦随之崛起，前者如邱玉坡、邱镇邦、苟溇庭、洪宝真、吴乌棕及方阿昌[8]，后者如李秋山、潘春源、张长春、郭新林与陈玉峰等。

注释

① 据笔者田野调查统计资料，佛寺与道教庙宇所画的题材显有不同，如道教喜用《封神榜》题材。

② 台阶取奇数踏步，起算法有的匠师并不统一，通常台基面不算，如果第一踏为略高于地面的小平台，亦不计算。

③ 朝天宫右畔配殿之道光年双龙御路，雕工高明，其艺术价值可能为全台湾最高者。

④ 据蒋馨后人现居鹿港蒋宝女士口述，这些石雕悉为其族人蒋氏匠师所雕，实地查看，风格确实相近。

⑤ 据老匠师指出，龙山寺铜铸龙柱上的人物，出自名匠师洪坤福之手，然而现场所见，水平平凡。

⑥ 另有一说为刘海（持金蟾）与其中七人，合称为八仙。

⑦ 参阅李乾朗，《同光时期台湾中部建筑风格之研究》，收录于《台北市立美术馆传统建筑研讨会专集》，1984年。

⑧ 居住于台南的方阿昌来自浙江温州，他擅长所谓"没骨"画法，与西洋油画颇相近，花鸟直接以色彩明暗浓淡表现之，舍弃线条勾勒的法。方阿昌的作品多存于台南附近民宅，他的山水画有如当时的流行的玻璃画。台中东势的客家画师刘沛然（常署名石庄）画风相似，清水黄宅尚保存极优异的作品。这些皆可作为20世纪30年代的建筑彩绘画风。

台湾古建筑地点及年代索引

名称	类型	地点	建成年代（变化情况）	材料结构	规模	文保等级	涉及的古建筑名词
热兰遮城城垣暨城内建筑遗构	城郭	台南市安平区安平古堡附近	1624年创建	砖造	残迹与遗构	古迹	
赤崁楼（普罗文蒂亚城或普罗民遮城）	衙署	台南市中西区民族路二段212号	1653年创建	砖石		古迹	
淡水红毛城（圣多明各城）	衙署	新北市淡水区中正路28巷1号	1629年创建	砖石		古迹	
台南孔庙	寺庙	台南市中西区南门路2号	1665年创建	砖石木		古迹	
台南祀典武庙	寺庙	台南市中西区永福路2段229号	1690年创建	砖石木		古迹	
鹿港龙山寺	寺庙	彰化县鹿港镇金门巷81号	1786年创建	砖石木		古迹	
淡水鄞山寺	寺庙	新北市淡水区邓公路15号	1822年创建	砖石木		古迹	
台北保安宫	寺庙	台北市大同区哈密街61号	1805年创建	砖石木		古迹	
台北艋舺龙山寺	寺庙	台北市万华区广州街211号	1738年创建	砖石木		古迹	
新竹都城隍庙	寺庙	新竹市北区中山路75号	1748年创建	砖石木		古迹	
桃园景福宫	寺庙	桃园县桃园市中正路208号	1810年创建	砖石木		古迹	
鹿港天后宫	寺庙	彰化县鹿港镇中山路430号	1753年创建	砖石木		古迹	
北港朝天宫	寺庙	云林县北港镇中山路178号	1700年创建	砖石木		古迹	
澎湖天后宫	寺庙	澎湖县马公市正义街1号	约1563年创建	砖石木		古迹	
台北林安泰古厝	宅第	台北市中山区滨江街5号	1783年创建，1978年迁建至现址	砖石木		历史建筑	
台北芦洲李宅	宅第	新北市芦洲区中正路243巷19号	1857年创建	砖石木		古迹	
桃园大溪李腾芳古宅	宅第	桃园县大溪镇月眉路34号	1860年创建，1864年竣工	砖石木		古迹	
台中社口林宅（大夫第）	宅第	台中市神冈区社口村文化路76号	1875年创建	砖石木		古迹	
台中丰原神冈筱云山庄	宅第	台中市神冈区大丰路116号	1866年创建	砖石木		古迹	
台中潭子摘星山庄	宅第	台中市潭子区潭富路2段88号	1879年创建	砖石木		古迹	
台中雾峰林家	宅第	台中市雾峰区民生路（顶厝42号，下厝28号，颐圃38号，莱园91号）	1864年创建	砖石木		古迹	
彰化马兴陈宅（益源大厝）	宅第	彰化县秀水乡马兴村益源巷4号	1846年创建，1859年竣工	砖石木		古迹	
余三馆（彰化永靖陈宅）	宅第	彰化县永靖乡港西村中山路1段451巷2号	1884年创建，1891年竣工	砖石木		古迹	
台北陈德星堂	寺庙	台北市大同区宁夏路27号	1891年创建	砖石木		古迹	
新竹北埔姜氏家庙	祠堂	新竹县北埔乡南兴村7邻南兴街1号	1921年创建	砖石木		古迹	
屏东佳冬萧宅	宅第	屏东县佳冬乡佳冬村沟渚路1号	1834年创建	砖石木		古迹	
台中林氏宗祠	祠堂	台中市南区国光路55号	1919年创建	砖石木		古迹	

续表

名称	类型	地点	建成年代（变化情况）	材料结构	规模	文保等级	涉及的古建筑名词
彰化节孝祠	寺庙	彰化县彰化市公园路1段51号	1887年创建，1888年竣工	砖石木		古迹	
南投登瀛书院	书院	南投县草屯镇史馆路文昌巷30号	1847年创建，1848年竣工	砖石木		古迹	
彰化和美道东书院	书院	彰化县和美镇和西里和卿路101号	1857年创建，1858年竣工	砖石木		古迹	
台中大肚磺溪书院	书院	台中市大肚区磺溪村文昌路60号	1890年创建	砖石木		古迹	
高雄凤仪书院	书院	高雄市凤山区中正路129巷3弄12号	1814年创建	砖石木		古迹	
台北板桥林本源园邸	宅第	新北市板桥区西门街42之65号及9号	1847年创建，1893年竣工	砖石木		古迹	
台北急公好义坊	牌坊	台北市中正区的二二八和平纪念公园内	1887年建立，1905年迁建至现址	石造		古迹	
台北黄氏节孝坊	牌坊	台北市中正区的二二八和平纪念公园内	1882年建立，1901年迁建至现址	石造		古迹	
苗栗郑崇和墓	墓葬	苗栗县后龙镇龙坑里十班坑段	1827年建	石造		古迹	
新竹郑用锡墓	墓葬	新竹市东区光镇里客雅段447-36地号	1869年建	石造		古迹	
嘉义王得禄墓	墓葬	嘉义县六脚乡双涵村东北边农地上	1841年建	石造		古迹	
金门邱良功母节孝坊	牌坊	金门县金城镇莒光路1段观音亭边	1812年建立	石造		古迹	
台北孔庙	寺庙	台北市大同区大龙街275号	1925年创建，1930竣工	砖石木		古迹	
台北五股西云寺	寺庙	新北市五股区西云路185巷3号	1752年创建	砖石木		古迹	
台北艋舺清水岩（祖师庙）	寺庙	台北市万华区康定路81号	1787年创建	砖石木		古迹	
台北新庄广福宫（三山国王庙）	寺庙	新北市新庄区新庄路150号	1780年创建	砖石木		古迹	
淡水龙山寺	寺庙	新北市淡水区中正路95巷22号	1853年创建	砖石木		古迹	
淡水福佑宫	寺庙	新北市淡水区中正路200号	1796年创建	砖石木		古迹	
台中乐成宫	寺庙	台中市东区旱溪里旱溪街48号	1790年创建	砖石木		古迹	
台中大甲文昌祠（文昌宫）	寺庙	台中市大甲区孔门里文武路116号	1888年创建	砖石木		古迹	
嘉义城隍庙	寺庙	嘉义市东区佑民里吴凤北路168号	1715年创建	砖石木		古迹	
彰化孔庙	寺庙	彰化县彰化市孔门路30号	1726年创建	砖石木		古迹	
彰化元清观	寺庙	彰化县彰化市光华里民生路209号	1763年创建	砖石木		古迹	
台南三山国王庙	寺庙	台南市北区西门路三段100号	1729年创建	砖石木		古迹	
台南法华寺	寺庙	台南市中西区法华街100号	1684年创建	砖石木		古迹	
台南白河大仙寺	寺庙	台南市白河区仙草里岩前1号	1701年创建	砖石木		古迹	
台南开元寺	寺庙	台南市北区北园街89号	1690年创建	砖石木		古迹	

续表

名称	类型	地点	建成年代（变化情况）	材料结构	规模	文保等级	涉及的古建筑名词
台南南鲲鯓代天府	寺庙	台南市北门区鲲江村蚵寮976号	1662年创建	砖石木		古迹	
台南大天后宫（宁靖王府邸）	寺庙	台南市中西区永福路2段227巷18号	1665年创建	砖石木		古迹	
台南白河关子岭碧云寺	寺庙	台南市白河区仙草里火山1号	1808年创建	砖石木		古迹	
淡水理学堂	书院	新北市淡水区真理街32号	1882年创建	砖石		古迹	
板桥大观义学	书院	新北市板桥区黄石里西门街5号	1873年创建	木造、砖砌		古迹	
台北学海书院（高氏宗祠）	书院	台北市万华区环河南路二段93号	1843年创建	砖石木		古迹	
台北明志书院	书院	新北市泰山区明志路2段276号	1764年创建	砖造		历史建筑	
南投蓝田书院	书院	南投县南投市崇文里文昌街140号	1831年创建，1833年竣工	砖石木		古迹	
屏东书院	书院	屏东市太平里胜利路38号	1815年创建	砖石木		古迹	
新竹杨氏节孝坊	牌坊	新竹市北区石坊里石坊街4号旁	1824年建	石造		古迹	
苗栗赖氏节孝坊	牌坊	苗栗县苗栗市大同里福星山苗栗段767-17地号	1883年建	石造		古迹	
台南接官亭石坊	牌坊	台南市中西区民权路3段143巷7号前	1778年建	石造		古迹	
苗栗郑崇和墓	墓葬	苗栗县后龙镇龙坑里16邻辖区	1867年建	石造		古迹	
台南藩府曾蔡二姬墓	墓葬	台南市南区桶盘浅段墓园内	1661年建	石造		古迹	
台南藩府二郑公子墓	墓葬	台南市南区桶盘浅段墓园内	1661年建	石造		古迹	
高雄明宁靖王墓	墓葬	高雄市湖内区湖内里东方路上	1683年建	石造		古迹	
金门陈祯墓	墓葬	金门县金沙镇埔山村黄龙山上	1526年竣工	石造		古迹	
金门陈健墓	墓葬	金门县金沙镇东珩村外南郊	1556年竣工	石造		古迹	
金门邱良功墓园	墓葬	金门县金湖镇太武山小径村旁	1819年建	石造		古迹	
新竹进士第（郑用锡宅第）	宅第	新竹市北区北门里北门街163号	1838年创建	砖石木		古迹	
台南麻豆林家四房厝	宅第	台南市麻豆区和平路20号	1875年创建	砖石木		历史建筑	
竹北问礼堂	宅第	新竹县竹北市东平里4邻六家24号	1832年创建，1833年竣工	卵石、灰砖、土埆砖、福杉		古迹	
新竹新埔上枋寮刘宅	宅第	新竹县新埔镇上寮里238号	1781年创建	砖石木		古迹	
新竹郑氏家庙	寺庙	新竹市北门街175号	1853年创建	砖造、木作		古迹	
新竹关西郑氏祠堂	祠堂	新竹县关西镇明德路56号	1834年创建，1838年竣工	砖石木		古迹	
桃园新屋范姜祖堂	祠堂	桃园县新屋乡新生村中正路110巷9号	1854年创建	砖石木		古迹	
彰化永靖邱氏宗祠	祠堂	彰化县永靖乡瑚琏村中山路2段230号	1883年创建，1893年竣工	砖石木		历史建筑	
台南陈德聚堂（陈氏宗祠）	寺庙	台南市中西区永福路2段152巷20号	1664年创建	砖石木		古迹	
金门蔡氏祠堂	寺庙	金门县金湖镇琼林村琼林街13号	1770~1843年	砖石木		古迹	

参考文献

一、书籍

[1] 刘致平．中国建筑类型及结构．北京：中国建筑工程出版社，1957．

[2] 泉州历史文化中心主编．泉州古建筑．天津：天津科学技术出版社，1991．

[3] 黄汉民．福建土楼．北京：生活·读书·新知三联书店，2003．

[4] 郭黛姮主编．中国古代建筑史——宋、辽、金、西夏建筑．北京：中国建筑工业出版社，2003．

[5] 增田福太郎．台湾本岛人の宗教．台南：财团法人明治圣德纪念学会，1937．

[6] 井冈咀芳．中国北方习俗考．台北：古亭书屋，1975．

[7] 林衡道编著．台湾寺庙大全．台北：青文出版社，1974．

[8] 赖永海主编．中国佛教通史．台北：大乘文化出版社，1978．

[9] 吴上花辑录．彰化文献丛书第一辑——彰化节孝录．1957．

[10] 吴德功纂辑．台湾文献丛刊第108种——彰化节孝册（台银版）．1961．

[11] 董芳苑．台湾民间宗教信仰（第二版），台北：长青文化事业股份有限公司，1978．

[12] 尹章义．新庄发展史．新庄：新庄市公所，1980．

[13] 高钐明，王乃香，陈瑜．福建民居．台中：东海大学建筑研究中心，1987．

[14] 荷据下的福尔摩沙．李雄挥汉译．甘为霖英译．台北：前卫出版社，2003．

[15] 李乾朗．台湾建筑史．台北：雄狮图书事业有限公司，1979．

[16] 李乾朗．台湾的寺庙．台北："台湾省政府"新闻处，1986．

[17] 李乾朗．板桥林本源庭园．台北：雄狮图书事业有限公司，1987．

[18] 李乾朗．传统营造匠师派别之调查研究．台北：台湾文化资产维护学会，1988．

[19] 李乾朗．台湾古建筑图解事典．台北：远流出版事业有限公司，2003．

[20] 李乾朗．台湾传统建筑匠艺 第五辑．台北：燕楼古建筑出版社，2002．

[21] 李乾朗．台湾传统建筑匠艺 第七辑．台北：燕楼古建筑出版社，2004．

[22] 李乾朗．台湾古建筑鉴赏二十讲．艺术家出版公司，2005．

二、论文与文献

[1] 余光弘．台湾地区民间宗教的发展：寺庙调查资料之分析．台湾"中央研究院"民族学研究所集刊，1983，(53)：67-104．

[2] 刘枝万．台湾寺庙教堂调查表．台湾文献，1960，11（2）．

[3] 刘枝万．清代台湾之寺庙(一)．台北文献，1963,(4)．

[4] 杨秉纶，王贵祥，钟晓青．福州华林寺大殿．建筑史论文集，1988（9）．

[5] 张驭寰．山西元代殿堂的大木结构．科技史文集，1979，2．

[6] 《淡水厅筑城案卷》，台湾文献丛刊，1963，171．

[7] 沈怡文．台湾传统瓦窑烧制程序之研究．中原大学硕士论文．2004．

后记

台湾的古建筑在20世纪80年代之后得到较多的重视，1982年台湾公布《文化资产保存法》，将有形的文化资产分为古迹、历史建筑、聚落、遗址、文化景观等多项。其中古迹为一种指定程序的产物，有较严格的保护规定，而历史建筑采用登录制度，由业主主动提出申报，它的保存较具弹性。举例而言，一座历史建筑可以只保存部分构造，如立面或其他重要构造。因而为数庞大的市区临街建筑，只需要保存外观或立面，而内部空间可作较大幅度的改变，包括空调设备、室内隔间或其他较自由的使用模式。

整修古建筑需要材料与技术，材料的取得常遇到困难。古时台湾的砖、瓦与石材多来自福建或广东，通常作为压舱之用，所以可源源不断地获得。木材早期多来自福州，后来也运自南洋，包括马来西亚、菲律宾或泰国。现在这些建材皆受到管制，不易取得。另外再如油漆、颜料，古时所用的矿物、植物颜料亦不易大量取得，或者价格昂贵，现在多以化学油漆代替。另一方面，匠师亦碰到青黄不接的困境，传统的大木匠师、小木作匠师、泥水匠师及石匠皆面临巨大的社会变迁，人才凋零。有鉴于此，台湾当局定时举办匠师培训，希望能吸引年轻一代从事古建筑修复工作，但成效不彰。

古建筑经过初步调查研究，可能进入指定或登录的保存程序。一般而言，为避免在审议过程中遭到地主或屋主拆除，《文化资产保存法》中规定可视为暂定古迹，如此一来，可以保证建筑物公平地接受研究论证。当然，一座古建筑如果被指定为法定保存的古迹，土地即失去开发的权利。为此必须对业主作补偿，现行办法多采用"容积移转"，即将土地可以建造楼房的容积，依等值的计算，转移至同一个都市计划区的另一块土地上。容积的移转办法，使被指定保存的古建筑一样可以获得开发的权益。

古建筑经指定保存下来后，第二步工作即是进行详细的调查研究，确定其保存及再利用准则。第三步工作即是由建筑师依此准则设计，大部分采用古法修复，但为强化结构，局部可以加强，例如在砖土造的墙内植入钢骨或钢梁，在屋瓦内铺上防水胶布，在墙脚作隔潮处理，甚至也有防白蚁的措施。总而言之，考虑到台湾的地理条件，对防水、抗震、防蚁与防火等皆有相应的对策被运用到古建筑之维修上。

1982年之后，台湾当局成立文化建设委员会，对全台湾及福建的金门、马祖所存的古建筑作较全面的调查，价值较高者则被指定为"古迹"，受到保护。并且逐年编列经费加以修缮，或进而再利用。近年《文化资产保存法》经过多次修订，将古建筑细分为"古迹"、"历史建筑"、"聚落"、"遗址"等，各县市政府也自行指定或登录。私人的古建筑在修缮时也可获得台湾当局之经费补助，因而提高了自愿保存的意愿。古建筑的保存事实上常常受到房地产或土地开发的经济效益压力，从20世纪80年代以来，台湾的古建筑消失极快速，除了人为因素外，地震与台风也摧毁了为数极多的古建筑。著名的台中雾峰林宅宫保第与景熏楼，在1999年集集大地震中受损严重，大部分建筑倒塌。后来经过长达十年的时间修复，近年大体已复原，于此可知保存古建筑是很不容易的事。

古建筑历经多年甚至数百年的演变，随着时代变迁，增建或局部改建是合理的，因此在修复保存时不可能回到原始面貌。易言之，古建筑可能保存许多不同时代的材料与构造，经过论证之后，不同时代的形貌可能都得到保存。

近三十年来，以现代科学技术辅助传统工法所进行的古建筑修护，从摸索中改进，渐渐成熟。以淡水红毛城为例，红砖拱之裂缝灌入环氧树脂强化灰缝。但三百年前的古堡，其墙体近2米厚，防潮问题尚无法解决，再以台湾中部鹿港龙山寺为例，这是创建于清乾隆年间的古寺，它的戏台内有"斗八藻井",前殿屋檐因木梁老化而下垂。整修时暗藏钢筋,以拉力解决,获得成功。一般而言,加入钢铁构件属于"可逆性",被视为较好的整修古建筑技术。鹿港龙山寺于1999年遭遇大地震,山门柱子歪斜,大雄宝殿屋顶发生裂缝,结果采用"解体落架"方式整修,所有木构件拆卸下来,检查补缺后再重组,它的彩画为名匠所绘,大都获得保存。但新漆梁柱的颜色却得不到当地民众的认同,成为古建筑整修饱受议论的案例。另外,较为成功的实例是台北市的陈德星堂,它是陈氏家庙,整修时,延聘一百多年前整修的大木匠师之后代匠师主持,匠师技艺一脉相传,呈现出很好的修复成果。

整修古建筑的经费依每个案例而有所不同,有些需要落架大修,有些只要强化结构即可,经费来源方面,台湾当局指定的古迹,大部分经费由台湾当局有关部门编列经费,而屋主负担较少。但像香火鼎盛的寺庙,自筹的部分可较多,近年台北保安宫大修,这座创建于清嘉庆初年的大庙采用自筹经费的方式,并以点工的方式雇工进行工程,所谓慢工出细活,以近七年的时间整修,成果极佳,获得联合国教科文组织之嘉奖。再如台中大甲的梁宅,为一座巨大的四合院,屋主自行出钱出力进行保护,也成为令人敬佩的典范。

近年台北市也尝试用一种由承租者负担经费的方法,将市区内一些公有的古建筑招商出租,承租者除了负担修复费用,并有权使用一定的年限。总之,公私两方整修古建筑的经费来源经由合理的分摊,使活用及再利用可获得平衡与回报。

据近年之统计,全台被指定为古迹的建筑物,已有820处,被登录为历史建筑者也达1204座,而聚落及遗址也有56个。这个数量如果放在世界先进地区来比较,仍显不够。近年世界上的趋势是保存越多,越能代表进步,包括环境保护、绿色建筑指标、地域特色之保存才是真正发展之道。

本书所用的图片都系笔者多年拍摄,文稿整理耗时甚久。助理颜君颖小姐担任初稿编辑,工作繁重,特此致谢。

李乾朗
2015年8月于台湾

作者简介

李乾朗，台湾艺术大学艺术管理与文化政策研究所教授。

1949 年出生，为新北市淡水人，中国台湾文化大学建筑及都市设计系毕业。曾经担任《建筑师》杂志主编、东海大学建筑系讲师、淡江大学建筑系副教授、辅仁大学应用美术系与景观建筑系副教授、中原大学室内设计研究所副教授等职，现为中国台湾文化大学建筑及都市设计系教授、台北大学民俗艺术与文化资产研究所教授、台湾艺术大学艺术管理与文化政策研究所教授等。

1972 年时结识民俗学者林衡道与画家席德进，便开始致力于古建筑田野调查研究工作，四十年来除了在大学教授中国建筑史、台湾建筑史、古迹欣赏等课程，培养古迹维护的专业人才外，还积极参与学术研讨会发表研究成果。1978 年出版第一本著作《金门民居建筑》后，陆续出版了《台湾建筑史》、《台湾建筑阅览》、《古迹入门》、《二十世纪台湾建筑》、《台湾古建筑图解事典》、《水彩台湾近代建筑》、《穿墙透壁：剖视中国经典古建筑》等 60 余本与传统建筑或近代建筑相关之个人著作书籍，同时也主持多项古迹历史建筑的调查研究计划，出席各县市政府之古迹评鉴会议或文化资产议题会议，尽其所能地为台湾古建筑的保存与未来发声。